国家教育部人文社会科学研究规划项目资助
国家中医药管理局中医药科学技术研究专项资助

中国道地药材的知识产权保护

ZHONGGUO DAODI YAOCAI DE ZHISHICHANQUAN BAOHU

宋晓亭◎著

知识产权出版社
全国百佳图书出版单位

图书在版编目(CIP)数据

中国道地药材的知识产权保护/宋晓亭著.—北京:知识产权出版社,2014.12

ISBN 978-7-5130-3214-8

Ⅰ.①中…　Ⅱ.①宋…　Ⅲ.①中药材—知识产权保护—研究—中国　Ⅳ.①D923.404

中国版本图书馆 CIP 数据核字(2014)第 283398 号

内容提要

本书以我国知识产权战略实施为背景,选取近年来发生的道地药材实证案例,从知识产权基本理念的角度分析了我国道地药材的形成和影响因素,剖析了道地药材的基本特征和知识产权因素,系统阐述了在道地药材领域中存在的主要知识产权问题,以及如何利用知识产权法律制度来促进我国道地药材市场的健康发展。本书对现行的地理标志等法律制度在道地药材保护中的利弊进行了损益分析,认为在充分运用地理标志制度、商标制度、技术秘密保护制度等保护道地药材的基础上,应当建立有利于道地药材名称权、种质权和专有技术、药用知识产权的专门法律保护机制,来适应国际化市场的需要。

责任编辑:宋　云　　**责任校对**:谷　洋
封面设计:张　冀　　**责任出版**:刘译文

中国道地药材的知识产权保护

宋晓亭　著

出版发行:知识产权出版社有限责任公司　　**网　　址**:http://www.ipph.cn
社　　址:北京市海淀区马甸南村 1 号　　**邮　　编**:100088
责编电话:010-82000860 转 8388　　**责编邮箱**:songyun@cnipr.com
发行电话:82000860 转 8101/8102　　**发行传真**:010-82000893/82005070
印　　刷:北京富生印刷厂　　**经　　销**:网上书店、新华书店及专业书店
开　　本:880mm×1230mm　1/32　　**印　　张**:9.5
版　　次:2014 年 12 月第 1 版　　**印　　次**:2014 年 12 月第 1 次印刷
字　　数:245 千字　　**定　　价**:38.00 元

ISBN 978-7-5130-3214-8

序

随着国内外市场竞争的日益加剧，资源已成为市场参与主体争相掠夺的对象，运用知识产权制度来促进和管理地方资源，成为地方区域经济发展的重要问题。道地药材是在特定的自然条件、生态环境和土壤气候等因素的影响下所生产的药材，其品种优良，与产地整体环境适宜，采收和加工炮制技术讲究，疗效较同种药材显著突出，其生产也相对集中，带有明显的地域性特征，为世人公认且久负盛名。道地药材是我国中药材中的精华，早期是中药材的标准，目前也是中药材标准中的一个重要因素。

运用现行知识产权制度来提高道地药材的质量，维护道地药材的市场秩序，提升道地药材的知识产权含量，增加道地药材应有的附加值并成为当地新的经济增长点，均具有非常重要的意义，是我国目前和将来中药行业的一项重要战略任务。2008 年，我们开展了《道地药材保护与规范化种植基地建设及试点》工作，也深切地感到道地药材在我国经济发展中的特殊地位和重要作用，同时也认识到保护道地药材工作任重而道远。

实际上，在近年的中医药事业发展过程中，不断出现名称权、种质权和炮制加工技术保密等方面的棘手问题。如何通过制度创新来使得道地药材这一资源优势转化为我国的现实优势，并使之真正成为原住地人的自主知识产权。如何在法律上赋予原住地人对道地药材的种子享有相关权益，使得原住地人不断优化种子资源、增强药用效果并使之可持续发展。如何将中药材的特殊加工技术和饮片传统炮制的关键技术等列为国家、集体或个人的相关权利和义务，从而促进地方经济的发展。本书给了我们很好的启示，也必将对我国中医药方面的立法起到积极的作用。

由宋晓亭教授撰写的这本书，是根据国家知识产权战略纲要的原则精神，选取河南焦作等地区作为实证研究对象，有针对性地研究道地药材在中医药学中的历史地位和发展现状，运用知识产权制度和相关法律政策来分析研究我国道地药材的知识产权因素与市场运用规律，对我国发展道地药材的现状和存在的问题进行了系统的分析研究。本书将为我国各地道地药材产区运用知识产权发展道地药材产业提供比较清晰的思路。

宋晓亭教授多年来专注于中医药保护和知识产权制度方面的研究，在诸多方面多有建树，曾多次参加国家中医药管理局等有关部委主抓的项目，亦是中国中药协会中药保护和知识产权制度建设方面的专家，他集多年研究的成果，厚积薄发，写成这部理论和实践紧密结合的有实用价值的书。我看了以后，非常高兴，因此写了以上的话，作为本书的序言。

中国中药协会会长　房书亭

前　言

道地药材是我国已经形成的一种具有优势地位的、独特的自然资源和知识资源，这种资源在市场上具有很强的“比较优势”，甚至会形成“绝对优势”。然而我国道地药材的自然资源和知识资源优势并没有在市场经济条件下客观、有序地显现出来。如何采取相应的政策和建立相关的法律，通过制度创新来完善道地药材方面的政策措施，使道地药材成为地方乃至全国在国际竞争中的新的经济增长点和企业的核心竞争力，是当前中医药界和法律界应当关注的问题。

在传统资源越来越短缺、环境污染日趋严重的今天，自然资源不但决定着产业的选择和布局，而且成为各国重要的战略资源。因此，在市场经济条件下和知识产权环境中，必须对我国各种资源的财产属性进行重新认识。道地药材便是我国特有的具有战略优势地位的自然资源，其中蕴含的资源优势和知识优势完全可以通过知识产权等法律制度而转变为我国医药市场的绝对优势。

具有数千年历史的中医学是中华民族所拥有的对生命与疾病的独特认知方式。它在医疗保健等领域作用的发挥多有赖于中药材（尤其是道地药材）的性质，或者说，中医是借助自然之力来防治疾病的，因而对药材的使用必然讲究其禀赋，即道地性。正如梁代陶弘景在《本草经集注》中所云：“诸药所生，皆有境界。多出近道，气力性理，不及本邦。”金代医学家李东垣在《用药法象》中说：“凡诸草木昆虫，产之有地，根叶花实，采之有时，失其地则性味少异，失其时则气味不全。”因此，中药材不但讲究道地性，而且采摘有时机。除此之外，许多药材在真正发挥作用时必须事先炮制，不炮制或者乱炮制都会使得中药材疗效发挥不出来，甚至会产生负面作用。然而近年来，种植和经销中药材已经成为致富的一种手段，甚至成为某些地区种植业结构调整的重中之重，任何人都可以种植、收集、销售中药材，随之而来的是竭泽而渔式的采摘，使用农药和化肥来增加产量，大量劣质的中药材不但发挥不了中医的作用，而且侵害了患者的生命健康权。南京中医药大学周仲瑛教授曾断言："中医将亡于药!"与此同时，国外经济势力近年来不断对我国道地药材进行掠夺性采购并对其进口加以限制，国内围绕道地药材的纠纷和诉讼案件也时有发生，如阿胶原料市场的造假和名称的纠纷、河南焦作市温县铁棍山药专业合作社诉贾某某商标侵权纠纷等。随着道地药材市场价值和商业价值的不断显现，完善与道地药材有关的法律建设已刻不容缓，运用知识产权来促进道地药材的发展更是立法的基础工作。

本项目选取河南焦作等地区的道地药材集聚地为道地药材知识产权保护的研究样板，为我国运用现行知识产权制度来提高特定区域内道地药材的质量与信誉，维护本地药材市场的秩序，增加我国中药材的知识产权含量，提升道地药材应有的附加值，建立有利于中医药传统知识产权保护的专门制度而作出实证探索。

2005 年 8 月，国家知识产权战略制定实施，其中单设第 12 专题——"中医药知识产权的保护与利用"，其中指出：充分利用现行的知识产权制度，最大限度地实现对中医药知识产权的保护；建立适应中医药知识产权保护需要的专门制度，对中医药知识产权进行有效保护。

2007 年 1 月，时任国务院副总理吴仪同志在中医药工作会议上指出："中医药是我国为数不多的拥有自主知识产权的重要领域。要切实增强中医药知识产权保护意识，充分利用现行制度并发挥其激励作用。同时，要研究建立适应中医药知识产权保护需要的专门制度。"

2007 年 4 月，针对我国中医药知识产权工作的现状和瓶颈问题，国家中医药管理局领导审时度势，认为当前中医药知识产权领域的研究工作应当以实证方式来进行，在分析我国现行知识产权制度的基础上，提出了当前一段时间我国中医药知识产权工作的基本方针、基本策略和具体保护方法。

2008 年 6 月，《国家知识产权战略纲要》出台，其中第（34）点指出："建立健全传统知识保护制度。扶持传统知识的整理和传承，促进传统知识发展。完善传统医药知识产权管理、保护和利用协调机制，加强对传统工艺的保护、开发和利用。"

2008 年 5 月，国家中医药管理局下达"中医药传统知识特殊保护政策研究"。其中单列"道地药材的知识产权保护试点"项目，要求以河南焦作地区"四大怀药"为样本，来实证性地探索研究如何在道地药材领域充分运用知识产权制度。

2011 年 1 月，国家中医药管理局发布《关于加强中医药知识产权工作的指导意见》，阐明中医药知识产权的总体目标是"进一步完善现行知识产权制度，逐步建立符合中医药自身特点的中医药传统知识和中药资源等专门保护制度，形成中医药知识产权综合保护与利用体系，提高中医药行业知识产权创造、运用、保护和管理能力"，并着重指出，应"加强道地药材的保护、开发与利用。充分发挥相关制度在道地药材保护中的重要作用，促进具有地方特色的、与中医药有关的自然、人文优势资源转化为地方现实生产力。逐步建立道地药材认证制度"。

研究我国道地药材的财产与知识属性，探究其中的知识产权问题，运用知识产权法律 制度来促进和发展道地药材的可持续发展，是具体落实国家知识产权战略的需要，具有重要的意义。

目　　录

第一章　道地药材的形成及其影响因素

【案例一】山东大学诉国家知识产权局专利复审委员会行政诉讼案

山东大学的一位教师为了解决中药材存在种质不同、环境差异、栽培（养殖）技术和炮制加工技术不同的问题，发明了一种利用统计学原理和方法以及中医药客观差异而特别设计的复合中医药的方法。他认为，现今中医药的使用还仅仅是一个“样本”（Sample），因为中医药的使用就是一地或者一个来源的中医药，只有使用了中医药“总体”（Population），才能充分体现中医药使用的科学性并提高疗效，也就是对不同地点来源的中药材进行简单等量复合来提高中药材的疗效，达到“复合样本完代总体”“一药代表天下”的效果。

他提出，应研究和综合考虑地球化学和中医药生长环境的多样性及其影响的后果，采用统计学的原理进行复合处理，形成新的概念上的中医药。例如，山药虽然在全国都已经栽培，但是原来主产河南；尤以河南古怀庆所属的博爱、沁阳、武陟、温县等地所产质量最佳，传统称为怀山药；湖北、湖南、山西、云南、河北、陕西、江苏、浙江、江西、贵州、四川等地都产；另外，江苏淮安的淮山药也是历史上比较有名的山药产地。其实，经过多年的栽培，各地都有许多质量上乘、品质上佳的地方性山药，如山东的嘉祥山药、桓台县新城山药等都很好，历史上都曾作为贡品。因此，可以尽力复合取自道地产区的药材，对其进行加权处理，提高其药效和稳定性。2005 年 11 月 18 日，这位教师以山东大学的名义向国家知识产权局专利局申请了名称为“一种中医药复合方法”的发明专利（申请号：200510104545.8），请求保护一种将多个来源地的同种中药复合形成药店出售或者临床使用的复合中药的方法。

2009年7月10日，国家知识产权局专利局以该申请不具有新颖性而予以驳回。山东大学不服该决定，于2009年10月24日向国家知识产权局专利复审委员会提出复审请求。2011年1月7日，专利复审委员会作出第25766号复审决定，决定维持国家知识产权局对本申请作出的驳回决定。山东大学仍不服该决定，向北京市第一中级人民法院提起行政诉讼。

北京市第一中级人民法院认为：本专利权利要求1中的“从系统角度降低中药风险，提高中药的药效的均衡性和稳定性”等抽象的规则和方法，属于智力活动的规则和方法，不构成技术特征。权利要求1实质上请求保护一种将多个来源地的同种中药复合形成药店出售或者临床使用的复合中药的方法。专利号为CN1246342A、名称为“一种蒜精胶丸的生产方法”（简称对比文件1）公开了任何产地的大蒜组合用来制备蒜精胶丸。因此，权利要求1请求保护的技术方案已经被对比文件1公开。在权利要求1不具有新颖性的情况下，权利要求2~9直接或间接引用权利要求1，专利复审委员会认定权利要求2~9不具有新颖性的结论正确。

山东大学不服原审判决，向北京市高级人民法院提起上诉，请求撤销原审判决及第25766号决定，由专利复审委员会承担两审诉讼费用。其理由为：对比文件1是提取明确的目的化合物大蒜精，只要含有目的化合物的原料大蒜即可，和本申请那样具有明确技术特征，维度大小限定，必须混合均匀的严格要求是不同的，和本申请“复合、混合处理”的关键特征不同；本申请旨在获得一种临床使用的新的复合中医药的产品形式，实质是通过该特定的方法保护本申请的特定产品——复合中医药新型中药的产品形式，因此本申请具有新颖性；大蒜可以用于中药，但是对比文件1中的大蒜是原料而不是中药；本申请在实施中提出了复合混合均匀充分而明确具体的技术方案和指标，而对比文件1不涉及为了复合混合均匀而强调粒度指标的问题，无法获得本申请的效果。北京市高级人民法院认为：新颖性，是指在申请日以前没有同样的发明或者实用新型在国内外出版物公开发表过，在国内公开使用过或者以其他方式为公众所知，也没有同样的发明或者实用新型由他人向国务院专利行政部门提出过申请并且记载在申请日以后公布的专利申请文件中。本案的核心问题在于本专利权利要求相对于对比文件1是否具有新颖性。本专利权利要求1要求保护一种中药复合方法，该权利要求的技术方案既包含将多地来源的同种中药复合，形成药店出售或临床使用的复合中药的技术特征，又包含“从系统角度降低中药风险，提高中药的药效的均衡性和稳定性”和“有目的地按照一定的规则复合”等表明中药复合加工目的、指导思想和原则性的内容。上述目的、原则等是指导中药复合加工的抽象思维过程，属于智力活动的规则和方法的内容，不是为解决技术问题所采取的技术手段，不构成技术特征，对权利要求1的技术方案不能起到限制的作用，因此，权利要求1实质上要求保护一种将多种来源的同种中药复合形成药店出售或者临床使用的复合中药的方法。对比文件1公开了一种将大蒜加工制备蒜精胶丸的方法，其中作为原料的大蒜，可以是大蒜的任何部位，可以是任何产地和品种的大蒜，也可以是它们中的任意组合，即公开了任何产地的大蒜组合用来制备蒜精胶丸这样一个技术方案，因此，权利要求1要求保护的技术方案已经被对比文件1公开，权利要求1不具有新颖性，不符合《中华人民共和国专利法》（以下简称《专利法》）第22条第2款的规定。原审判决及第25766号决定对此认定正确，上诉人山东大学关于本专利权利要求具有新颖性的上诉主张不能成立。据此，依照《中华人民共和国行政诉讼法》第61条第（1）项的规定，驳回上诉，维持原判。

【简评】

本案中，该教师为了充分体现中药的道地性，设计了一种将多个产地也是多个来源地的同种中药有目的地按照一定的规则，采用多地生产、复合加工的技术方案，从而实现用足各地道地药材的目的。应当说，这个技术方案的设计是具有创意和大胆的，也是值得赞许的。其出发点是为了用尽用足我国道地药材的潜在价值，从而提高中医的整个临床疗效。但是，这一专利技术方案涉及一些道地药材的基本理念：一是这种方法如何来进行混合，按多少比例混合，怎样来证明这种混合后的效果要好于原来的传统用法？这些还有待进一步的研究。二是道地药材的质量和疗效究竟是由哪些因素决定的，是否能把各地的道地药材进行混合使用以实现其疗效汇总的目的，现代科学技术和研究方法应当如何看待道地药材的形成规律及其影响因素？这是研究道地药材知识产权问题的前提。

本案中，国家知识产权局专利复审委员会和北京市高级人民法院认为争议专利已存在于现有技术，即专利技术“一种将大蒜加工制备蒜精胶丸的方法”，其中作为原料的大蒜，可以是大蒜的任何部位，可以是任何产地和品种的大蒜，也可以是它们中的任意组合，即公开了任何产地的大蒜组合可用来制备蒜精胶丸这样一个技术方案，来否决了山东大学教师的专利技术。我们认为，把“一种将大蒜加工制备蒜精胶丸的方法”作为现有技术似乎不太妥当，因为山东大学的技术方案不是任何产地和品种的混合，而是有目的的，即根据中药道地药材的理论来有目的地选取不同地区的道地药材进行一定比例的混合。只是山东大学的技术方案不够具体，过于抽象，不能证明其混合后的效果要强于单用，不属于专利法保护的公开、透明、清楚、具体的对象。而问题的关键仍然是中药材的疗效到底由哪些因素决定，其药效的影响因素又是哪些。

《礼记·大学》中认为："致知在格物，物格而后知至。"我们今天在研究道地药材的相关政策时，首先要做的是对道地药材这一"物"进行一场深入细致的"格"，来推究并尊重道地药材本身的基本属性和发展规律，如此方为制定良策之前提。

所谓中药道地药材，是指在特定的自然条件、生态环境和土壤气候等因素的影响下所生产出的药材，其物种与产地整体环境适宜，品种优良，栽培采收和加工炮制讲究，疗效较同种药材突出且生产较为集中，带有明显的地域性特征，为世人公认且久负盛名的中药材。[1] 如怀地黄、川黄连、辽细辛、宁夏枸杞等，常冠以地名，以示其道地性。《备急千金要方》卷一云："古之医者，自解采取，阴干曝干皆悉如法，用药必依土地，所以治十得九，今之医者，但知诊脉处方，不委采药时节，至于出处土地、新陈虚实皆不悉，所以治十不得五六者，实由于此。"可见，道地药材有其自身的形成规律。

一、我国道地药材的数量

道地药材的形成是一个过程，历史上对道地药材的认识也并不一致，我国不同的时期、不同的学者对一味中药材是否属于道地药材有着不同的看法。学界普遍认为，明代的官修本草《本草品汇精要》是最早注明药材"道地"的书籍，其所收载的药材有300余种。目前，我国学者对现存道地药材的数量有下列观点：

（1）408种。徐国钧和王强等国内中药界近百名著名学者以及中国药材公司等单位共同编写了一套全面介绍中国道地药材的大型彩色图谱类工具书——《道地药材图典》，该书分为《华东卷》《中南卷》《西南卷》《三北卷》四卷，共收载道地药材408种，其中包括藏药、蒙药、维药、壮药、傣药等少数民族常用药材。

[1] 宋晓亭．中医药知识产权保护指南［M］．北京：知识产权出版社，2008：206.

表 1－1 徐国钧、王强等教授认定的道地药材分布表❶

序号	产地	数量	道地药材名称
1	山东	13	大枣、山楂、天花粉、北沙参、阿胶、昆布、柏子仁、香附、海龙、猪牙皂、滑石、蔓荆子、蝉蜕
2	江苏、上海	30	三棱、土鳖虫、马兜铃、太子参、沪地龙、地骨皮、西红花、百合、决明子、灯芯草、茅苍术、虎杖、明党参、京大戟、荆芥、南沙参、茵陈、威灵仙、夏枯草、徐长卿、婆罗子、预知子、南葶苈子、紫苏子、水烛香蒲、墨旱莲、僵蚕、薤白、薄荷、蟾酥
3	浙江	28	土茯苓、山茱萸、牛蒡子、乌药、乌梅、火麻仁、石韦、仙鹤草、白术、白芍、杭白芷、白前、玄参、延胡索、麦冬、长牡蛎、松花粉、温郁金、鱼腥草、骨碎补、香橼、千户、浙贝母、海螵蛸、粉萆薢、淡竹叶、绵萆薢、覆盆子
4	安徽	21	木瓜、乌梢蛇、功劳木、艾叶、白头翁、白果、白蔹、白薇、半边莲、地榆、白不、芫花、牡丹皮、灵芝、板蓝根、狭叶柴胡、月腺大戟、益母草、桑白皮、菊花、蕲蛇
5	江西	11	车前子、乌骨鸡、半枝莲、连钱草、枳壳、栀子、钩藤、香薷、重楼、夏天无、蓍草
6	福建	11	龙眼肉、白花蛇舌草、青皮、狗脊、泽泻、南板蓝根、荔枝核、凹叶厚朴、穿心莲、绿叶枳壳、薏苡仁
7	台湾地区	3	青果、槟榔、樟脑

❶ 徐国钧，王强，等．道地药材图典——华东卷，道地药材图典——西南卷，道地药材图典——中南卷，道地药材图典——三北卷［M］．福建：福建科学技术出版社，2003.

续表

序号	产地	数量	道地药材名称
8	陕西	9	龙骨、沙苑子、华细辛、南五味子、茵陈（滨蒿）、绞股蓝、秦皮、淫羊藿、藁本
9	甘肃	5	川贝母、当归、红芪、秦艽、款冬花
10	宁夏	3	沙棘、枸杞子、银柴胡
11	青海	5	大青盐、大黄（掌叶大黄）、冬虫夏草、硇砂、硼砂
12	新疆	16	巴旦杏、伊贝母、沙枣、阿魏、阿里红、罗布麻叶、刺糖、胡桐泪、菊苣、琐琐葡萄、雪莲花、羚羊角、鹿茸、软紫草、黑种草子、锁阳
13	河北、北京	23	上木香、土鳖虫、王不留行、天仙子、牛黄、白芷、地肤子、西河柳、西洋参、麦饭石、苍术、知母、桃仁、北柴胡、黄精、蛇床子、北葶苈子、紫菀、槐花、酸枣仁、蓼大青叶、漏芦、槲寄生
14	山西	9	甘遂、龙齿、远志、苦参、香加皮、核桃仁、党参、黄芪、赭石
15	内蒙古	14	小茴香、马勃、文冠果、甘草、冬葵果、肉苁蓉、苦杏仁、郁李仁、金莲花、黄芩、麻黄、瑞香狼毒、东方香蒲、糙苏
16	辽宁	8	五味子、龙胆、平贝母、白鲜皮、牡蛎、北细辛、威灵仙、辽藁本
17	吉林	6	人参、关白附、蛤蟆油、桔梗、鹿茸、硬紫草
18	黑龙江	9	北马兜铃、平车前、北升麻、北豆根、关苍术、防风、刺五加、狼毒大戟、熊胆

续表

序号	产地	数量	道地药材名称
19	广东、香港地区、澳门地区	25	山奈、广防己、广金钱草、广藿香、木鳖子、化橘红、巴戟天、石决明、广地龙、红豆蔻、芦荟、何首乌、陈皮、枇杷叶、金钱白花蛇、金樱子、玳瑁、胡椒、砂仁、鸦胆子、剑麻、高良姜、海马、海龙、番石榴
20	海南	9	丁香、大风子、肉豆蔻、沉香、降香、草豆蔻、胖大海、益智、番泻叶
21	广西	23	八角茴香、山豆根、千年健、石刁柏、石斛、龙船花、肉桂、安息香、阳桃、两面针、鸡血藤、鸡蛋花、郁金、罗汉果、珍珠、荜澄茄、钩藤、穿山甲、莪术、海桐皮、海桐皮、桑寄生、蛤蚧
22	湖南	7	玉竹、朱砂、吴茱萸、莲子、葛根、雄黄、鳖甲
23	湖北	14	山麦冬、天南星、五加皮、石膏、半夏、对叶百部、防己、龟甲、辛夷、独活、射干、密蒙花、续断、蜈蚣
24	河南	19	山药、千金子、牛膝、白附子、地黄、全蝎、红花、连翘、虎掌南星、金银花、茜草、鬼箭羽、禹余粮、菊花、旋复花、商陆、斑蝥、蒺藜、禹州漏芦
25	四川、重庆	36	干姜、大黄、川乌、川木香、川木通、川贝母、川牛膝、川芎、川楝子、川升麻、丹参、巴豆、甘松、石菖蒲、龙蛋、仙茅、芒硝、花椒、佛手、羌活、补骨脂、青蒿、郁金（黄丝郁金）、使君子、金钱草、葫芦巴、枳实、厚朴、姜黄、党参（川党）、黄连、黄柏、常山、银耳、魔芋、麝香
26	贵州	10	天冬、天麻、五倍子、白及、冰片、杜仲、南沙参、婆罗子、通草、猪苓

续表

序号	产地	数量	道地药材名称
27	云南	27	儿茶、三七、马钱子、木香、木蝴蝶、石斛、对叶豆、杧果核、亚呼努、血竭、苏木、余甘子、诃子、荜拨、草果、茯苓、砂仁（绿壳砂）、香橼、重楼、珠子参、黄精、雪上一枝蒿、萝芙木、缅茄、雷丸、熊胆、檀香
28	西藏	13	土木香、手参、毛诃子、牦牛角、胡黄连、独一味、桃儿七、雪莲花、绿松石、绿绒蒿、藏茄、藏茴香、藏羚角

（2）167～323 种。我国著名学者、中国中医研究院中药研究所研究员胡世林先生是我国研究道地药材最早、最权威的专家，曾主编《中国道地药材》（1989）、《中国道地药材论丛》（1997）和《中国道地药材原色图说》（1998）等学术专著。他在《中国道地药材》一书中共划分了川药、广药、云药、贵药、怀药、浙药、关药、北药、西药、南药 10 个道地产区，介绍了道地药材 167 种。而在其主编的《中国道地药材原色图说》中共收载道地药材 323 种。

表 1－2　胡世林先生整理的中国道地药材分布表

地域	数量	药材名称❶
川药	21	川芎、川贝母、附子与川乌、黄连、石菖蒲、姜、川牛膝、常山、丹参、麦冬、川楝子、青皮陈皮与橘红、补骨脂、使君子、巴豆、花椒、厚朴、黄柏、麝香、虫白蜡、硼砂
广药	18	防己、巴戟天、山豆根、何首乌、夜交藤、高良姜、阳春砂、益智仁、槟榔、鸦胆子、广藿香、金钱草、青蒿、鸡血藤、肉桂与桂枝、珍珠与珍珠粉、蛤蚧、穿山甲

❶ 胡世林．中国道地药材［M］．哈尔滨：黑龙江科学技术出版社，1989：6.

续表

地域	数量	药材名称
云药	6	三七、云木香、重楼、诃子、茯苓、儿茶
贵药	7	天麻、天冬、黄精、白及、杜仲、五倍子、朱砂
怀药	12	地黄、怀牛膝、山药、茜草、天花粉与瓜蒌、天南星、白附子、菊花、辛夷花、红花、金银花、千金子
浙药	14	浙贝母、白术、延胡索、郁金、莪术、姜黄、玄参、乌药、玉竹、山茱萸、乌梅、栀子、乌贼骨、蝉蜕
关药	11	人参、细辛、防风、刺五加、薤白、藁本、两头尖、关木通、五味子、牛蒡子、鹿茸
北药	33	黄芪、党参、远志、甘遂、黄芩、白头翁、香附、北沙参、柴胡、银柴胡、紫草、白芷、板蓝根、大青叶、青黛、知母、蔓荆子、山楂、连翘、苦杏仁、桃仁、酸枣仁、薏苡仁、小茴香、猪牙皂与皂角刺、银杏、阿胶、全蝎、五灵脂、龙骨龙齿、麦饭石、滑石、代赭石
西药	12	大黄、甘草、当归、羌活、麻黄、麻黄根、秦艽、茵陈、枸杞子（地骨皮）、虫草、猪苓、牛黄
南药	33	半夏、射干、吴茱萸、莲、女贞子、艾叶、蕲蛇、龟板、鳖甲、石燕、石膏、南沙参、明党参、太子参、苍术、青木香与马兜铃、芍药、桑（桑螵蛸）、木瓜、灵芝、薄荷、紫苏、牡丹、僵蚕、蚕砂、蟾酥、泽泻、枳实、枳壳、白花蛇舌草、冰片（樟脑）、建曲与神曲、乌骨鸡

可见，我国的道地药材数量应当在200～400种之间，它们是中药材中的精华，是我国具有市场优势地位的，甚至可以形成绝对市场支配地位的资源，非常值得法学界尤其是知识产权界进行深入的研究和探讨。

二、道地药材形成的条件

道地药材并非生来有之，其产生和演变也非一成不变，而是经历了较长时间的演变，是一个长期的、复杂的历史过程。最早可追溯到《神农本草经》，其中所收载的不少药物在药名上就带有明显的地域色彩，如巴豆、巴戟天、阿胶之名[1]均喻示该药材在古之巴郡、今之山东东阿县所产最佳；其后，唐代《新修本草》的目录中详细地列出了“药出州土”；至陶弘景于《本草经集注》中道：“案诸药所生，皆的有境界。”明代刘文泰在《本草品汇精要》中载：“人参［道地］：辽东、高丽、上党者佳。”[2]其中始见“道地”一名。从历史发展来看，道地药材的形成须具备以下条件。

（一）自然环境的选择

中药材以动植物类药材为主，自然环境是药材赖以生存的必要条件，在我国广袤的地域中，气候跨度极大，生态环境复杂，各地的气候（温度、日照、降水等）、土壤、生物分布都不完全相同。经过千万年来的自然选择和物种进化，在我国各地形成了丰富的、广泛分布的药材资源。因此，丰富的自然风貌为药材的生长提供了外在的条件。

每种生物都具有自身特有的物性，同样，每个地方都因其自然地理生态环境的差异而具有各地不同的地性。生物之间不同的药性与分布正是物性与地性相互契合的结果。各种药材在特定的地理环境和气候中生存，说明该药材的物性与此地区的地性相适应。同样，不同药材对于自然环境的适应性不同，适应性差者，其物性强烈，只适合在某些特定的区域生长，具有明显的自然道地性；适应性强者，其物性平和，分布也较广泛。而在适合区域

---

[1] 胡世林．中国道地药材［M］．哈尔滨：黑龙江科学技术出版社，1989：6，280－288.

[2] 明太医院刘文泰，等纂修．本草品汇精要［M］．曹晖校，注．北京：华夏出版社，2004.1：98.

的不同地区，由于自然环境些微的不同，同种药材的质量也具有很大差异性。例如，道地药材怀牛膝主产于河南省武陟县，又以武陟县的西淘乡和大丰乡生产的品质最好，因为该地受到黄河、沁河多次泛滥和改道的影响，土壤层厚，肥力强，所生长的牛膝品质最好，当地称之为“怀参”。[1] 因此，道地药材的形成反映了地性的外在条件对药材内在属性的决定性。

（二）种养技术的推动

中药材作为一种特殊的商品，可以给人们带来巨大的经济效益。然而中药材在最初多为野生，药材资源有限，随着人们的不断采撷，野生药材资源急剧减少，无法满足市场的需求。中国自古以来是一个农业大国，在动植物的种养方面拥有较高的技术水平，而药材作为一种特殊的农作物，人们经过不断的引种试种尝试，研究、探索并总结出一套与药材契合的种植、采收及加工方法。如在山药的种植上，人们经过不断的尝试，总结出掘沟深 1 米至 1.5 米所生长的山药质量最佳。种养技术恰是人们对药材的物性的把握，将之与地性契合，推动了道地药材的发展。随着历史的不断发展，许多外来药材流入我国，人们对外来药材不断进行引种试种并获得成功，都是依赖于我国上千年的种植历史和加工技术。人们在不影响药材质量的情况下，大量种植中药材，经过经验的积累，逐渐形成了一套系统的药材生产、炮制体系，形成了生产较为集中、具有特殊加工工艺的道地药材主产区。

（三）中医理论的指导

中医药理论是中药的核心，因此中药具备不同于动植物本身的特性，如，它具有“四气”“五味”及“归经”属性，以及基于中医药理论的主治及功效。中医理论中的阴阳五行学说、形态平衡理论等都对道地药材的发现、形成和发展提供了思路和方法。这是中医药的重要组成部分，其形成和发展离不开中医药理

---

[1] 王文全. 中药资源学［M］. 北京：中国中医药出版社，2006：136，276.

论的指导。古代医家依据中医理论对药材的性味归经、功效主治等不断进行研究和应用，通过对不同产地的同种药材在药材质量形态和临床应用中的疗效等各个方面的综合评价，总结出不同产地的同种药材的优劣。同时，有其后医家在临床上对之进行不断的验证和整理，使得道地药材成为增强临床疗效的物质基础。因此，中药材的道地性与中药质量和中医疗效具有一致性，在我国历代医家的著作中，更以道地药材作为中药本草的精髓所在，使之成为货真质优的代名词。因此，中医药理论是道地药材形成的理论基础。

三、影响道地药材价值的因素

道地药材的形成是自然与人文相结合的成果，它的形成是一个复杂而漫长的历史过程，与我国特有的生态地理、文化背景及中医药理论密切相关，是一个不断演变的过程。例如，当今的“四大怀药”“浙八味”等道地药材并不是一开始就以河南、浙江所产者为优，而是历史变迁的结果。其在演变过程中受到诸多因素的影响。

（一）地域的生态环境

药材的生长与自然环境密不可分，因此必然受到自然生态地理环境的制约，受到温湿度、土壤、气候、灾害等自然环境的直接影响。而道地药材的特点是具有地域性，其质量与产地分不开，因此必然与当地特有的自然环境密切相关。在中医理论中，“离其本土，则质同而效异”，即指出药材生长需要特定的地理气候环境，因为特定的土壤有助于药材有效成分的积累，如果在相异的地区种植，即使生长发育也无法拥有原有的效用价值，即为“有其形而无其味”。因此，药材所需的独特的自然生态环境也就形成了各地区特有的道地药材。然而现今自然生态环境被大肆破坏，这是导致许多中药材品种濒临灭绝的主要原因之一。在《中国珍稀濒危保护植物名录》（1984 年）中收载的保护植物有 354

种，其中药用植物占45%以上。[1] 从这一点来讲，道地药材不是永久的，它受到自然生态环境的影响而可能变迁。

（二）传统医学的理论基础

中药与中医理论是密不可分的，正是中医理论使得药材具有独特的中药药理作用，形成了独特的药材炮制加工技术，充分地保存和发挥了中药的功效；同时，在中医药理论的指导下，中医医家在临床实践中，经过长期的、反复的比较，论证出道地药材具有优秀的品质和疗效，这是我国古代医家宝贵经验的高度提炼，是我国古代医家对药用植物资源质量和疗效最优的认识和评价。离开传统医药理论，就没有“道地药材”一说。在全世界存在众多的医疗体系，如西医、非洲传统医学、埃及医学等体系，但是只有在中国传统医学的发展中产生了道地药材。只有在传统理论的指导下，才能够充分地概括药材的属性及发挥它们的功效。同样的植物，在国内外却拥有不同的用途，如，木香的中医用途为行气、调中、止痛，在国外被用作香料；红花的中医用途为活血化瘀、通经，在国外被用作染料，其种子为食用油料。[2] 可见，道地药材中蕴含了大量的传统医药知识，道地药材不仅是一种资源，更是一种传统药用知识。

（三）特有的炮制加工技术

《千金翼方》论曰：“夫药采取不知时节，不以阴干曝干，虽有药名，终无药实。”同样，道地药材的生产，除了固定的产地因素外，还与特有的加工、炮制、储存以控制药物的质量有关。产地和物种决定了药材的先天本质，在药材的采收、炮制、储存和销售环节就依靠人们不断的经验积累，现在，对特定药材的依法炮制已经成为保障中药质量和临床疗效的重要因素。在药材的炮

---

[1] 李隆云，肖小河，等．道地药材的形成与分化探讨［J］．中国中医药科技，1999，6（2）：104－106.

[2] 胡世林．中国道地药材［M］．哈尔滨：黑龙江科学技术出版社，1989：6，280－288.

制加工过程中，首先，减毒增效是药材形成的关键一环。对于附子、半夏等有毒药物来说，炮制加工是必不可少的一环；对药材采取不同的炮制方法，可以使得其有效成分更易析出和加强中药材的临床疗效。另外，对于同种药材，根据临床应用的不同需求，需要采取不同的炮制方式。如河南四大怀药之一的“怀地黄”，经过当地采用独特的“九蒸九晒”炮制技术对鲜地黄进行加工处理，使其在储存和药效上独胜一筹。因此，正确的炮制处理是道地药材保证质量和充分发挥药效的关键。在市场经济和现代科学高度发展的今天，道地药材特有的炮制加工技术则面临着继承和发展的关键问题。

（四）经验式的种养方法

在现代，野生药材日益稀少，如野生黄芪从民国起就被大量采挖，导致野生资源锐减，近年来已近枯竭，必须进行人工栽培方能满足市场需求。[1] 因此，野生种药材变为家种的引种、试种为道地药材的形成创造了条件，也是保障药材供应的重要措施。经过不断的尝试，越来越多的野生药材被转为人工栽培的方式生长。如，浙贝、杭菊、怀地黄等都有数百年的栽培历史，并且成为了优质的道地药材。栽培技术的好坏直接影响药材的生长发育，对物种的选择、药材生长发育所需条件的把握和对生长发育中出现的问题的处理，都直接关系到药材质量的好坏，即使在道地产区内，同种药材的质量也参差不齐。例如，现今药农将药材当农产品一样种植，为增加药材产量而滥用化学农药和化肥，频频出现中药材中农药残留超标和药性降低事件。尽管种养方法带有经验性质，但仍然可以归属到技术秘密的范畴。

（五）在流通中的市场声誉

中药材作为一种特殊的商品，在市场经济条件下，必然要接

---

[1] 李隆云，肖小河，等．道地药材的形成与分化探讨［J］．中国中医药科技，1999，6（2）：104－106.

受市场的调节。道地药材作为同类药材中受到医家和大众公认且久负盛名的、质量和药效均上乘的中药材，在销售环节较同类药材更有优势，更容易占据市场的主导地位和市场份额。市场的需求又反过来促进了道地药材产业的发展。然而在现今的药材市场，由于市场导向不明，缺乏相应政策，时常出现供大于求，药农种植道地药材的积极性受挫，导致药材栽种面积萎缩；或者由于经济利益的影响，一些药商以假充真、以劣充优，导致某一道地药材的声誉受到影响，甚至被医家和患者弃而不用。中国俗话讲，人无信不立，商无誉不兴。某种药材在流通和使用中所产生的市场声誉，可以称之为商品声誉，是企业商誉的有机组成之一，是现在或未来能够给市场经营者带来超额收益的一种能力。它是道地药材具有知识产权属性的基本条件。

（六）特有的人文内涵

道地药材在形成中蕴含深厚的文化内涵，与人们的日常生活有着密切关联。如，中药中的青黛、神曲之类，是起源于人们对吃穿用的开发，是在生活中出现的加工产品，唐代李白《对酒》诗曰："青黛画眉红锦靴，道字不正娇唱歌。"它们的道地性主要是在工艺技术上的讲究。神曲又名六神曲，是借助面粉和五种中药材在制作过程中的发酵作用以促进消化机能，方称为"曲"，李时珍在《本草纲目》中曰："盖取诸神聚会之日造之"（即在阴历六月初六或三伏天制作）。神曲无论配料还是制作，都充分体现了人文内涵。

道地药材的形成也离不开历代本草的文字记载，或者人们代代相传的口传心授。道地药材是受到医家和大众公认且久负盛名的名优药材，因此在形成和使用中拥有品牌的文化效应。例如河南著名的怀山药——"铁棍山药"，拥有悠久的历史文化起源，成为当地独具特色的文化象征，反映了当地人民在药材生产、加工及栽培技术方面的先进水平，形成了人文的道地药材，享有比较高的信誉度和知名度。

道地药材是在长期的药材生产和临床实践中逐渐形成的，是自然、科学、社会和人文理念相互作用的结果，有着丰富的科学文化内涵，具有特定的生长环境、科学的品质和显著的功效等特征。其无论形成还是发展，都有内在的规律性，我们在应用、保护和管理中要予以充分的尊重和掌握。由道地药材的形成和影响因素可以看出，开篇案例中的当事人提出的对不同地点来源的中药材进行简单等量复合来提高中药材的疗效，以达到“复合样本完代总体”“一药代表天下”的技术方案，不符合道地药材的自身规律，也不符合专利法的要求。

第二章　道地药材的特征决定其保护之需求

【案例二】中药材炮制加工技术是否应当保密?

为了顺应改革开放的要求，我国在1996年提出了中医药国际化这一战略思想，并及时研究制定了《中医药国际科技合作规划纲要（2006～2020年）》，颁布了《中医药国际科技合作计划》。不久，一些涉及中药材加工的合作项目逐步增多，其中规模最大的当数日本的津村制药。另外，在河北安国先后设立了中美合资的“美威中药饮片有限公司”、我国香港地区和日本客商独资兴办的“新隆中药饮片有限公司”、我国香港地区客商独资兴办的“祁农中药饮片有限公司”、港商与河北省建设投资公司合资的“祁新中药颗粒饮片有限公司”等外资公司从事中药饮片的生产加工。在美威公司的网站宣传中，明确写着“公司设有初选、炮制、净选、粉碎（颗粒）、包装五个生产车间”的字样。[1]

2006年1月10日，国家食品药品监督管理局发布的《关于外商投资中药饮片生产企业生产范围有关问题的通知》（国食药监安［2006］第14号）指出，2005年施行的《外商投资产业指导目录》规定“传统中药饮片炮制技术的应用及中成药秘方产品的生产”为禁止外商投资产业。为使外商投资方向与我国国民经济和社会发展规划相适应，各省（区、市）食品药品监督管理部

[1] 蔡瑞利，龚千锋，易炳学．中药饮片炮制技术的知识产权保护问题［C］//中华中医药学会第五届中药炮制学术会议论文集．北京：中华中医药学会，2005：13.

门要严格执行国家产业政策，严把外商投资企业准入关。对于已经批准的外商投资企业，省级食品药品监督管理部门在对中药饮片生产企业换发《药品生产许可证》时应明确标注“净、切制”，限制其生产范围。

中药材炮制是以中医药理论为指导，根据临床辨证施治用药的需要和药物自身性质，以及调剂、制剂的不同要求，所采取的一项制药技术。❶《中华人民共和国药典》(2005 年版) 中的“药材炮制通则”规定：“药材炮制系指经净制、切制、炮炙处理，制成一定规格的饮片，以适应医疗要求及调配、制剂的需要，保证用药安全和有效。”药材炮制分为净制、切制和炮炙。传统中药饮片炮制技术的应用指的是炮炙技术的应用。通俗地说，中药材（尤其是道地药材）的炮制加工技术就是将植物、动物或矿物的化学成分或物理结构进行改变，以符合中医治疗疾病的需求。这些技术具有减毒增效的作用，不但把普通的草（植物）变成了临床上可以使用的药，而且可以提高其原有的性能和治疗的效果。中医药界始终认为，炮制加工技术是中医药行业的一项关键技术，应当予以认真的传承和保护。但是，对于这样的技术，是否要给予法律上的、排他的或者独占的保护？中医药界和学术界对此有不同的观点。

观点一：多数人赞成应当作为技术秘密来进行保护

全国人大代表、中国社科院学部委员程恩富与李慎明等 30 位全国人大代表向十一届全国人大提交的《关于扶持和发展中医药事业的建议》中认为“中药炮制技术几千年来一直是中医药的核心技术问题，国家早在 20 世纪 50 年代就将炮制技术列入保密技术范畴，政府有关规定都明令禁止外资涉足中药饮片传统炮制工艺技术和产地加工技术，禁止出口毒性中药和大宗中药的炮制工艺。但近些年来外商加速进入我国中医药行业，在中药产业中

❶ 刘波．中药炮制学［M］．北京：人民卫生出版社，2006：12.

外资的资产总额和营业总额都已经超过了民营经济的比重”，并提出了要及时遏止中医药传统制药技术泄密问题的建议。[1]

全国人大代表、康美药业董事长兼总经理马兴田在全国人大一次会议上提交了《关于禁止外资控股中药饮片企业的建议》。其认为，中医药产业是一个涉及国计民生和公共健康的敏感产业，中药饮片的炮制技术是其发展的基础，外资进入有力地带动了我国中药饮片产业的技术进步和发展；但近年来，外资医药企业在华扩张迅速，对民族中医药产业冲击严重，特别是对我国中医药炮制技术造成了极大的流失隐患。因此，其建议立法禁止外资控股中药饮片企业；外资只能作为企业的战略投资者，不能参与企业的日常生产经营。

学术界也赞同这样的意见。如，胡善民等认为，中药炮制技术在没有任何知识产权保护的情况下，一旦被外商掌握核心技术，中方不仅会丧失中药炮制技术的知识产权，同样也会失去市场竞争地位的优势。[2]

观点二：也有人认为不必对炮制技术加以保护

中华中医药学会炮制分会常务副主任兼秘书长肖永庆等一些在业界很有影响的权威人士和资深学者主张“扩大开放”。他们认为，随着大量有关炮制工艺及饮片质量标准研究方面的文章、专著的公开发表，无论是传统的炮制工艺还是现代质量控制方法，都已毫无保留地公布于世。可以说，时至今日，我们的饮片炮制技术已经无密可保。如果一定要说有秘密的话，那也只能是“公开的秘密”了。“我们不能为了保护一个‘公开的秘密’而丢掉一个饮片行业利用外资求发展的机会!”“开放派”强调，事实上，这几年我国许多地区通过引进外资相继办起了一批颇具规模、充满现代化气息

---

[1] 江大红．人大代表程恩富：警惕中医药传统技术泄密［EB/OL］．（2008－03－21）［2014－04－15］http：//health. sohu. com/20080321/n255827675. shtml.

[2] 胡善民，陈昊群，刘兰茹．中药炮制领域知识产权保护现状及对策探讨［J］．中国中医药信息杂志，2011（12），18：8.

的中药饮片加工厂，他们无论在GMP标准、生产经营管理水平，还是中药饮片现代化及质量理念等方面，都给国内同行作出了示范，从而带动整个中药饮片行业跨上了一个新台阶。对于这件与时俱进的大好事，我们何乐而不为呢？我们决不能片面强调所谓“保密”，或担心“狼来了”而关闭合作的大门，应该敢于和善于“与狼共舞”，促使我国中药现代化走上快车道。❶

江苏省泰州市高港中药饮片有限公司董事长徐志强也同样认为：“国外资本的加入，肯定会对中药产业和国内企业造成影响。事实上，炮制技术很难不被外商掌握，他们有不少途径可以获取。”❷

【简评】

是否要对中药材的加工炮制技术进行法律保护确实是一个需要理性考虑的问题。我国目前中药饮片炮制技术尚无统一的可量化的工艺参数和质量控制技术标准，检验标准不统一。全国各地、各厂所运用的炮制加工技术不尽相同，是在法律上分类保护，还是区分不同的主体赋予一定的权益，都是值得进一步讨论的问题。

1983年，原国家医药管理局发布了《中西药品、医疗器械科学技术保密细则》，其中第2条规定的保密范围包括：我国特有的生产技术诀窍及传统工艺技术——包括新发现的中草药；中药材的特殊加工技术和饮片传统炮制的关键技术等。

1990年，国家中医药管理局发布了《中医药行业国家秘密及其密级具体范围的规定》，其中第1条规定，中医药行业国家秘密的具体范围包括在国际市场上具有一定竞争优势的中药和传统的中成药的生产工艺技术、关键技术和药物配方；并将国家重点保护的中药制剂的配方、生产工艺技术和稀有贵细中药材人工合

---

❶ 黄每裕．这里秋日正艳——第五届中药炮制学术会议召开［N］．中国医药报，2005-09-24（145）．

❷ 康义瑶．中药饮片的坚守命题［N］．医药经济报，2006-02-24（22）．

成品的配方、工艺技术列为绝密级，将传统中成药的特殊生产工艺和中药饮片炮制的关键技术（含中成药前处理的炮制技术）列为机密级。

2002年施行的《外商投资产业指导目录》中，明确禁止外商投资“列入国家保护资源的中药材加工（麝香、甘草、黄麻草等）”以及“传统中药饮片炮制技术的应用及中成药秘方产品的生产”。

2002年颁布的《中国禁止出口限制出口技术目录》中，“中药饮片炮制技术”也被列入禁止出口范围。

2011年，国家发改委、商务部发布的第12号令《外商投资产业指导目录（2011年修订）》规定，明示列入《野生药材资源保护管理条例》和《中国珍稀、濒危保护植物名录》的中药材加工，中药饮片的蒸、炒、炙、煅等炮制技术的应用，以及中成药保密处方产品的生产，都属于禁止目录。

但是，我们如果在图书资料室里检索，会发现有关“中药炮制”的教材或书籍有上百种，文献资料则有8000余篇，内容遍及众多药材。这让我们联想到德国高超的不锈钢锻造技术，虽然其他国家也了解和生产不锈钢，但其品质始终不及德国本土生产的不锈钢产品，德国工人所掌握的锻造技巧在其中起到了决定性的作用。看来，为了中药产业和中医药行业的发展，对于道地药材中的技术秘密（关键环节和关键药物的炮制加工技术）不但要保护，而且要详加规定来予以严格保护。而了解道地药材的基本特征和内在需求是给予其保护的先决条件。

道地药材这一说法，本来是中医界为了提高和保证用药物治疗的效果，以及在药材流通中需要对药材种类进行鉴别，根据中医的药性理论而提出的那些“气力性理”比较强的药材。之后，“道地”或“地道”的含义逐步具有了原产的、真实的、特有的、优质的、高标准的等含义。而目前对道地药材的定义主要有三种方式：一种以产地和信誉来进行定义，认为道地药材是人们传统公认的且来源地特定的具有中国特色的名优正品药材[1]；另一种是从其质量、疗效和产地来定义，认为道地药材是指经过人们长期医疗实践证明质量好、临床疗效高、传统公认，来源于特定地域的名优正品药材[2]；还有一种是从生物学角度，以生物品种和环境、气候来定义，认为道地药材是指一定的药用生物品种在特定环境和气候等诸因素的综合作用下所形成的产地适宜、品种优良、产量高、炮制考究、带有地域性特定的药材。[3] 我们认为，比较客观的说法是国家食品药品监督管理局在《中药材生产质量管理规范（试行）》中采用的从其种质、产区和技术角度来定义，即道地药材是传统中药材中具有特定的种质、产区或特定的生产技术和加工方法所生产的中药材。[4] 这一定义基本反映了道地药材所具有的基本属性。

一、道地药材的基本特征

纵观道地药材形成和发展的历史及其在市场经济社会中的作用，我们可以概括出道地药材具有下列几方面的基本特征。

（一）特定地域

道地药材首先是指一定地理范围内的药材。唐代孙思邈在《千金翼方》中就强调“用药必依土地”，并在“药出州土篇”中专门记载了十道各州的产地药材。离开某一特定的地域，则很难再称其为道地药材。唐代《新修本草》中就有“离其本土，则质同而效异”的记载。因此，虽然道地药材的种质非常重要，但地域性是其成为道地药材的首要基本特征。肖小河教授等的研究

---

[1] 苏天安，范少敏，雷国莲．论道地药材的起源与发展［J］．现代中医药，2002（3）：46.

[2] 王文全．道地药材资源及其产业发展［J］．定西科技，2008（3）：17.

[3] 张丽．道地药材的保护与发展对策［J］．中国热带医学，2006（3）：501.

[4] 中药材生产质量管理规范（试行）》（局令第32号）［EB/OL］．（2002－06－01）［2014－03－10］http：//www.sda.gov.cn/WS01/CL0053/24466.html.

也表明，道地药材是该药材原物种在其产地的种系与区系的发生发展过程中，长期受孕育该物种的历史环境条件与人类活动影响而形成的特殊产物。❶ 所以，道地药材的地域性本身不但限定了该药材称谓的地域范围，也表明了道地药材所在地的特殊的地理环境（包括自然、气候、生态等）与其他普通药材所在地的不同。❷ 因而，在中国古代，一些药商为了宣扬自己经售的是优等药材，会以道地药材作为宣传亮点，在药铺的匾额上采用“采集川广之贵地道药材”等字样作为广告。

（二）特定名称

道地药材的名称是根据植（矿、动）物的产地、天然属性及其药效作用等多种因素予以命名的。如《神农百草经》中收集的蜀漆（产于古蜀国，为现在成都的川西地区）、秦椒（产于古秦国，为现在陕西兴平东南），以及川芎（产于四川，宋代寇宗寅曾谓之“他种不入药，止可为末煎汤沫浴”❸）、阿胶（产于山东东阿的驴皮胶）等；还有些药材是在很多地方都生长，但由于药性不同，为区别道地药材和其他地区药材的性味和作用，往往在药材的名称前冠以产地，如浙贝母（指浙江的）、建泽泻（指福建的）、党参（产于山西上党，其中又分西党和台党）、彰明附子（产于四川彰明县，现今的江油）等。当然，也有以道地药材的特征来命名的，如将黑水当归称为马尾当归、将蜀升麻称为鸡骨升麻等。这些特定名称基本都是由地理名或其形象再加上普通药材名称组成，是传统医学界和药材商贾界长期使用的、具有特定含义的药材专有名称。一旦一种药材被医药界公认为道地后，常将地名和药名组合成该道地药材的特定名称，如浙贝、杭菊、川

❶ 肖小河，夏文娟，陈善墉．中国道地药材研究概论［J］．中国中药杂志，1995（6）：323－324.

❷ 最典型的例子是安徽太湖医药公司在1990年购买了一批黄芪，但后来发现质量低劣。后经查明，该批黄芪是湖北引种内蒙的黄芪，但湖北的生态环境与内蒙相差甚大，使得引种后的黄芪植株显著高大，根部分枝多，质硬且有柴性，味不甜，反而微苦。

❸ 郑金生．道地药材的形成与发展［J］．中药材，1990（7）：43.

连、云苓、怀牛膝、辽细辛、潞党参等，不但药界如此称呼，医界也常以此名开具方药。

（三）特定种质

严格地说，药材不是农作物。农作物主要注重产量，而药材主要注重疗效。由于用于治病的有效成分是一些含量甚微的次生代谢物，如生物碱、皂苷、黄酮、苷类、萜类、香豆素、鞣质等，它们在生物体内通常含量仅千分之几或万分之几，因此，品种的选择极为重要。❶ 也就是说，道地药材是一个比较特定的品种，这个特定就是具有某一方面的医疗作用，这个作用是由药材性状、组织结构、有效成分含量等决定的，并且由原住地人或行医者在长期的医疗卫生实践中摸索出的知识。在药物栽培还不很盛行的南北朝时期，不同产地药材间的差异多数是药材“种”的不同，少数是同种的不同生态型。药材种类的差异是早期道地药材形成的主要原因。❷ 所以，每种道地药材的种质应当是特定的，因为优良品种遗传基因是道地药材形成与发展的内在因素。❸ 需要注意的是，并不是道地产区的所有药材都是道地药材，而只是指那些与自然长期适应而形成的物种，并且形成了自身的遗传特性。

（四）特定技术

由于道地药材与农产品的区别主要在于前者为用于临床的药材，而药材作用的发挥源于其中活性成分的积累。道地药材的独特功效并不是所有原生药材本来就具有的，它们中的许多生药往往要经过特殊的炮制加工过程才能成为道地药材。这套传统的生产、加工技术可以起到减毒增效作用，是中华民族在数千年的临

---

❶ 祝丽香．中药材实施“中药材生产质量管理规范”栽培与地道药材的关系研究［J］．时珍国医国药，2006（4）：192.

❷ 郑金生．道地药材的形成与发展［J］．中药材，1990（6）：39－40.

❸ 肖小河，夏文娟，陈善墉．中国道地药材研究概论［J］．中国中药杂志，1995（6）：324.

床与生产实践中逐步摸索和积累出来的。如，浙白术采用弯囱加工而不能用直囱，其品质才好；金银花采用蒸后晒干而不是生晒，其绿原酸和异原酸含量才高；石斛边搓边干燥，其多糖含量才高。❶ 所以，一定的药材产区总是伴有一定的生产技术历史，历史愈悠久，技术愈精湛，质量愈优良，道地性愈突出。❷ 也就是说，每一种道地药材都有其独特的栽培、采收及产地加工技术。❸

（五）特定文化

由于道地药材是在特定地域内长期发展起来的一种产品，无论是在其种植、采收、炮制加工中，还是在其命名、使用、销售中，都融入了当地的传统文化，并相互结合成为一种特定药材的特有文化。如，道地药材的药用主要是当地医药名人在长期医药实践中获得的，并往往与当地人的疾病谱有关；再如，河南焦作人将怀山药中的极品称为“铁棍山药”，不但喻其形状细长似铁棍，而且喻其补益作用强，因而被当地人作为贡品。一些道地药材还被当地人赋予神秘的色彩，如关于四大怀药名称来源的传说❹；或者被用于当地的地名，如，在河南焦作沁阳神农潭老君洼一带，有山药沟、地黄坡等地名。可以说，道地药材不但在经济上给当地人带来了好处，也与当地人的精神生活密不可分，成为当地传统文化的一个重要成分或标志，也是中华传统文化的有机组成部分。另外，道地药材的特定文化还表现在当地人对当地道地药材在医药方面的使用水平要明显高于其他地区，且与当地的其他地域文化相结合。

❶ 王文全．道地药材资源及其产业发展［J］．定西科技，2008（3）：17.

❷ 肖小河，夏文娟，陈善墉．中国道地药材研究概论［J］．中国中药杂志，1995（6）：324.

❸ 卢颖．寻找道地药材（之一）［J］．家庭医药，2008（6）：17.

❹ 神农尝百草路过怀川神农山，惊其药多，命山、地、牛、菊四官护值。

二、道地药材保护的内在需求

我们在充分地分析了道地药材的基本特征后，对于其相关的法律保护问题便可进行理性梳理。在抛除其实物（植物、矿物、动物本身）后，道地药材的本质就是中国医药界在传统医学理论的指导下，经过长期的临床实践而取得的有关特定实物的种质、产地、种植、采收和炮制加工等一系列知识，以及与传统文化密切相关的医药文化。因此，要保持道地药材的基本特征，维持其知识和行业的长期存在，必须按照其内在的需求予以保护。道地药材法律保护的内在需求集中表现在下列四点。

（一）保持区别性特征

由于道地药材具有特定地域、特定名称、特定种质、特定技术和特定文化的基本特征，也就是其本质特征是其产地质量和信誉等与其他同类中药材有着严格区别，这些区别性特征是道地药材赖以存在和发展的前提。道地药材如果与普通药材之间没有易于辨别的区别性特征，则将失去生存的空间。通过一定的措施（包括法律措施），我们可以将道地药材区别性特征的“比较优势”转变为地方经济发展的“绝对优势”。

为了显现道地药材与普通中药材之间具有的显著的区别性特征，除了给每一味道地药材命以特定的名称外，中医历史上还有两种方法来保持其区别性特征的存在：一是设有专业性的药材甄别人员，运用眼、口、鼻等感觉器官或者借助相关设备来对中药材的真假和质量的优劣作出判别；二是传统医药学界和商界倡导诚实信用、童叟无欺的善良风俗，中药材的交易和使用凭借良心和“天知”。

然而随着现代科学技术的发展，尤其是进入市场经济之后，道地药材与普通中药材之间越来越需要有更为容易辨认的区别性特征，有很多地区通过申报地理标志并在产品上附贴标志来实现道地药材的区别性特征。尽管如此，地理标志法律制度所能产生的实际性区别作用还是比较有限的，该问题有待于我们进一步研究以增强两者之间的特征和区别。

（二）维护药材的药效

道地药材所具有的特定地域、特定种质、特定技术等基本特征归根结底体现了道地药材的本质特征，也就是其具有优良的产品质量和医疗价值。因此，维护并逐步提高道地药材的质量和药效是实现道地药材市场健康发展的内在需求之一。一种中药材一旦削弱了效用效果，即使其再道地，也失去了保护的基本意义。

中医历史上对于道地药材的质量维护，除了遵循“修合无人见，诚信有天知”的职业道德外，还研究并掌握了一些道地药材的独特栽培、采收及炮制加工技术等，使得植物、矿物或动物能够按照传统医学理论来有规律地发挥其药用。这些方法和技术目前仍是维护道地药材质量和药效的立足之本。2002 年，国家食品药品监督管理局发布了《中药材生产质量管理规范（试行）》，对中药材生产企业生产中药材的全过程作了规范，倡导各种中药材都按照 GAP 的标准来进行种植、采收和加工，这在一定程度上维护和提高了道地药材的质量和药效。但是，由于我国中药材的生产者绝大多数仍是个体农户，而非企业，所以，如何在全体农户中规范道地药材的种子选择、采收及炮制加工技术仍是我们需要研究的问题。而在法律上合理赋予种植户一定的权利和义务应当是市场经济条件下维护药材质量和药效的重要途径。

（三）体现自身价值

道地药材的基本特征不但形成了其在医疗、保健和文化上的现实价值，而且从知识产权的角度来看还限制了其产地、规模和产量，具有自然形成的稀缺性，具备物权意义上的财产属性。这两点都需要得到法律的承认和确认，以保持和体现道地药材应当具有的市场价值和商业价值。

在中医历史上，道地药材的自身价值往往通过自然筛选种植区域、价格高于普通中药材、营造市场需求度等予以实现。研究中我们发现，我国目前有很多道地药材产区通过地理标志的申请来占有道地药材名称的使用权，取得了一定的成效。但各地在取得地理标志使用权后，往往采用人为扩大种植面积的办法来提高产量和体现其价值，既破坏了道地药材特定产区的特征，又没有真正提高道地药材应有的附加值。现行的法律制度和政策导向并没有解决市场混淆和区别定价等问题，因而还不能完全体现道地药材的自身价值。另外，就道地药材的知识属性来讲，它是传统医药知识中的药物知识，属于一种既有的智力成果，按照现行知识产权法律制度的基本理念，这种既有的智力成果应当成为当今传统知识保护的重要客体之一，涉及道地药材中传统知识利益保护问题、与传统知识有关的资源保护等获益分享问题。关于道地药材自身价值的体现，还有很多立法理念、保护的正当性和可行性等法律问题亟待解决，如，在我国药品定价上，企业是否使用道地药材并不影响其药品的市场销售价格，没有积极使用道地药材来增加药品疗效的市场动力。

（四）继承传统文化

道地药材具有特定的文化，与特定地区的传统文化一脉相承，与中药学基础理论和临床实践共同组成道地药材的学说体系。附着在道地药材上的传统文化，不但具有传统文化所能起到的融合和认同作用，而且可以起到对传统医药的指引、导向、应用和促进交易等作用。可以说，特定传统文化是道地药材各种价值实现的土壤。因而，保持道地药材的可持续发展，应当大力整理和弘扬其中被广泛认同的特定文化，并以此来传承中华民族的传统文化，增强人们对传统医学的吸引力和认同感，从而实现道地药材的医药价值、商业价值和文化价值。

中医历史上对道地药材文化的传承主要有两种形式：一是文本传承，利用历代药学著作和个体记载的用药经验进行传承；二是口耳相传，主要是师徒之间的口传心授和以身作则。这两种形式对道地药材的文化传承起到了重要的作用。但是，由于西方医学文化的影响，以及我国目前对传统文化的法律保护尚处于薄弱的状态，道地药材的名称、产区、知识等饱含文化的资源遭到滥用或误用，使得消费者、经营者对道地药材的产区、相关药用知识以及其他基本特征产生错误认识，最终导致道地药材因丧失其本质特征而失去市场价值和药用价值。

目前，我国已经颁布了《中华人民共和国非物质文化遗产法》(以下简称《非物质文化遗产法》)，就道地药材的文化属性来讲，它是我国传统文化中的医药文化，应当属于非物质文化遗产的重要一部分。各地应当按照该法的相关规定，系统全面地整理道地药材的传统文化，制定保护名录，实现文化多样性和道地药材的可持续发展。

我国应当尽快修订与道地药材有关的法律法规，充分体现道地药材的各项基本特征和内在需求，赋予道地药材权益人相应的权利和义务，理顺相关的管理政策，把我国道地药材这一资源优势转变为地方的现实优势，为中医药事业的继承和发展做好基础保障，为地方经济建设创造新的增长点。

三、道地药材传统的保护方式

道地药材的发展经历了数千年的历史，也曾有过伪药横行的时期，也发生过以次充好的行为，但道地药材最终还是得以传承并维持了良好的市场声誉，其主要的因素如下。

(一) 约定俗成的行业规范

利用自然物质和自然规律来调整人体的生理和病理是中医学“天人合一”理论的具体体现。因而，推崇使用道地药材是中医界的职业需求和现实需要。在中医历史上，医和药实际上是不分的，懂医的必懂药，懂药的必懂医，而且常常是医药知识集于一身。虽然后来医药有所分工，但在长期的临床使用过程中，医家和药家不断磨合，相互学习，对临床上常用的中药材统一其名称（包括正名和别名），以保证临床使用的中药材是医家策划使用的正确药物，

并达到药效最大化。如，有的地区药业行会组织规定，无三年以上的跟师学徒经历者，不准自启药肆营业，以避免药盲营药。❶

道地药材之所以在中医临床上如此受器重，不但是由于道地药材质优效佳，而且与医家（医疗从业人员）的积极运用和极力维护有关，因为医家的技术必须要通过优质的药材发挥出来。而不同产地的药材在形态特征、气味性理及临床功效方面均存在差异。为确定某个特别的药材，医家开处方时往往在药物前或药物后加上产地或其他要求以示区别，这在一定程度上维护了道地药材的临床使用。

不但医家和药家对道地药材的名称有统一的使用规则，药农对种质的选定和种植的传统做法也遵循行业的规定。而这些行业规定并非是由政府主导制定的，而是在长期临床和交易过程中逐步形成的行业规范。同样，在历史上，病家对医家也十分信任，拿到处方并遵循医嘱，照方抓药，不敢怠慢。这就逐渐形成了医家、药家、病家统一遵守的传统医药界的用药规则。

（二）实践中形成的诚实信用原则

汉赵岐《三辅决录》卷一有故事记载：韩康，字伯休，经常游历名山采药，然后到长安市集上卖。三十多年，口不二价。有一次，有位女子向韩康买药，因气愤他死板而不让还价，就说："难道你是韩康吗?"韩康感叹："我本避免出名，今天连小女子都知道我，还怎能在此卖药呢!"然后，他就隐居了。后来有人百般请他出山，他都不肯，直至死去。❷ 韩康卖药的典故之所以

❶ 唐延鳍．中国药业史［M］．第2版．北京：中国医药科技出版社，2007：274.

❷ （汉）赵岐，等．三辅决录，三辅故事，三辅旧事［M］．西安：三秦出版社，2006：15. 原文为："韩康，字伯休，京兆霸陵人也。常游名山，采药卖于长安市中，口不二价者三十余年。时有女子买药于康，怒康守价，乃曰：'公是韩伯休邪，乃不二价乎?'康叹曰：'我欲避名，今区区女子皆知有我，何用药为?'遂遁入霸陵山中，博士公车连征不至。桓帝时，乃备玄埙安车以聘之，使者奉诏造康。康不得已，乃佯许诺，辞安车，自乘柴车冒晨先发至亭。亭长以韩徵君当过，方发人牛修道桥，及见康柴车幅巾，以为田叟也，使夺其牛。康即释驾与之。有顷，使者至，夺牛翁乃徵君也。使者欲奏杀亭长，康曰：此自老子与之，亭长何皋二乃止。康因中路逃遁，以寿终。"

让我们对韩康如此崇敬，是因为他诚实信用的品质。他不是以一个商人的心态去卖药，而是诚心诚意地将采来的药卖给病家，童叟无欺。他卖药不是为了盈利而获取钱财，纯粹是出于乐善好施、公平交易。韩康的精神在世间传播，激励着传统医药界坚持和传承诚实信用的用药行为。

在中医药历史上，传统的中药老字号店铺无不是以诚实信用为核心价值观，方得以流芳后世的。如著名的药商行话："修合无人见，存心有天知"，"炮制虽繁，必不敢省人工，品味虽贵，必不敢省物力"。修合指药物的炮制，物力就是指药材的道地性。在著名的《清明上河图》中所绘赵太丞家，其门口挂有对联："但愿世间人长寿，不惜架上药生尘"，意思是，宁愿药卖不出去，也不希望病人得病。这是何等高尚的医德和经商的行为！

古代从事中药材贸易的人员还有帮会，清朝时期著名的有十三帮，是以贩卖各地道地药材为主的帮会。如买卖怀药的怀药帮、买卖东北药材的关东帮。还有以药材集散地组成的帮会，如祁州药帮、樟树药帮等。樟树药帮帮规规定，不论品种，不论数量，凡药材成交，必得通过药行，违者，与买卖双方断绝交易关系；佣金只收卖主一方，买方不负担任何手续费；保证不瞒秤，不吃价，不短斤少两，也不贴秤、贴价、贴行用，远近无欺，公平合理，成交后悬写粉牌，公之于众。新中国成立后，樟树药帮帮规中一些好的方面仍在国内药店、行业中执行，并加进了一些新内容。[1]

（三）家族传承的传统保密方法

道地药材中的炮制加工等技术是由一系列技术所组成，它们具有技术独特、相对保密、世代相传等基本特征。由于中医药界主要以提供技术服务来谋生，所以，在传统中医药历史上，以家族生产为主，以手工制作为基础。这使得中医药界对技术的占有

[1] 黄明亮，万剑敏，喻峰．趣闻江西［M］．北京：旅游教育出版社，2006：322.

与保护极为重视，其中一个主要的保护方式就是保密，并围绕保密工作采取了许多切实有效的办法，如家族传承、传男不传女、技术分开保存、口授心传等措施。为了在市场上占据有利地位，古代许多药商都掌握有自己对某种药物生产加工的特殊技艺，在药店招学徒工时，也往往选择自己家族亲戚内部或比较诚实憨厚、忠贞不渝的人，而且外人很难进入店中炮制加工的区域。

在中医药行业中，对于药材的炮制加工技术，通常是一般技术全行业皆知，特殊技艺秘而不宣。由于道地药材的一些特殊炮制加工技术是药农或商贾们在长期实践中逐步摸索出来的独到技术，且技术控制人采取了一定的保密措施，因此，无论是一般技术还是特殊技术，就其完整的形态来说，都是处于一定范围的保密状态。中药界往往将多年积累的、关键的炮制加工技术编成歌诀来保存和保密，并世代相传。而对于关键技术，则往往由业主亲自炮制。如，在 2007 年列入河南省首批非物质文化遗产名录的“禹州中药加工炮制技艺”就是典型的中药材炮制加工技术，它大多在一个家庭或一个药店内代代相传，药工与药店均以自己独有的炮制技艺为一家绝密，绝不外传。

另外，为了保护行业内的一般性炮制加工技术，医家或药商在经营活动中还形成了自己的行话，作为行业内部人交流的方式。这样的交流方式有利于保护本行业公知而外界不知的技术信息不被流传出去。

(四) 官方颁布行政保护法规

北宋政府成立了熟药所。另外，为了保证用药道地，还专门成立了买药材所，以杜绝伪滥之弊。为了防止便于辨认和剂局制成的药物及防止奸商冒牌药，熟药所与和剂局的成药均加有专门的印记。绍兴六年（1136 年）十月四日诏：“药局印记：‘和剂局记’四字为文。熟药东西南北四所，各以之记，六字为文。”在同日的诏书中，还写明了对制造冒牌假药的处罚规定：“撰合

假药，伪造帖子印记作官药货卖，并依伪造条法。”❶

明万历三十七年（1609 年），御史熊廷弼为了控制西部蒙古，分离乌拉等部与蒙古的相互联属关系，突然决定停止女真贡、市两年，致使以努尔哈赤为代表的建州奴隶主集团和各部女真人民所采集的人参烂掉 30 多万斤，造成重大经济损失。为了扭转明廷官吏在参价上的刁难，努尔哈赤发明了人参煮晒法，使大量的人参可以长期保存，做到了存售自由，倍得常价。❷ 另外，在清朝统治的几百年间，有相多一段时间对人参产区长白山实行“封禁”，由于采参业对清朝的国库收入极为重要，清朝在东北利用柳条边及设卡控制阻止私自采参者。据《吉林外记》所载，清朝在吉林、珲春、宁古塔、三姓、伯都纳、阿勒楚喀等地，“共设卡伦一百零五处，各设隘要，以杜乱采人参，并查偷打牲畜、私占禁山、流民等事”。柳条边外为采参禁地，康熙年间颁布了法令：“私向禁地盗采人参者，为首拟斩监候，妻子、家产、牲畜并所获皆入官；为从者鞭一百，家产、牲畜并所获皆入官，妻子免其籍没。”❸ 由此可见清朝政府对之管制之严。由于官方的管制，人参避免了被肆意采挖而得以高价出售，维护和延续了野山人参的品牌价值。另外这也使人参不因市价之高竞相采挖而灭绝。清朝，同仁堂药品还受到官方保护，咸丰年间，冒充同仁堂药品者将被取缔。

早在秦朝《李悝·法经》中就有“医合药不如方”的处罚。到了唐代，《唐律》中《杂律七·医合药不如方》曰：“诸医为人合药，及题疏、针刺，误不如本方，杀人者，徒二年半。其故不如本方，杀、伤人者，以故杀、伤论；杖六十。即卖药不如本方，杀，伤人者，亦如之。”❹ “即卖药不如本方”就是说，不是

❶ 傅维康．医药文化随笔［M］．上海：上海古籍出版社，2001：72－73.

❷ 滕绍箴．努尔哈赤评传［M］．沈阳：辽宁人民出版社，1985：127.

❸ 孙成德．奉天纪事［M］．沈阳：辽宁人民出版社，2009：55.

❹ 曹漫之．唐律疏议译注［M］．长春：吉林人民出版社，1989（1）：874－875.

专业的医生，故意不遵照方子给药，即使没有使人损伤，也判处杖六十大板；致人死伤的，按照故意杀伤人罪判处。古人开处方时喜欢将炮制手段及产地开出来，这样有利于病人购药时注意。如怀牛膝、炙黄芪、姜半夏、川贝母等，如果药商不给道地药材的话，就是不合方，将要受惩罚。

（五）以文化宣传的声誉保护

古代已开始积极使用广告宣传，唐廷猷版《中国药业史》中介绍了古代药业 16 种不同的宣传广告：实物广告、叫卖广告、音响广告、模型广告、悬物广告、雕塑广告、供奉广告、文字广告、印刷广告、图画广告、灯笼广告、音乐广告、武术广告、动物广告、门面广告、商标广告。[1] 关于道地药材品牌形成与保护的广告形式大致有实物广告、悬挂广告、文字广告和商标广告。

实物广告和文字广告可以宣传普及道地药材的品质和特征，使人们耳熟能详，从而在购买时容易辨认。宋代起，药业已开始使用店名、产品介绍及多种牌匾的文字广告。如，《清明上河图》中所绘赵太丞家，门口有其字号牌“赵太丞号治男妇儿科”和两张广告牌，上书“治酒肝所伤真方集香丸”“太医中丸医肠胃”等字样。

悬挂广告有“道地药材”“生药饮片”“川广药材”“童叟无欺”“尊古炮制”等。商标广告早在宋朝就有了，制造成药的官药局制作的“和剂局记”铭文标记是早期的药品商标。商标最初是用于区别商品来源的，它的出现伴随着手工业的发达。唐代，我国手工业发展到一定程度，此时一些商铺为了使自己制作的物品与别人有所区别，并使顾客记住自家的店铺，于是给商品烙上印记或文字，起到广告的作用。这些简单的符号表明，当时的手工作坊已经意识到品牌的重要性，在积极宣传增加名声的同时，也在想办法防止别人假冒自己的产品。这种做法慢慢延伸到各个

[1] 唐延猷．中国药业史［M］．第 2 版．北京：中国医药科技出版社，2007：346－356.

行业，一些药店也开始在药物包装上印上自己的字号。后来，同仁堂药店还制作了大红灯笼，上写“同仁堂”，挂到大街小巷为路人照明。这样既做了好事，又宣传了自己，一举两得。同仁堂等一批老字号药店之所以能在老百姓中影响很深，不仅在于其积极的宣传，最重要的是用药道地、炮制讲究。这始终是这些老字号的立店之本。由于药家对道地药材的推崇，用药必道地的观念深入人心。一些商家药封上写有药材来源产地等字样，既是对自己产品来源正宗的宣传，也是对道地药材的宣传。

与传统文化相关的宣传有利于社会对某项技术的信赖，也有利于促进某些标志符号深入人心，但所有的宣传均不涉及技术内容，只表明掌握了古人的精髓或拥有家族世代传承的技术。虽然技术要保密，但所有技术都是为了应用，而宣传就是为了更好地把技术运用于社会。

第三章　道地药材中存在的知识产权因素

【案例三】道地药材异地引种引发的知识产权思考

中药材中的道地药材是环境的自然选择和人工培养产生的适应于不同纬度、海拔、土壤、气候的具有相对固定的生态型。[1]由于对经济利益的追求，道地药材的异地引种自古有之，如吴茱萸，最早见于《神农本草经》，其曰："吴茱萸生上谷、川谷及冤朐。"其所指地区即现在的山西与河北边境附近及山东菏泽地区。《重修政和经证类备用本草》引《图经》有"吴茱萸生川谷及冤朐，今处处有之，江浙蜀汉尤多"之说，插图有临江军（即今之江西省清江县等地）、越州（今之浙江省绍兴一带）吴茱萸，可见宋时吴茱萸已见于长江流域的江苏、湖北、浙江、四川等地。而今吴茱萸的产地主要为贵州省铜仁地区和附近的湖南省新晃县，可见吴茱萸的道地产地有由北向南转移的趋势。[2] 目前，吴茱萸的主要种植区除了贵州铜仁和江西地区外，在西双版纳州、湖北阳新县、浙江、安徽和湖南都有种植。同样，宁夏的枸杞被引种到河北、内蒙古、新疆等地，其中新疆是在1966年从宁夏引种，由于新疆精河县的干旱荒漠气候和水土等生态自然环境，经过多年的驯化，先后形成了十几个枸杞优良品种，并推广到伊犁、塔城、昌吉、哈密、阿勒泰等地区大量种植。1998年，新疆

---

[1] 张南平，李九丹．浅谈中药材引种问题［J］．中国药事，1992（1）：40.

[2] 江维克，吴家荣．吴茱萸的道地沿革及微量元素研究［J］．成都中医药大学学报，1999（3）：48.

精河县被国家农业部正式命名为“中国枸杞之乡”。

受中药现代化和国际化趋势的影响，中药材的出口量、需求量不断增高。在近年来全国各地的产业结构调整中，许多地方认为种粮食成本高、维护难、收益低，而改种中药材，并把种植中药材作为当地的支柱产业，多处地方出现道地药材“南移北栽”的现象。这不但使得中药材的价格发生变化，而且严重影响到道地药材的主产区。如，银柴胡（银州柴胡）在历史上主产于陕西北部一带，但目前全国各地均有种植，其道地药材的原产地反而逐步被淡化。再如，党参原产地是山西党县，故名党参，引种到甘肃后其品质则更好，现在已经成为甘肃的主导品种，而原产地陕西党县的党参则被世人遗忘。

2013 年 3 月，作为河南省援助新疆维吾尔自治区的项目，河南和新疆两地有关部门通过协商将河南焦作地区的怀山药——“铁棍山药”引种到新疆维吾尔自治区的哈密市。哈密市也将此作为 2013 年农业重点工作。哈密市陶家宫镇牙五龙村试种了 20 亩“铁棍山药”，30 万株价值 6 万元的铁棍山药种苗都由河南援疆项目免费提供给当地农民，种植过程中也一直有河南省的技术人员前来指导。到 2013 年 11 月，引种的铁棍山药长势良好，哈密市聚合农副产品专业合作社负责人宣布引种成功。接着，合作社和哈密市区的几家大型超市签订了销售合同，个大优质的“铁棍山药”以每公斤 30 元的价格向超市供货。❶ 据哈密市农业局负责人说：“目前来看，铁棍山药的长势情况还是比较喜人的，在形状外观和口感上基本上保持了原来铁棍山药的优良品质，应该说，铁棍山药在哈密今年的试种是成功的。”❷ 同样，枸杞子、黄芪、南板蓝根等道地药材都成功在非原产地得以引种。

---

❶ 河南“铁棍山药”哈密试种成功［EB/OL］.［2014－04－15］http：//www.hami.gov.cn/hmzfw/xwzc/hmxw/2013/296125.htm.

❷ 河南铁棍山药在哈密试种丰收［EB/OL］.［2014－04－15］http：//news.sina.com.cn/c/2013－11－13/104628697633.shtml.

【简评】

从经济方面来说，道地药材的引种确实是一件令人欣慰的事情，它有利于将野生资源驯化为人工种植，有利于我国道地药材产量和市场份额的扩大，也有利于增加其他地区农民的经济收入。然而道地药材本身是一种带有地域特色的天然稀有物，引种（尤其是异地引种）是否会破坏道地药材原有的医疗价值和市场价值尚没有定论。著名学者胡士林认为，生物虽然能适应多种恶劣的自然环境，但其后天获得的代谢变化足以造成不同的药用效果。环境是化学物质形成和变异的重要因素，以至于植物化学、化学分类学家不得不提出种以下的分类单位——“化学宗”（Chemical Races）这一概念来解释客观规律和符合实用的要求，并且把这种差异归因于生态地理因素。[1] 所以，我们有理由进一步质问，引种行为是否要遵循一定的道地药材自身的规律，并且要符合法律的规定？在引种行为中，如何保护原住地药农的种质权？引种成功后的中药材是否还能使用原来的中药材名称，是否还能被称为道地药材？引种成功后的中药材怎么来证明其具有原来的药效？引种行为是否人为地破坏了道地药材天然稀缺性的自然特征？新疆哈密市引种河南焦作市的铁棍山药后，是否能使用“铁棍山药”（或“怀山药”）的名称在市场上销售？政府倡导的引种行为是否要得到当地药农的知情同意？如何体现道地药材的名称权、种质权、专有技术和传统知识的保护？对这些问题如果不作研究和规定，道地药材自身所具有的稀缺性和与当地文化相连接的传统知识，以及道地药材的奇特疗效，势必会受到影响甚至逐渐消失。而要作出相应的法律规定，就要了解道地药材具有哪些知识产权因素，并在此基础上设置有关道地药材的知识产权规定。

---

[1] 胡士林．中国道地药材［M］．黑龙江：黑龙江科学技术出版社，1989：5.

从历史文化和生态学的角度来讲，道地药材是我们祖先和大自然留给后人的巨大财富。那么在市场经济条件下，在资源纷纷成为市场竞争者抢夺对象的今天，道地药材领域究竟存在哪些知识产权问题，这是本项目首先要进行研究的一个基本问题。当前，我国在道地药材领域存在的法律问题主要表现几个方面，在中药材贸易中，以非道地药材冒充道地药材，药商以此来攫取不当利益，破坏了道地药材的市场声誉；在临床或家庭使用时，其疗效不能很好地发挥，使得患者的病情不能及时得到控制，其生命与健康权受到损害；在中药产品定价上，有关部门将道地药材视为一般中药材，不能体现优质优价，道地药材的自身价值不能在市场中得到体现；在道地药材种植上，有些地区盲目扩大种植面积，人为削弱道地药材的地域性特征，破坏道地药材自身的天然稀缺性；在中药材加工上，抛弃传统的炮制加工方法，代之以简单快速的化学处理方法，不能很好地保持道地药材的性能；在种植生态上，原有良好的种植生态环境遭到人为破坏，使得道地药材难以实现可持续发展。

近年来，我国学术界对道地药材中的知识产权问题的研究已有一些探索。如，王文全先生认为，道地药材是一个古代药物标准化的概念，本来就已经具备“品牌”的基本条件。❶ 陈贤春和万仁甫等撰文表示，道地药材是区域独特地理环境与人文环境的标志，是知识产权的一种。❷❸ 郭巧生和马小军则认为，要利用原产地域产品保护制度来保护道地药材。❹❺ 这些研究思路各有一定的道理，但是，规制道地药材的市场秩序，运用知识产权等法律

---

❶ 王文全．道地药材资源及其产业发展［J］．定西科技，2008（3）：17－20.

❷ 陈贤春．道地药材的知识产权保护［J］．中医药信息，2003（6）：65.

❸ 万仁甫，徐伟亚，王少军，等．道地药材发展策略探讨［J］．中国药房，2007（9）：642.

❹ 郭巧生，刘丽．我国道地药材原产地域产品保护初探［J］．中药研究与信息，2002，7（4）：12.

❺ 马小军，裴小颖．利用原产地域产品保护制度打造道地药材保护体系［J］．中国中药杂志，2003（12）：12.

制度提升道地药材附加值，首先要厘清道地药材蕴含哪些知识产权因素。只有系统地梳理道地药材的各种已经或可能存在的无形资产的形式，才能进一步有目的地研究其相关的法律问题。

综观道地药材的发展历史和社会作用，我们可以发现，在抛除其实物（植物本身）后，道地药材的本质就是传统医药界在医学理论的指导下，经过长期的临床实践而取得的有关特定药材的种质、产地、种植、采收和炮制加工等一系列技术、知识（或者称为知识群）或者特定信息。就道地药材的知识属性来讲，它是传统医药知识中的药物知识，应当属于一种既有的智力成果，这种既有的智力成果首先应当成为当今传统知识保护的重要内容之一。它不但涉及道地药材中传统知识保护、与传统知识有关的资源保护等问题，而且根据道地药材的基本属性，还涉及道地药材的名称使用权问题、种子使用权问题和炮制加工等技术秘密的保护问题。因此，道地药材应当是一种客观存在的物质资源，并内含各种既有的无形资产。从知识产权的基本原理和法学理论来分析，道地药材所包含的无形资产至少有下列四种形式。

一、特有名称

道地药材的名称可以分为三类：一是某种道地药材在历史上是某一地区的特有产物，并且该地区的这种药材最早应用于医疗临床，因而以该地区名加上药材名命名。该种药材的名称往往具有唯一性，如《神农百草经》中收集的蜀漆（产于古蜀国，为现在成都所在的川西地区）、秦椒（产于古秦国，为现在陕西兴平东南），以及川芎（产于四川，宋代寇宗寅曾谓之“他种不入药，止可为末煎汤沐浴”[1]）、阿胶（产于山东东阿的驴皮胶）等。二是有些药材在很多地方都生长，但由于药性不同，为区别道地药材和其他地区药材的性味和作用，往往在药材的名称前冠以产

[1] 郑金生．道地药材的形成与发展［J］．中药材，1990，13（7）：43.

名称和符号。至于异地引种后用“本产品种质来源于某某道地产区”或“产于新疆的铁棍山药”这样的事实陈述来进行广告宣传，是否属于使用与他人知名商品相近似的名称、包装、装潢，还不能轻易下结论。但事实是，他人对道地药材的异地引种必然导致该道地药材原产地自然形成的稀缺性状态削弱，降低该道地药材的市场需求度，在一定程度上影响该道地药材自身价值的实现。

同时，异地引种后的中药材能否申请地理标志保护？在实践中，从宁夏引种到新疆的“精河枸杞”在2002年获得国家工商总局颁发的证明商标，2013年3月又通过了农业部农产品质量安全中心农产品地理标志登记审查和专家的评审，被确认为国家农产品地理标志产品。这说明引种后的产品仍然可以申请地理标志保护。那么能否称之为“道地药材”呢？目前我国还没有相关的法律规定。

二、特有种质

种质❶是在一定的生态条件下经过上千年的自然演变而形成的，它维持了植物的一致性。种质中蕴含各种潜在的、可利用的基因信息。种质的主体体现为有形的种子。

农作物主要用于满足人们的日常生活需求，在经济上注重产量；而药材则用于医疗目的，在经济上注重质量。所以，虽然药材的初制品类似于农作物，但严格来说，药材不是农作物。只有有一定疗效的植物（矿物、动物）才能称为药材，而种质则是质量的主要决定因素。一般而言，中药材中用于治病的有效成分是一些含量甚微的次生代谢物，如生物碱、皂苷、黄酮、苷类、萜类、香豆素、鞣质等，它们在生物体内通常含量仅千分之几或万

---

❶ 种质指由亲代传递给子代的、稳定而连续的遗传物质，可通过生殖细胞或体细胞来传递。

分之几，因此，品种的选择极为重要。❶ 药材种类的差异是早期道地药材形成的主要原因❷，而优良品种遗传基因是道地药材形成与发展的内在因素❸，所以，道地药材的种质是特定的，这种特定种质使该药材比普通的药材更具有某一方面的医疗作用。

（一）种子权

土地是农民的根本，种子是农业的基础，是农民取得收入的基本保障。在传统社会中，农民在每年的收成后都会选择并留一定种植材料或繁殖材料（包括籽粒、果实、根茎、幼苗和嫩叶等）作为种子留待来年再生产。种子是农民必不可少的生产资料。现代农业经济社会的发展，不但使得田间劳作全部机械化，而且种子的商业化和市场导向也使得农民逐步放弃传统的留种方式，种子便从生产资料转变为市场上的一种商品。但是，由于种子本身是一种生产资料或者是一种非常特殊的商品，在使用种子和再生产过程中农民的利益经常会受到损失。因而，农民除了对土地和环境享有一定的权利外，赋予农民对种子的权利也是保障农民的基本权益，尊重农民特殊的劳动方式。种子权包括下列内容：

（1）选种的权利。《中华人民共和国种子法》（以下简称《种子法》）第39条规定："种子使用者有权按照自己的意愿购买种子，任何单位和个人不得非法干涉。"农民有权自主决定在自己的土地上种植哪个品种的种子。这是保持生物多样性的基础，也是为了对抗利用知识产权等法律制度来强制农民使用某些品种的平衡。相应的，由于市场经济中始终存在不正当竞争行为，使得农民会购买到假冒伪劣种子，使得次年的收入减少或根本没有

❶ 祝丽香．中药材实施"中药材生产质量管理规范"栽培与地道药材的关系研究［J］．时珍国医国药，2006，17（4）：192.

❷ 郑金生．道地药材的形成与发展［J］．中药材，1990（6）：39－40.

❸ 肖小河，夏文娟，陈善墉．中国道地药材研究概论［J］．中国中药杂志，1995，20（6）：324.

收成。所以，经营者应当给农民提供符合国家标志的种子，对他人提供的种子，农民有权知道自己种的是什么，将会得到怎样的成果以及种植（饲养）中的注意事项。赋予农民这种权利可以保障农民的基本收入，防止种子市场的不正当行为影响农民的基本利益。

（2）留种的权利。在中国的农业历史上，农民都有选种留种的技术和做法，不但自己使用，也用于交换使用，并且有“饿死不吃种粮”的古训。在选种的过程中，种子不断得以优化。商业化种子的提供，打破了农民选种留种的传统习惯。先是杂交技术后是转基因技术，种子经销商利用现行知识产权等法律制度的规定来剥夺农民传统的选种留种做法。使得农民失去了依靠土地发家致富的可能性，成为种子经销商利用现代科学技术和现行知识产权等法律制度来剥削的对象。因而，在法律上赋予农民留种的权利，可以抵制目前市场上种子品种繁多、名称混同、质量低劣等伤农事件，可以使得农民对自己种植的农作物继续选种、留种，并且对自己所预留的种子有处分权，既可以自用，也可以用于交换或赠与。

（二）种质权

种质就是亲代传给子代的遗传物质，携带有各种种质的材料叫做种质资源或遗传资源。2001 年，联合国粮农组织（UNFAO）第 31 届大会通过的《粮食和农业植物遗传资源国际条约》专门设立了农民权，其中第三部分第 9 条规定：9.1 各缔约方承认世界各地区的当地社区和农民以及土著社区和农民，尤其是原产地中心和作物多样性中心的农民，对构成全世界粮食和农业生产基础的植物遗传资源的保存及开发已经作出并将继续作出的巨大贡献。9.2 各缔约方同意落实与粮食和农业植物遗传资源有关的农民权利的责任在于各国政府。各缔约方应酌情根据其需要和重点，并依其国家法律，采取措施保护和加强农民的权利，其中包括：（a）保护与粮食和农业植物遗传资源有关的传统知识；（b）

公平参与分享因利用粮食和农业植物遗传资源而产生的利益的权利；（c）参与在国家一级就粮食和农业植物遗传资源保存及可持续利用有关事项决策的权利。9.3 本条款绝不得解释为限制农民根据国家法律酌情保存、利用、交换和出售农场保存的种子和繁殖材料的任何权利。

正是考虑到特定地区的农民对某些特定品种的选苗、培养具有长期的贡献，已经成为当地的“共同的文化遗产”，因而国际社会倡导赋予农民相应的权利。它要求任何国家性或区域性的种子收集，建立种子银行等商业性行为都应当取得当地农民的知情同意。在这个意义上，种质权是一项集体权利。

由于利益的驱动，一些商业性公司利用基因工程等现代技术，培育出抗虫害、抗除草剂等高产量的种子，并采用分子标记等办法来达到可示踪，利用市场推销等市场行为来抢占和扩大其市场范围，最终达到控制种子市场并取得高附加值的利益回报的目的。据农业部农业知识产权研究中心介绍，截至 2013 年，我国公开的农业专利申请达 40.8768 万件，其中发明专利申请 28.4443 万件，国内申请中近 1/3 直接涉及种子的培育等相关技术。

道地药材是我国典型的、具有优势地位的种质资源，虽然我国目前在法律上还没有承认道地药材无形资产的属性，更没有确认当地人对道地药材种质拥有相应的权利❶，但对道地药材的获取、使用与开发等相关权益的界定与保护必将进入我国无形资产法律的规制范围，对道地药材种子的保存、优化、异地引种和外地种子在本地种植等问题进行规制，维护道地药材原住地人对种子的相关权益。

---

❶ 《种子法》第 10 条和农业部颁布的《农作物种质资源管理办法》第 27 条只是规定，国家对种质资源享有主权，对种子品种的选育和种子的生产、经营、使用、管理等由国家各级农业、林业行政主管部门和专业技术部门负责。即把种质资源作为国家主权之一，由国家行政管理部分予以管理。

(三) 对种质利益的国际关注

随着现代科学技术的发展和种质资源的不断减少，种质的现实和潜在商业价值逐步显现，这使得种质由公共物品转变为稀缺物品。世界上大部分植物中有用的遗传信息（主要是基因）都被收集贮存在“基因库”中或被申请为专利，并被商业化使用，从而引发了人们对种质资源本身的保护、权属、使用等法律问题的关注。1961 年，比利时、丹麦、法国等国在巴黎签订了《保护植物新品种国际公约》，标示着人们开始主张与种质有关的权利，同时也正式把植物新品种列为知识产权保护的客体之一。但是，该条约只保护具有新颖性的植物品种，而对于已经存在的植物品种则不予保护。1992 年，联合国环境规划署（UNEP）发起的政府间谈判委员会第七次会议通过了《生物多样性公约》，其中第 15 条确认了国家主权原则，即各国对其自然资源拥有主权。首次将生物资源从公有领域分离出来，使之进入专有领域，打破了生物遗传资源属于人类共同遗产的传统观念。2001 年，联合国粮农组织（UNFAO）第三十一届大会通过了《粮食和农业植物遗传资源国际条约》，提出为可持续农业和粮食安全而保存并可持续地利用粮食和农业植物遗传资源，以及公平合理地分享利用这些资源而产生的利益。由此可见，作为遗传资源之一的种质资源，虽然其相关权益问题在国际上仍存争议，但不能排斥其成为我国知识产权客体的可能性，目前，许多国家已经把生物遗传资源纳入财产的管辖范围。我国《专利法》第 5 条和第 26 条分别对利用遗传资源而获得的专利技术作出了必须进行来源披露的相关规定。

利用基因工程等技术来开拓利用种质资源，不但涉及剥夺农民对该原始种子的知情同意问题，还涉及转基因作物对人体健康的影响问题和国家间相关法律和标准的承认问题。国际种子联盟（International Seed Federation）作为促进种子、与种子相关的知识、技术发展的国际组织，于 2014 年 5 月 24 日至 28 日在北京召开世界种子大会，大会发表了《关于种子基因低度残留国家政策的考察》（ISF View on Implementation of National Policies for Seed Low Level Presence），该报告指出，虽然有些国家对基因工程品种（genetically engineered varieties）逐步接受和运用，但由于各国对基因工程品种的法律规定和技术标准不尽相同，使得出口国批准的基因工程品种可以出口，但不符合进口国的法律规定和标准。随着种子贸易的开展，法律和标准的不同限制了种子的流通。说明各国都从自己的利益出发，对基因工程品种设立了不同的法律规定和技术标准。

三、专有技术

道地药材与农产品的主要区别在于前者为用于临床的药材，其药材功效的发挥源于其中活性成分的积累。道地药材的独特功效并不是所有原生药材本来就具有的，它们中的许多生药往往要经过特殊的炮制加工过程才能成为道地药材。这套传统的生产、加工技术可以起到减毒增效作用，是中华民族在数千年的临床与生产实践中逐步摸索和积累出来的技术，也属于“传统知识”的范畴。[1] 目前已知中药炮制方面有理论、有方法、有目的、有质量要求的药物有 500 余种[2]。如，浙白术采用弯囱加工而不能用直囱，其品质才好；金银花采用蒸后晒干而不是生晒，其绿原酸和异原酸含量才高；石斛边搓边干燥，其多糖含量才高[3]。所以，一定的药材产区总是伴有一定的生产技术历史，历史愈悠久，技术愈精湛，质量愈优良，道地性愈突出[4]。如河南焦作地区“怀

---

[1] 宋晓亭．两种“技术创新”之比较——以近现代技术和传统技术为视角［J］．重庆理工大学学报：社会科学版，2008（12）：14.

[2] 王永，李文涛．论道地药材加工炮制与临床疗效［J］．中华医学全科杂志，2004，4（4）：38.

[3] 王文全．道地药材资源及其产业发展［J］．定西科技，2008（3）：17.

[4] 肖小河，夏文娟，陈善墉．中国道地药材研究概论［J］．中国中药杂志，1995（6）：324.

地黄”的“九蒸九晒”炮制技术。也就是说，每一种道地药材都有其独特的栽培、采收及产地加工技术[1]。国家食品药品监督管理局在2002年施行的《中药材生产质量管理规范（试行）》中也明确指出，道地药材是传统中药材中具有特定的种质、产区或特定的生产技术和加工方法所生产的中药材。道地药材中蕴含丰富的专有技术。

对于专有技术，目前还没有一个各国都能普遍接受的定义。1964年国际知识产权组织国际局在其制定的《发展中国家发明样板法》中曾对“专有技术”下过如下的定义：“所谓专有技术是指有关制造工序以及产业技术的使用及知识。”1969年保护工业产权国际联盟会议也对“专有技术”下过一个定义：“所谓工业专有技术是指有一定价值的、可以利用的、为有限范围专家知道的、未在任何地方公开过其完整形式和不作为工业产权取得任何形式保护的技术知识、经验、数据、方法，或者以上对象的组合。”[2] 据此定义，道地药材中的炮制加工技术当属无形资产中的专有技术范畴，其理由为：

其一，道地药材的炮制加工技术属于智力成果。中药材，尤其是道地药材，均是从野生动植物驯化而来，是人类历史上伟大的智力成果之一。[3] 道地药材中的炮制加工等技术是由一系列技术所组成，它们具有技术独特、相对保密、世代相传等基本特征，是道地药材中无形资产的重要组成部分。

其二，道地药材的炮制加工技术具有广泛的经济价值。道地药材的炮制加工是否得当，直接影响到中药饮片的质量和临床用

---

[1] 卢颖．寻找道地药材（之一）［J］．家庭医药，2008（6）：17.

[2] 车丕照．国际经济法概要［M］．北京：清华大学出版社，2003：203.

[3] 2012年3月，道地药材国际贸易联盟发表《开普敦宣言》，认为“道地药材属于人类创新思维的重要智力成果”，“它的形成和发展凝聚了历代无数研究者、生产者的共同劳动成果和集体智慧结晶”。

药的安全[1]，也往往决定着相应动植物是属于农产品还是属于中药材，其市场价格往往相差数倍。因此，道地药材的炮制加工技术是道地药材形成的关键因素，这种技术能为生产经营者长期发挥作用且带来经济利益，有着广泛的市场经济价值。

其三，道地药材的炮制加工技术之完整形态并未公开。在中医药行业中，对于药材的炮制加工技术，通常是一般技术全行业皆知，特殊技艺秘而不宣。由于道地药材的一些特殊炮制加工技术是药农或商贾们在长期实践中逐步摸索出的独到技术，且合法控制人采取了一定的保密措施，因此，无论是一般技术还是特殊技术，其完整形态不能被认为处于公开状态。

其四，道地药材的炮制加工技术具有可传授性。道地药材的炮制加工技术既可以在医药经营者之间进行转让，也可以通过自身的传承和使用来体现价值。但不论采取哪种形式体现价值，相关炮制加工技术都是相对独立存在并能以语言、文本等形式加以转让或传承的，具有交易所需的可传授性。

四、传统药用知识

道地药材与一般农产品或其他产品的不同之处在于其具有医药价值，并和一定传统文化紧密相连。那种将道地药材当作资源的观点是不正确的。道地药材的真正附加值并不在于其资源优势，而在于其蕴含的药用知识。每一味道地药材都有特定的主治功效和使用方法，即具有与之相应的传统药用知识。如主产于四川的川芎，其味辛、性温，归肝、胆、心包经，具有活血祛瘀、行气开郁、祛风止痛的功效，主治月经不调、经闭痛经、产后瘀滞腹痛、症瘕肿块、头痛眩晕等症；再如怀菊花，其主产于河南焦作地区，味甘苦、性凉，具有疏风散热、清肝明目、解毒作用，主治风热感冒、头痛眩晕、目赤肿痛、眼目昏花。这些传统

---

[1] 王永，李文涛．论道地药材加工炮制与临床疗效［J］．中华医学全科杂志，2004，4（4）：38.

药用知识属于典型的传统知识范畴。

传统知识保护是近年来由发展中国家发起的、旨在平衡传统知识利用者与拥有者之间利益关系的一场国际运动。随着现代科学技术的发展和知识产权制度的国际化，广泛利用各种传统知识的启示作用来开发符合现代社会需求的产品并以知识产权制度独占市场，已成为国际市场的一种趋势。由于传统知识保护直接与知识产权法律制度相关，因而在许多国家，传统知识（包括传统药用知识）已经成为知识产权的研究客体之一。同时，由于传统知识在市场经济中的现实和潜在价值不断凸显，传统知识演变成现代经济社会中的重要无形资产之一，各国纷纷立法保护自己的传统知识。如，安第斯组织已经在其《知识产权共同规范》总则第3条中，把“传统知识”（包含地方传统医药知识）明文列为知识产权保护的客体。[1]《生物多样性公约》第十次缔约方大会通过的《关于遗传资源获取和公平公正惠益分享之名古屋议定书》对尚未“文献化”的传统知识作出了惠益分享的规定。

道地药材的传统药用知识是当地人或传统医药界在长期观察自然和临床实践中创造的传统医药知识，根据马克思劳动价值观和《世界人权宣言》，为了尊重当地人在道地药材上的智力和体力劳动，抵御他人不当利用道地药材中蕴含的药用知识来开发新的产品并获益，应当在法律上赋予道地药材拥有人一定的权利。同样，传统药用知识不具有实物形态，而具有现实或潜在的医药价值和商业价值，能够区别于道地药材中的其他资产，因而具备无形资产的基本特征。

综上分析，道地药材是我国为数不多的、具有优势地位的物质资源和知识资源，其中蕴含丰富的无形资产。我国应当针对道地药材中各种无形资产的法律属性尽快开展相关法律的制定与修订工作，不仅要在法律上确认道地药材的各种无形资产，而且应

[1] 郑成思．传统知识与两类知识产权的保护［J］．中国工商管理研究，2002（12）：5.

赋予当地人一定的权利，理顺与道地药材相关的管理政策，把我国道地药材这一资源优势转变为我国知识产权乃至经济上的优势，从而规范道地药材的市场秩序，为地方经济建设创造新的增长点，实现中医药国际化的利益最大化，并以国内率先立法来引导国际传统知识保护运动的发展。

第四章　我国目前的主要保护手段及利弊分析

【案例四】“湘莲 XIANGLIAN 及图案”商标争议案

莲子（Lotus Seed），古名“莲实”，是一味传统的经典中药材。弘景曰：“八九月采黑坚如石者，干擣破之。主治补中养神，益气力，除百疾。久服，轻身耐老，不饥延年。”❶ 莲子在我国许多地区生产，但比较有名的是浙江武义宣平产的宣莲、江西广昌产的白莲、福建建阳建宁产的建莲和湖南湘潭安乡等地出产的湘莲。根据中华人民共和国农业行业标准（NY/T 1504—2007）“莲子标准”中的记载，其术语还包括圆粒莲、钻心莲、磨皮白莲、通芯白莲、开边莲等。

XIANGLIAN

湘莲

湖南的湘莲，由于三粒莲子的直径相连为一寸长，故得名“寸三莲”，在历史上比较有名，也曾经作为朝廷贡品。其他品种尚有杂交莲、太空莲、芙蓉莲等。由于湘莲的栽培历史长，种植范围广，且产量高，个粒大，因而经营湘莲的客商较多。

建宁县文鑫莲业有限公司长期在湖南一带经销莲子，该公司于 2001 年 11 月 26 日提出注册“湘莲 + XIANGLIAN”商标的申请，2003 年 1 月 7 日获得国家工商行政管理总局商标局的核准注册，核定使用商品为第 29 类“莲子、果冻、肉等”。之后，该商

❶ 李时珍．本草纲目［M］．第4版．刘衡如，刘山永，校注．北京：华夏出版社，2011：1270.

标注册人变更为福建文鑫莲业食品有限公司。

2000年12月8日，在政府的支持下，湖南省湘潭县成立了湘潭县湘莲协会。2005年3月，湖南省湘潭县湘莲协会拟注册“湘莲”证明商标，但是在查询后得知，“湘莲”商标已经被福建文鑫莲业食品有限公司注册。

2005年4月，湘潭县湘莲协会向国家商标局商标评审委员会提起申请，以注册不当为由请求撤销福建文鑫莲业食品有限公司注册的“湘莲 XIANGLIAN 及图案”的商标注册。2005年7月18日，国家商标局商标评审委员会正式受理该案。同时，在2006年年底，湘潭县湘莲协会向国家商标局申请“湘莲”、“湘潭莲子”两个证明商标。

申请人（指湘潭县湘莲协会，下同）认为：

湘莲

“湘莲”具有明显的地理标志属性，指湖南所产莲子。被申请人（指福建文鑫莲业食品有限公司，下同）所在地为福建省建宁县，其注册争议商标用在非湖南生产的莲子产品包装上，有假冒湘莲品牌、误导公众之嫌。“湘莲”具有悠久的历史，是莲子的一种通用名称，争议商标违反了《中华人民共和国商标法》（以下简称《商标法》）第11条第1款第（1）项的规定。被申请人注册争议商标，有恶意抢注的嫌疑，损害了申请人的在先权利，严重损害了湘莲产地种植户及经营户的利益。申请人请求国家商标局商标评审委员会依据《商标法》第11条第1款、第16条第1款、第31条的规定，撤销争议商标。

被申请人答辩认为：

争议商标并非商品通用名称。被申请人主要从事莲子系列产品的开发生产和贸易，已获得多项荣誉称号。被申请人销售产自湖南的莲子时才使用争议商标，没有违反《商标法》第16条第1款的规定。被申请人从未禁止其他湖南莲子的生产商或销售商使用湘莲商标。湘莲并未被核准注册为集体商标、证明商标，争议商标的注册是善意的。申请人成立于2005年，不可能存在“在先使用权”。因此，被申请人请求维持争议商标注册。

国家商标局商标评审委员会经审理查明：

（1）争议商标由建宁县文鑫莲业有限公司于2001年11月26日提出注册申请，2003年1月7日获得核准注册，核定使用商品为第29类“莲子、果冻、肉等”。后经商标局核准，注册人名义变更为被申请人福建文鑫莲业食品有限公司。

（2）申请人湘潭县湘莲协会成立于2000年12月8日，是协调发展湘潭县湘莲产业的非营利性法人社会团体。

（3）据《湘潭县志》《中华莲文化》《湘潭市农业区划报告集》记载，湘潭莲子，通称湘莲；也有泛指湖南莲子为“湘莲”的，其中最优者为湘潭莲子。“湘莲”一词最早见于南朝文献，在清道光之前，历代皆为贡品。上述文献还对湘莲产品的品质特点、栽培技术要点等内容作了记载。

（4）1976年至1979年，湘潭地区试办了包括湘莲等产品在内的农副土特畜产品出口综合基地。1982年，湖南省物价委员会发文对湘莲等4种出口商品继续实行价外补贴，其附表所列湘莲价外补贴的执行范围为湘潭县、汉寿县及国营省属农场。1984年，中国科学院武汉植物研究所对湖南湘潭科委送检的湘莲产品所含成分出具了分析报告单。1995年，湖南省湘潭县被首批百家中国特产之乡命名暨宣传活动组织委员会命名为“中国湘莲之乡”。1996年，湘潭县人民政府就湘莲产业化发展项目的规划、贷款贴息、湘莲系列产品开发等事宜向原国家计委、国家经贸委、财政部、湖南省财政厅、中国农业银行提交了请示报告。

（5）在湘潭县工商局花石工商所登记的，成立于2001年11月26日（争议商标申请注册日期）以前的从事湘莲加工、销售的企业有6家。

（6）在争议商标申请注册前后，被申请人与湖南莲商有湘莲购销往来。

（7）据商务印书馆1991年3月出版的《中国土特名产辞典》记载，湘莲广布于湖南各地，以洞庭湖地区最为集中。该辞典对湘莲的品质特点、营养成分、栽培特点、地域范围等作了解说。

国家商标局商标评审委员会经审理后认为：

（1）根据申请人提交的证据及《中国土特名产辞典》的记载，“湘莲”广布于湖南，尤其是洞庭湖地区，产品具有颗粒圆大、色白如凝脂、肉质饱满、汤色青、香气浓、味鲜美等特点，所含蛋白质、脂肪、矿物质等营养成分有别于其他地区所产莲子。上述品质特点主要是由湘莲所在地区的气温、雨量、湿度、日照、土壤、水利等自然条件和栽培方式决定的。“湘莲”称谓自南朝沿用至今，早已形成与其产地湖南相对应的关系，符合《商标法》第16条第2款规定的地理标志的认定条件，可以认定为莲子商品的一种地理标志。争议商标由“湘莲”文字、对应的拼音及图形组成，文字“湘莲”为该商标的主要认读和呼叫部分。被申请人地处福建，在申请注册争议商标前已与湖南莲商具有湘莲购销往来，其明知湘莲为莲子商品的地理标志，仍将之注册为集体商标、证明商标以外的商标，易导致相关公众对该商标所标示的产品性质、来源产生误认，属于《商标法》第16条第1款禁止的情形，争议商标在莲子及类似商品上的注册应予撤销。

（2）通用名称是国家或行业所共用的反映一类商品与另一类商品之间根本区别的规范化称谓，包括法定的通用名称和约定俗成的通用名称。申请人所提交的证据不足以证明“湘莲”在全国范围内或为行业普遍认知为莲子商品的通用名称。申请人的申请理由及提交的证据亦不能证明争议商标侵犯了《商标法》第31条所述的在先权利。

2008年6月，国家商标局商标评审委员会作出第3023790号决定，依据《商标法》第16条、第43条以及《中华人民共和国商标法实施条例》（以下简称《商标法实施条例》）第41条的规

定，撤销争议商标在莲子等部分商品上的注册。❶

2010年5月24日，国家质量监督检验检疫总局发布了《关于批准对龙泉灵芝、平度大花生、湘莲、青海冬虫夏草、同心圆枣实施地理标志产品保护的公告》（总局2010年第54号公告），通过了对包括湘莲在内的五个地理标志产品保护申请的审查。其规定，湘莲的保护范围为湖南省湘潭县全县乡镇，韶山市银田镇、永义乡、如意镇、韶山乡，湘乡市梅林桥镇、东郊乡、龙洞镇、栗山镇、中沙镇、山枣镇，株洲市荷塘区明照乡，衡阳市衡东县白莲镇等34个乡镇现辖行政区域。

2011年2月，湘潭县湘莲协会申请的“湘莲”地理标志证明商标被国家工商行政管理总局商标局核准注册。

【简评】

中医界认为，中药材是自然界精气所化生，人也由精气组成，用药物来治人的病，是谓同气相求、天人合一。这种技术思路和方案在多年的临床实践中得到证实，从而使得中药材（尤其是道地药材）具有医疗、经济、科技、文化和生态等方面的价值，因而需要在市场经济条件下给予其相应的法律保护，知识产权保护是其中的重要手段。比如，各种中药材的名称不仅与中药材本身功效相契合，而且具有一定的市场区别性作用，属于中医药界独有的品牌。“品牌是企业通过设立区别标识，为顾客提供独特的价值和承诺而形成的无形资产。”❷ 因此，中药材的名称是市场参与者在现代市场竞争中的有力武器。过去，我国的药农主要通过保有优良地方品种、掌握良好的栽培技术和自然形成的成熟市场来获取较为客观的市场利益。然而目前，无论是优良品种，还是栽培技术等，都需要实行知识产权保护，否则将丢掉传

❶ 未注册地理标志可在争议程序中获得保护——第3023790号湘莲XIANGLIAN及图商标争议案评析［EB/OL］.［2014-03-10］http://www.saic.gov.cngsldjgjl/xxb/201312/t20131226_140787.html.

❷ 李业.品牌管理［M］.广州：广东高等教育出版社，2011：12.

统的优势和市场。本案中，“湘莲”标识虽然经历了许多波折，但最终还是回归了本来的使用性质，即“湘莲”应当使用在特定的中药材品种上。

运用知识产权法律制度保护道地药材的方法有多种，地理标志和商标是其中主要的保护手段。在本案中，无论是建宁县文鑫莲业有限公司还是湖南省湘潭县湘莲协会，都使用了商标和地理标志这两种法律制度来保护“湘莲”标识。国家商标评审委员会更是拨乱反正地指出，中国范围内未注册的地理标志也可以依法获得保护。地理标志产品作为一种自然和人文资源，是一种历史的客观存在，既是稀缺的，也是不可再生的。即使未经注册，也无法否认其作为客观事实而存在的现状。这种大胆的裁定，非常有利于中药道地药材的保护工作，因为所有的道地药材都符合地理标志的定义，也就是说，我们即使不主动针对道地药材申请地理标志保护，也可以通过争议途径来撤销他人通过注册普通商标来占有道地药材名称（包括品种名称）的行为。这无疑是中医药界的幸事。

然而在本案中，仍有值得商榷的地方。一是《商标法》第16条规定：“商标中有商品的地理标志，而该商品并非来源于该标志所标示的地区，误导公众的，不予注册并禁止使用”。国家商评委据此认为，“被申请人地处福建，在申请注册争议商标前已与湖南莲商具有湘莲购销往来，其明知湘莲为莲子商品的地理标志，仍将其注册为集体商标、证明商标以外的商标，易导致相关公众对该商标所标示的产品性质、来源产生误认”。而“湘莲”本来并不是经注册获得的地理标志（即事先没有一个专业检测机构的报告或者其他具有权威性的证据材料已经证明该标识具有地理标志属性的事实），被申请人何以“明知湘莲为莲子商品的地理标志”？而且，申请人和商评委也并没有事实证明被申请人将“湘莲 XIANGLIAN 及图案”用在非湘莲生产地生产的莲子上，何来“导致相关公众对该商标所标示的产品性质、来源产生误认”？

另一个问题是，国家商评委认为，通用名称是国家或行业所共用的反映一类商品与另一类商品之间根本区别的规范化称谓，包括法定的通用名称和约定俗成的通用名称。申请人所提交的证据不足以证明“湘莲”在全国范围内或为行业普遍认知为莲子商品的通用名称，也就是排斥了“湘莲”是通用名称的观点。或者说，中药材（尤其是道地药材）的品种名、别名是不能认定为通用名称的，这显然与河南焦作地区的铁棍山药商标纠纷案的判决有所不同（详见本书案例七——“铁棍”商标的形成及被无效案）。

可是，在随后的2001年和2004年，中央电视台不断曝光部分不法莲商用双氧水浸泡开壳的红莲来获取“白莲”，使得白莲品质和市场信誉急剧下降，让我们质疑“湘莲”商标权利主体在法律上的适格问题。

最近，湖南省蔬菜研究所选育了一个新的品种——“湘莲1号”，其具有生长势强，单株蓬数平均34.4个，外形匀称美观，加工为通心莲晶莹洁白，出肉率68.7%；莲肉质粉而细，糯性好，有香气；平均亩产120~150公斤；抗腐败病，耐低温，耐热等特征。在品种说明中，明确表明该品种适宜在浙江、云南、江西、福建等省种植。一旦产业化种植后，其湘莲的名称是否又要产生新的问题，如，外地种植的“湘莲1号”是不是仍可以称之为湘莲1号？

该案引出的问题就是如何充分运用现行的知识产权制度来保护道地药材，各种保护方法的利弊如何发扬和避免。

自新中国成立以来，我国各级政府对中药材一直实行严格的、以国营为主体的统一管理；1955年3月，商业部成立了中国药材公司，负责全国中药行业的管理，改造私营药商，建立专业中药厂。1957年3月，中药材经营由商业部移交卫生部统一经营管理。1958年2月，中国药材公司原承担的管理工作划归卫生部药政局管理。1963年7月，国家重新成立了中国药材公司和中国医药公司。1979 年 1 月，中国药材公司划归新成立的国家医药管理总局。1980 年 6 月，国家医药管理总局将中国医药工业公司中药处合并到中国药材公司。1988 年，中国药材公司划归职能扩大的国家中医药管理局管理。1998 年，中药监督管理职能移交国家食品药品监督管理局，中药行业管理工作移交国家经贸委，由国家工业和信息化部行使职能。

同时，我国还制定了一系列与中药有关的法律法规和规范性文件，主要如表 4 –1 所示。

表 4 –1 新中国成立以来我国颁布的有关中药材的主要法律

分类	名称	发布部门和时间
法律	药品管理法	2001 年 2 月 28 日第九届全国人民代表大会常务委员会第二十次会议修订通过，2001 年 2 月 28 日中华人民共和国主席令第 45 号公布，自 2001 年 12 月 1 日起施行
	野生动物保护法	1988 年 11 月 8 日第七届全国人民代表大会常务委员会第四次会议通过，1988 年 11 月 8 日中华人民共和国主席令第 9 号公布，自 1989 年 3 月 1 日起施行；2004 年 8 月 28 日第十届全国人民代表大会常务委员会第十一次会议修正
	种子法	2000 年 7 月 8 日第九届全国人民代表大会常务委员会第十六次会议通过，2004 年 8 月 28 日第十届全国人民代表大会常务委员会第十一次会议修正

续表

分类	名称	发布部门和时间
法规	中医药条例	国务院2003年4月2日第三次常务会议通过，自2003年10月1日起施行
	中药品种保护条例	（国务院令第106号）1992年10月14日公布，自1993年1月1日施行
	植物新品种保护条例	（国务院令第213号）1997年3月20日公布，自1997年10月1日起施行
	野生药材资源保护管理条例	（国务院令第9号）1987年10月30日发布，自1987年12月1日施行
	药品管理法实施条例	（国务院令第360号）2002年8月4日公布，自2002年9月15日起施行
	水生野生动物保护实施条例	（国务院国函［1993］130号）1993年9月17日国务院批准，1993年10月5日施行
	陆生野生动物保护实施条例	（国务院国函［1992］13号）1992年2月12日国务院批准，1992年3月1日施行
规章	药品行政保护条例	（国家医药管理局令第12号）1992年12月19日发布，自1993年1月1日施行
一些重要的规范性文件	关于中药材经营问题的报告	中财委批转
	关于中药材经营管理交卫生部统一领导的通知	国务院下发
	关于加强柑桔皮收购工作的通知	国务院下发

续表

分类	名称	发布部门和时间
一些重要的规范性文件	药品生产质量管理规范	卫生部发布
	关于改进中成药质量的报告	国务院批转
	中药注册管理补充规定	国家食品药品监督管理局发布（食药监注［2008］3号）
	医院中药饮片管理规范	国中医药发［2007］11号
	医疗机构药事管理暂行规定	2002年1月21日卫生部、国家中医药管理局印发
	关于整理研究民间单、验、秘方等有关问题的通知	卫生部1983年1月31日发布
	关于在国际交往中对中医中药保密问题的通知	卫生部1982年4月1日发布
	中药材生产质量管理规范（试行）	国家食品药品监督管理局于2002年4月17日发布（局令第32号）
	关于加强进口药材管理有关事宜的通知	国家食品药品监督管理局发布（国药监注［2001］481号）
	关于加强中药前处理和提取监督管理工作的通知	国家食品药品监督管理局发布（国药监安［2002］84号）
	关于印发《中药材生产质量管理规范认证管理办法（试行）》及《中药材GAP认证检查评定标准（试行）》的通知	国家食品药品监督管理局发布（国食药监安［2003］251号）

经统计，自2000年以来，我国有关部门出台的有关中药材的规范性文件近90件，有力地促进了中医药事业的发展。这同时也说明中药材市场的发展非常迅速，据中国中药协会2010年统计，全国进入流通领域的中药材近1500种，年收购总量在150万吨左右，其中种植养殖的药材300多种，年生产量50万~60万吨。中药材年收购总值约在200亿~300亿元，在此基础上所产生的工业附加值大约在2000亿元以上。加强对中药材（尤其是道地药材）的保护和管理是中医药界和法律界的一项重要任务。

目前，我国各地对道地药材的保护主要通过地理标志制度、专利制度、植物新品种保护制度等，下面我们分别进行讨论。

一、运用地理标志制度

地理标志是一种重要的知识产权，尤其对于我国这样一个传统知识保有大国，拥有大量具有地域性特征的地方名特优产品，建立完善的地理标志制度非常重要。我国已经加入的《与贸易有关的知识产权协议》（TRIPS协议）第22条第1款规定，地理标志是指其标示出某商品来源于该地域中的某地区或某地方，该商品的特定质量、信誉或其他特征，主要与该地理来源相关联。据统计，全国地理标志数量已达到3210个，全国地理标志产值总规模已突破13 000亿元❶，地理标志已经成为国民经济的重要组成部分。

表4-2 中药材类地理标志与全部地理标志比较❷

	数量	产值规模（亿元）	产值平均规模（亿元）
全国总数	3210	13 000	5.86
中药材类	256	631.61	2.47

❶ 刘福刚．中国地理标志发展报告（2013）［M］．北京：中国大地出版社，2013.

❷ 刘福刚．中国地理标志发展报告（2013）［M］．北京：中国大地出版社，2013.

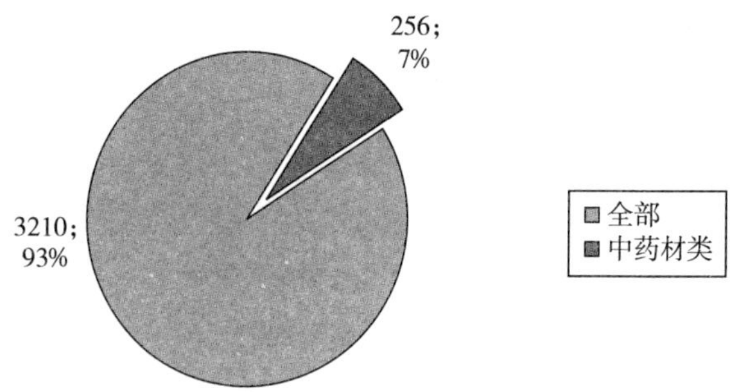

图4－1 中药材类地理标志与全国地理标志的数量比较

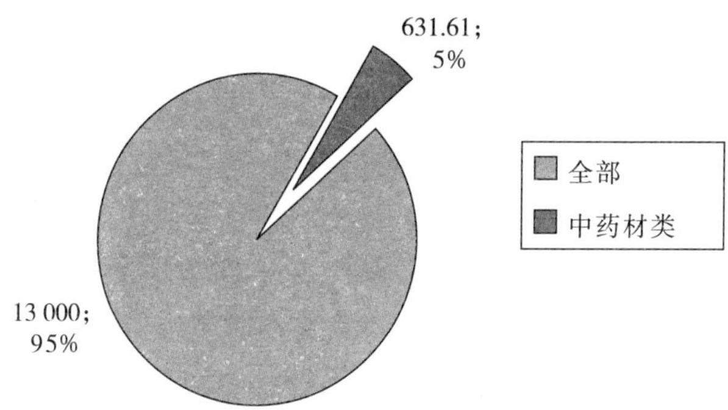

图4－2 中药材类地理标志与全国地理标志的产值规模比较

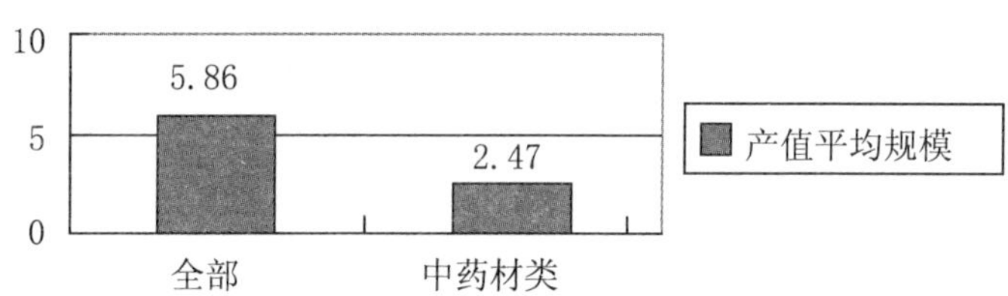

图4－3 中药材类地理标志与全国地理标志产值平均规模比较（亿元）

由于道地药材具有很强的地域性特征，在历史演变过程中始终保持其主要产区的相对稳定性，如“四大怀药”、“浙八味”、川药、南药等，因而在理论上，我们自然而然地会想到运用地理标志法律制度。在实践中，我国各地道地药材主产区也主要是通过地理标志制度和商标制度两种方法来实现其保护需求的。从理论上来说，根据道地药材的基本属性，用地理标志法律制度来保护道地药材是比较契合的。《与贸易有关的知识产权协议》（TRIPs 协议）第 22 条第 1 款规定：“本协议的地理标志，系指下列标志：其标示出某商品来源于某成员地域内，或来源于该地域中的某地区或某地方，该商品的特定质量、信誉或其他特征，主要与该地理来源相关联。”可见，地理标志的根本作用就是区别产地来源。附有某地理标志的产品，即表明其来源于某个产地。我国目前对地理标志的保护由《商标法》和国家质量监督检验检疫部门制定颁布的《地理标志产品保护规定》两部分组成。我国《商标法》第 16 条规定，“地理标志，是指标示某商品来源于某地区，该商品的特定质量、信誉或者其他特征，主要由该地区的自然因素或者人文因素所决定的标志”。根据《集体商标、证明商标注册和管理办法》的规定，证明商标申请注册的地理标志可以是该地理标志标示地区的名称，也可以是能够标示某商品来源于该地区的其他可视性标志，并且所称的地区无须与该地区的现行行政区划名称、范围完全一致。

以识别性的商业标志符号来区别产品的来源，是人们经常运用的比较经济有效的产品区别手段。因此，有很多学者认为，我国道地药材的知识产权保护应当运用地理标志法律制度，而且地理标志法律制度也非常契合道地药材的保护需求。其认为，“道地药材”是某一区域药材的“地理标志”❶；分析中药材生产的行业特点就会发现，道地药材完全符合原产地域产品保护的条件，非常适合实施该项保护制度❷；实行道地药材原产地域产品保护制度不仅是中药产业发展的必然趋势，而且是国际市场发展的必然要求。❸

---

❶ 陈英华．“道地药材”与“地理标志”保护［J］．中国医药情报，2003（2）：20.

❷ 马小军，裴小颖，王志本．利用原产地域产品保护制度打造道地药材保护体系［J］．中国中药杂志，2003（12）：1105.

❸ 郭巧生，刘丽．我国道地药材原产地域产品保护初探［J］．中药研究与信息，2002，7（4）：16.

（一）地理标志制度保护道地药材的益处

我国目前有两套法律制度来保护地理标志。一套是国家质量监督检验检疫总局取消《原产地域产品保护规定》和《原产地标记管理规定》后颁布的部门规章《地理标志产品保护规定》（质检总局令第 78 号），以原产地名称登记和生产过程中质量和标准的行政监督管理来保护地理标志产品。另一套是法律《商标法》和国家工商行政管理总局颁布的《集体商标、证明商标注册和管理办法》（总局令第 6 号），以集体商标和证明商标形式来管理和保护地理标志商标。所谓集体商标和证明商标，根据我国《商标法》第 3 条第 2 ~ 3 款规定："本法所称集体商标，是指以团体、协会或者其他组织名义注册，供该组织成员在商事活动中使用，以表明使用者在该组织中的成员资格的标志。本法所称证明商标，是指由对某种商品或者服务具有监督能力的组织所控制，而由该组织以外的单位或者个人使用于其商品或者服务，用以证明该商品或者服务的原产地、原料、制造方法、质量或者其他特定品质的标志。"在实践中，我国一些地方政府和专业协会已经在运用地理标志制度对道地药材进行保护，也取得了一定的成绩。其益处表现在：

（1）现行地理标志法律制度是得到国际社会广泛承认的一项通行制度，充分发挥地理标志制度在道地药材保护上的作用，无论是就我国的实际运用能力还是运行成本来说，均应当是最为经济的。由湘莲案和铁棍山药案都可以看出，地理标志法律制度在道地药材保护上发挥了一定的作用。

（2）从目前的法律实践来看，运用地理标志制度来保护道地药材，起到了规范中药材市场的作用，在一定程度上提高了道地药材的附加值，尤其是在道地药材出口的增量上，给相关经营企业和地方药农增加了收益。全国各主要道地药材产区都先后申请了地理标志保护，且都不同程度地显示了成效。

但是，我们在肯定地理标志制度对道地药材行业起到促进作用的同时，也不应忽视道地药材本身所具有的基本特性和现实运用中产生的问题。

（二）地理标志保护道地药材的不足之处

不可否认，尽管运用地理标志和商标制度保护道地药材有一定的契合之处，但由于中国的道地药材并不是法国的香槟和烈酒，也不是一般的、普通的农产品，道地药材的特定地域、特定名称、特定种质、专有炮制加工技术和特有文化等基本特性使得在具体运用地理标志制度时尚存在一些不相适应的地方。

（1）不能真正解决道地药材的名称权问题。由于地理标志制度起源于法国的香槟酒和烈酒保护，后逐步演变为对原产地产品进行名称和标识的保护，但其实质上限制了在其他地域生产香槟酒和烈酒的复制行为，即只有在香槟地区种植和生产的酒才能称为香槟酒（CHAMPAGNE），而来自非香槟地区的同类型酒只能称为起泡酒或其他，尽管其口味有可能一样。而道地药材与香槟酒和烈酒有着本质的区别，即道地药材与地域性紧密相连，离开原产地的药材，其性味、功效随即会产生根本变化，即如唐代《新修本草》中所说，“离其本土，则质同而效异”。其在知识产权保护方面的需求是禁止在其他地域种植和生产的中药材仍使用原产地的名称，即禁止（而非限制）该名称在其他地域使用。这看起来好像和地理标志保护的客体没多大区别，但无论是运用证明商标还是原产地域产品保护，我们都只是取得了对某一道地药材的特定名称或符号的保护，而中药材（包括道地药材）往往一物多名，保护了道地药材的通用名称，并不能完全解决道地药材具有一物多名的市场问题。如，怀山药是道地药材，但除怀山药名称外，还有太谷山药、铁棍山药和怀府山药等相关品种名称，有时，别名或品种名比通用名具有更高的市场声誉。

从司法实践来看，其他非道地药材同样也可以通过申请证明商标或原产地域产品来获得地理标志保护，从而淡化我国具有优势地位的道地药材所应当产生的市场效应。

（2）不能保护道地药材的种质权和专有技术问题。1992 年，联合国环境规划署（UNEP）发起的政府间谈判委员会通过了《生物多样性公约》，提出了生物遗传资源的利用和权属问题；2001 年，联合国粮农组织（UNFAO）第三十一届大会通过的《粮食和农业植物遗传资源国际条约》提出了农业植物遗传资源的合理利用和农民权的问题。我国保护道地药材的一个重要目的是保护道地药材的特有种质（遗传资源），固化其特有的药效，在解决权属问题的同时实现其可持续发展。但是，现行的地理标志制度并不保护道地药材的种子权和炮制加工等技术。《中华人民共和国植物新品种保护条例》（以下简称《植物新品种保护条例》）保护的也只是具有特异性、一致性和稳定性的植物新品种。而道地药材的品种和种植与加工技术对道地药材的形成与发展的影响甚至比环境因素更重要，是道地药材中的重要知识产权因素，是需要予以重点保护的对象。从这一点来讲，地理标志制度不能完成解决道地药材的知识产权保护问题。

（3）不能有效保护道地药材所蕴含的多重市场价值。道地药材具有丰富的内涵和多重市场价值，《神农本草经》对药物的名称、产地、炮制加工、性味归经、功能主治和配伍禁忌等都有详细规定。也就是说，道地药材不但包含名称、产地、炮制加工技术等市场价值，还包含性味归经、功能主治和配伍禁忌等传统知识方面的市场价值和医疗价值。而在实践中，地理标志只是将道地药材视为一般农产品，注重的是对产品来源地的身份保护，着眼于满足人们的日常生活需求，在经济上注重产量，人为地干扰了道地药材原本所具有的稀缺性；而道地药材的本质是药材，其核心价值是用于医疗目的，在经济上注重质量，由于产地、种植及炮制加工技术的限制，其具有天然的稀缺性。地理标志制度则忽视了道地药材本身的药材属性，轻视了道地药材在质量和医疗用途（尤其是疗效）上的多重市场价值，使其内含的潜在价值难以显示出来。

（4）不能适应道地药材产区变迁的客观需要。根据现代科学研究，遗传变异、环境饰变和人文作用是道地药材形成的“三大动力”❶。地理环境虽然对道地药材的形成起着重要的作用，但不是唯一的作用。并且，中药学界已经发现，道地药材的产区并不是固定不变的，有些会随着历史和环境的变化而变迁。最有代表性的是人参，原产区为山西上党，后演变为东北长白山地区。还有的原为非道地药材产区，新药典颁布后变成道地产区，如湖南、广西、贵州的山银花。❷ 实际上，无论地理分布区域，还是外观形状和内在品质，道地与非道地是相对的和连续性的，在客观上不一定有明显的间断。但是，我们一旦运用地理标志制度来固化一种药材的特定质量、信誉于某一特定地理来源之上，则有可能使得某地道地药材在取得地理标志后，即使产区变迁至其他地区，在法律上仍无法剥夺其继续使用该地理标志的权利，这无异于忽视了新的道地产区或毗邻道地产区的存在，在法律上有违公平正义的基本理念。

从 1994 年至今，我国的地理标志保护制度一直没有得到统一，先后有三个行政管理系统涉及地理标志的保护工作，主要包括国家工商行政管理总局的“证明商标”和“集体商标”制度、国家质量监督检验检疫总局的“地理标志产品保护制度”及农业部的“农产品地理标志制度”。经过近 20 年的资源配置和权力整合，现今的地理标志规制体系仍以多头管理主体的并存为特征，从实施效果来看，非但没有强化对地理标志的保护，反而削弱了每一种制度的作用，长远来看不利于地理标志产品的信誉保障；应用于道地药材保护上，则进一步弱化了其地域性特征，导致了认知的混乱。因此，综合上述保护系统成为必然，只有严格标志的使用，才能保证产地特征信息流通的准确

❶ 肖小河，陈士林，等．中国道地药材研究 20 年概论［J］．中国中药杂志，2009（5）：520.

❷ 毕文钢，丛婧．从金银花看中药材新产区药材道地性［N］．中国中医药报，2011－07－08.

和顺畅。

从性质上分析，我国地理标志的保护系统包含公权保护和私权保护两种范式。其中，工商行政管理部门的证明商标和集体商标保护制度属于知识产权性质的私法范畴，质量监督检验检疫部门和农业部的独立法保护制度则分别带有明显的公法特征。而农业部的农产品地理标志制度由于欠缺有力的法理支持和实践需要，在学界有不同意见。

有关道地药材地理标志的保护模式，多数学者建议采用私权保护即商标法保护模式❶，主张把地理标志注册为证明商标或集体商标，由工商行政管理部门依照《商标法》的要求对其使用实施监督。这虽然是一种节约制度运行成本的方式，但是于我国的道地药材保护仍显现出一定的不适应性。

按照《商标法》规定，证明商标或集体商标需要注册使用，注册人可以是企业、政府有关机构或行业协会，审查者是工商行政管理部门。从审查者角度分析，受制于监管范围和监管条件的限制，工商部门往往只是对虚假的地理标志商标的使用进行制止，而没有能力对真实的地理标志商标使用的范围实施监管，因而其保护力度无法完全符合权利人的期待。从权利人角度分析，若由政府有关部门作为证明商标所有人，不排除存在因授权失当而成为纠纷被告的可能，这就会与其自身同时作为纠纷裁决者的身份发生冲突。相比较而言，行业协会似乎受到更多的推崇。作为代表特定利益集团的自治性组织，行业协会建立在成员互益的基础上，它能够以民主和意思自治的方式对一定范围的权利主体提供足够的利益支持，有助于实现群体利益管理的有序化，这也正是以美国为代表的新世界国家更倾向于采用商标法模式保护地理标志权的原因。然而上述理由具体到我国却不具备说服力：由于社会自治力量不够发达，行业协会在我国的发展非常滞后，其

❶ 杜路，曾加．论道地药材的地理标志保护［J］．西北大学学报（哲学社会科学版），2012，42（5）：137-141.

应有的自治功能尚未获得充分的体现和发挥，由行业协会参与地理标志产品的治理，在实践操作上几乎完全不能起到有效的管理效果。因此，试图以商标法模式借助行业协会完成对道地药材地理标志监管的愿望，只能说构成了理论上的完美，与我国的现实则存在脱节。

作为知识产权体系的一部分，地理标志权首先是一种私权，道地药材地理标志维护的是当地道地药材种植、加工者的个体利益。而由于为同一地域内所有的种植、加工者所共享，地理标志同时也表现为一种集体权利，地理标志产品也就相应带有了一定程度的公共性，学界将这类产品称为“俱乐部产品”或“半公共产品”。道地药材的生产不是一个应纯靠市场发挥调节作用的领域，由于权利主体的泛化，道地药材地理标志保护的私人利益有向公共利益转化的空间❶，权利的公共性获得强化，单靠个人或市场难以维护对道地药材地理标志权的有效保护，容易引发侵权行为的泛滥❷，这就为公权力的适度介入提供了理由。

对道地药材主权的控制源于道地药材的遗传资源属性。在中医药传统知识体系中，道地药材可以看作遗传资源的类型之一，依照《生物多样性公约》，遗传资源归其所在国所有（第 15 条第 1 款），因而该国政府需要发挥控制作用。当然，这里所谓的国家所有权主要是针对国际层面对遗传资源的知识产权进行开发利用而言的，在国内的民法意义上则不能完全等同于私法中的财产所有权，政府发挥的更多是一种类似于托管人的作用❸，属于道地药材的管理主体而非权利主体。道地药材地理标志权仍然归属于药材的种植、加工者，国家权具有相对性。

除集体化之外，地理标志的另一个重要因素在于控制❹，即

---

❶ 李永明，张振杰. 知识产权权利竞合研究［J］. 法学研究，2001（2）：89－103.

❷ 张海燕. 论 TRIPs 协议地理标识的扩大保护［J］. 湖南师范大学社会科学学报，2006，35（3）：90－93.

❸ 严永和. 论传统知识的知识产权保护［M］. 北京：法律出版社，2006：108.

❹ 曾洁. 中国酒类地理标志保护制度研究［D］. 北京：中国农业科学院，2009：44.

对地理标志产品质量的有效保证。一个没有控制或控制力度不够的地理标志容易引发道地药材生产的“公地悲剧”。当前我国中药材生产领域所面临的控制需要集中在两个层面：一是药材生产规模的集约化程度不高，仍然以千家万户的小农经济为主；二是中药材标准化建设滞后，种苗质量的标准化程度不够，重金属含量、农药残留超标问题突出。[1] 由于私权利个体难以规避上述控制失序的风险，公共机构必须给予外力干预。在我国，公共机构的有效干预来自政府，政府有必要借助公权力确定道地药材生产标准、生产加工流程、道地药材地理标志权利主体范围、地理标志侵权救济等规范，以实现有效规制。

相比较而言，国家质量监督检验检疫总局的地理标志制度能够在一定程度上体现地理标志的上述集体化和控制性特征，满足其公法保护的需要，具有更强的适应力。然而该制度在对道地药材地理标志的认定上也面临争议，主要表现为其质量认定和监督缺乏权威性。道地药材类别和品种的甄别需要具备中医药学知识背景，而质检局对于药材质量、产量、生产流程的控制往往没有相应的技术支持，在这方面不具备专业优势。

道地药材是我国中医药传统知识中的重要组成部分，是中华民族在长期的医学实践中创造的，将植物、动物、矿物等的自然属性运用在医疗保健上的技术方案，以及与之相关的标识符号。保持道地药材的优势地位、实现道地药材的可持续发展、促进道地药材转化为当地人有权益的财富，是运用知识产权保护道地药材的目的与宗旨。我国应当建立起与道地药材品质一致、疗效稳定、保障权益、持续发展等需求相一致的法律保护机制，把道地药材在资源上的潜在优势真正转变为我国企业在国际市场上的现实竞争力。

---

[1] 张建平，周宇升．从“浙八味”谈道地药材的地理标志保护问题［J］．中国药房，2008，19（24）：1914－1916.

二、运用专利法律制度

在司法实践中，目前我国各地对道地药材的知识产权保护工作已经在充分利用现行的知识产权各项制度，包括专利制度。但是，专利制度保护的是创造发明，其实质表现的是一种技术方案，它是以技术方案完全公开来换取有期限的权利保护。在道地药材技术领域也分布有许多专利，如河南沁阳市豫新薯制品厂申请的“怀山药粉皮”专利（专利号：200610090571.4）、河南省焦作市民主北路29号（焦作市畅想科研）刘光宗等申请的“铁棍山药包装篓”（专利号：200330105845.X）、河南省沁阳市怀庆办事处北寺街58号李旭申请的“铁棍山药包装盒”（专利号：200730295689.6）等，但主要集中于外观设计专利。

我们在各道地药材产区分别选择了两种道地药材，在国家知识产权局专利数据库中查看其专利的申请情况（详见附件），申请专利比较多的几种道地药材专利情况如表4-3至表4-10所示。

表4-3　西南区道地药材川贝的专利情况

总数	外观设计（包装盒或标贴）	有关种植和加工提取技术	把川贝作为组合物中的一种组分或制备方法	驳回或撤回	其他
313	153	42	70	45	3

表4-4　西北区道地药材肉苁蓉的专利情况

总数	外观设计（包装盒或标贴）	有关提取技术	把肉苁蓉作为组合物中的一种组分或制备方法	有关种植和生产	驳回或撤回
294	40	22	138	53	41

表 4－5　华北区道地药材怀山药的专利情况

总数	外观设计（包装盒）	提取有效成分	把怀山药作为组合物中的一种组分或制备方法	加工方法	驳回或撤回
63	20	4	22	2	15

表 4－6　青藏区道地药材天麻的专利情况

总数	外观设计（包装盒、标贴）	提取或检测方法	作为组合物中的一种组分或制备方法	种植加工技术	驳回或撤回
816	85	63	412	89（31 个被撤回或驳回）	167

表 4－7　西南区道地药材何首乌的专利情况

总数	外观设计（包装袋或盒）	提取或检测方法	把何首乌作为组合物中的一种组分或制备方法	种植、培育方法	驳回或撤回
205	10	37	85	24 件（5 件撤回或终止）	49

表 4－8　华东区道地药材浙贝的专利情况

总数	外观设计（包装袋或盒）	提取或检测方法	把浙贝作为组合物中的一种组分或制备方法	加工处理方法	撤回
39	10	11	5	9	4

表4-9 内蒙古区道地药材赤芍的专利情况

总数	外观设计（包装袋或盒）	与种植培育有关	提取方法及用途	作为组合物中的一种组分或制备方法	撤回或驳回
75	1	4	30	19	21

表4-10 海洋区道地药材蛤蚧的专利情况

总数	外观设计（包装袋或盒）	饲养加工方法	把蛤蚧作为组合物中的一种组分或制备方法	撤回或驳回
78	57	3	8	10

由上述表格统计可以看出，我国涉及道地药材的专利的技术方案大体可分为四个部分：一是关于道地药材的种植和加工处理技术（约占全部专利的12.8%）；二是利用道地药材作为原料加工成其他产品（约占43%）；三是涉及道地药材产品的外观设计（主要是产品的外包装盒和标签，约占21.3%）；四是利用道地药材提取相应的有效成分及其在药学上的应用（约占9.5%）。

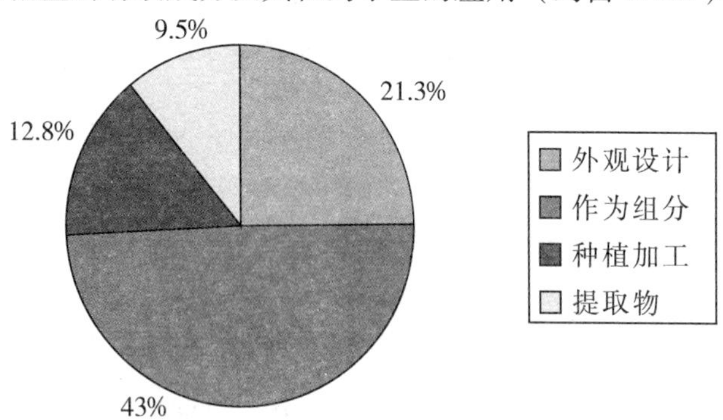

图4-4 道地药材专利类型分析

应当说，专利制度（尤其是外观设计专利方面）在一定程度上促进了道地药材产业的发展。然而由于道地药材自身的特殊性，在运用专利制度保护道地药材上还存在下列一些问题。

（一）专利制度难以保护道地药材的核心技术

道地药材的核心技术是炮制加工技术，这种技术把作为草的植物转变为具有药效的药物。这些技术基本分为两类：一类是在传统医药界公知的，作为行业的一个标准或者基本知识；另一类是由各药农或药商掌握的、秘而不宣的独到炮制加工技术，这是道地药材传统的保护和营利因素。第二类技术是药商界在市场竞争中的核心竞争力，是不宜或不能以公开的形式来换取有期限的专利保护的。

（二）传统行业的技术难以通过专利制度来获得保护

中药行业是我国传统的技术行业，以手工完成和技术诀窍等为主要保护手段。虽然中药相关技术可以利用专利制度中的组合物专利方式，但是在理论上和实践中，中药组方的“方意”（功效）和大量的加减适用使得专利权利要求书的撰写极为困难。在我们所检索的道地药材专利中，被撤回或被驳回的专利约占全部的20%，这一比例相当高于我们的预期。而专利制度的设置更有利于利用化合物的分子式或单体结构的技术特征描述，所能获得的权利更大更明确。

（三）专利制度使得传统知识的获益分享变得更为困难

获益分享是传统知识保护国际运动中，一些发展中国家提出并得到世界知识产权组织肯定的一种保护传统知识的有效方案。而从我们检索的道地药材专利中可以看出，提取物专利占到全部道地药材专利的9.5%，这说明有许多利益集团对道地药材的市场价值非常重视，并利用专利制度独占其所获得的技术。即使我国《专利法》第5条和第26条都涉及了对利用遗传资源获得的专利技术必须披露来源和符合相关法律法规的规定，但在实践中，该规定的执行非常困难，并没有解决利用遗传资源或获得的专利权与被利用遗传资源之间的获益分享问题。

三、运用植物新品种保护制度

我国于1997年4月23日成为国际植物新品种保护联盟

（UPOV）的第39个成员，1997年10月1日正式实施《植物新品种保护条例》。所谓植物新品种，是指经过人工培育或者对发现的野生植物加以开发，具备新颖性、特异性、一致性和稳定性并有适当命名的植物品种。植物新品种权是指由国家授予植物育种者利用其品种排他的独占权利。我国目前仍然将植物新品种分为农业植物新品种和林业植物新品种。

根据我国《植物新品种保护条例》的规定，要获得植物新品种权，该品种应当同时具备新颖性、特异性、一致性、稳定性四个方面的实质性条件。我国作为药用植物资源的主要生产国，大多数药用植物是野生的，只有不到20%的药材是人工栽培的。随着中药逐步走向国际市场，对药材资源的需求量越来越大。与生物多样性的丧失一样，目前我国许多种中药资源（尤其是道地药材资源）的存量在大幅下降，一些物种已濒临灭绝。所以，我国对于中药材资源的管理和使用，除了《中华人民共和国野生动物保护法》和《中华人民共和国野生药材资源保护管理条例》中涉及中药资源保护外，尚没有建立国家级的保护中药资源的法律规范。充分利用《中华人民共和国植物新品种保护条例》，促进野生药材物种转为家种，培育濒危的植物新品种，扩大道地药材的种类和数量，实现中药材资源的可持续利用，是我国中医药界的一项基本任务。

关于植物新品种的保护范围，根据《中华人民共和国植物新品种保护条例实施细则》（以下简称《植物新品种保护条例实施细则》）（农业部分）的规定，农业植物新品种包括粮食、棉花、油料、麻类、糖料、蔬菜（含西甜瓜）、烟草、桑树、茶树、果树（干果除外）、观赏植物（木本除外）、草类、绿肥、草本药材、食用菌、藻类和橡胶树等植物新品种。根据《植物新品种保护条例实施细则》（林业部分）的规定，林业植物新品种包括林木、竹、木质藤本、木本观赏植物（包括木本花卉）、果树（干果部分）及木本油料、饮料、调料、木本药材等植物品种。可见，无论是农业部分还是林业部分，都将药材列入保护的范围。

但从已经申报的品种来看，中药材新品种利用《植物新品种保护条例》来保护的还是很少。在已经授权的植物新品种中，与中药材有关的新品种主要分布在菊属、石竹属、唐菖蒲属、酸模属、百合属、补血草属、苎麻属、桑属、花毛茛、秋海棠属、凤仙花、人参等几个属中。主要的授权情况如表4-11所示。

表4-11　农业部授权的中药或具有药用的植物新品种情况表（1999年9月1日至2014年1月1日）

植物种类	品种名称	申请/品种权人	公告号
菊属 Chrysanthemum L.（20个）	特马	昆明虹之华园艺有限公司	CNA010552E
	寄之空	昆明虹之华园艺有限公司	CNA010553E
	粉佳人	荷兰菲德斯有限责任公司	CNA010551E
	斯维特	荷兰菲德斯有限责任公司	CNA010550E
	红霞	荷兰菲德斯有限责任公司	CNA010296E
	紫袍	荷兰菲德斯有限责任公司	CNA010297E
	金樽	荷兰菲德斯有限责任公司	CNA010298E
	金秋	荷兰菲德斯有限责任公司	CNA010299E
	南农粉葵	南京农业大学	CNA010291E
	南农粉蕊	南京农业大学	CNA010292E
	南农鬼脸	南京农业大学	CNA010293E
	南农黄珑玉	南京农业大学	CNA010294E
	南农靓柠檬	南京农业大学	CNA010295E
	赞布拉黄	荷兰德丽品种权公司	CNA010289E
	德丽腊朵黄	荷兰德丽品种权公司	CNA010290E
	德丽莫娜达	荷兰德丽品种权公司	CNA010545E
	德丽腊朵思	荷兰德丽品种权公司	CNA010546E
	德丽娜娃	荷兰德丽品种权公司	CNA010547E
	德丽丹特	荷兰德丽品种权公司	CNA010548E
	德丽欧丽芙	荷兰德丽品种权公司	CNA010549E

续表

植物种类	品种名称	申请/品种权人	公告号
石竹属 Dianthus L.（20个）	希来步	荷兰希维达科易记花卉公司	CNA010559E
	维斯诺克	荷兰西选花卉育种公司	CNA010558E
	丽康	荷兰希维达科易记花卉公司	CNA009980E
	希罗萨斯	荷兰希维达科易记花卉公司	CNA009728E
	绿洲	昆明缤纷园艺有限公司	CNA009393E
	清风	昆明缤纷园艺有限公司	CNA009394E
	婉转	昆明缤纷园艺有限公司	CNA009395E
	后来	昆明缤纷园艺有限公司	CNA009396E
	千百度	昆明缤纷园艺有限公司	CNA009397E
	小富贵	昆明缤纷园艺有限公司	CNA009398E
	彩旗	李映菊	CNA009560E
	火云	李映菊	CNA009561E
	紫灵	李映菊	CNA009562E
	飘逸	李映菊	CNA009563E
	绿茵	李映菊	CNA009564E
	流星	李映菊	CNA009565E
	黄钻	李映菊	CNA009566E
	红领	李映菊	CNA009567E
	快乐	李映菊	CNA009568E
	风花夜	李映菊	CNA009569E
唐菖蒲属 Gladiolus L.（3个）	碧玉	昆明虹之华园艺有限公司	CNA006962E
	黄蓉	昆明虹之华园艺有限公司	CNA006963E
	卡门	大韩民国农村振兴厅	CNA003821E

续表

植物种类	品种名称	申请/品种权人	公告号
酸模属 Rumex L.	鲁梅克斯 K-1 杂交酸模	中食产业集团鲁梅克斯有限公司	CNA000133E
百合属 Lilium L.（19 个）	蛟龙	云南省农业科学院花卉研究所	CNA009556E
	龙珠	云南省农业科学院花卉研究所	CNA009557E
	香槟	云南省农业科学院花卉研究所	CNA009558E
	黄金甲	云南省农业科学院花卉研究所	CNA009559E
	竞赛	荷兰观赏植物测试中心有限公司	CNA009274E
	冰立方	荷兰观赏植物测试中心有限公司	CNA009275E
	粉色宫殿	荷兰观赏植物测试中心有限公司	CNA009276E
	美艳	荷兰观赏植物测试中心有限公司	CNA009277E
	憧憬	北京海华文景农业科技有限公司	CNA009273E
	红磨坊	云南省农业科学院花卉研究所	CNA008950E
	巨星	北京海华文景农业科技有限公司	CNA008214E
	索乐	上海振东园艺有限公司	CNA007861E
	玛龙	荷兰观赏植物测试中心有限公司	CNA007857E

续表

植物种类	品种名称	申请/品种权人	公告号
百合属 Lilium L.（19 个）	粉色秘密	荷兰观赏植物测试中心有限公司	CNA007858E
	罗宾娜	荷兰观赏植物测试中心有限公司	CNA007859E
	托莱多	荷兰观赏植物测试中心有限公司	CNA007860E
	信念	云南云科花卉有限公司	CNA007754E
	美宝莲	云南云科花卉有限公司	CNA007755E
	皖南 1 号	安徽大学	CNA007753E
补血草属 Limonium Mill.（4 个）	紫蝴蝶	云南云科花卉有限公司	CNA008737E
	黄鹂鸟	云南省农业科学院花卉研究所	CNA008738E
	黄水晶	昆明芊卉种苗有限公司	CNA007491E
	紫云	昆明芊卉种苗有限公司	CNA007492E
苎麻属 Boehmeria L.（2 个）	C26	达州市农业科学研究所	CNA004212E
	川苎 9 号	达州市农业科学研究所	CNA002719E
桑属 Morus L.（4 个）	鄂桑 1 号	湖北省农业科学院经济作物研究所	CNA005954E
	鄂桑 2 号	湖北省农业科学院经济作物研究所	CNA005955E
	粤椹 28	广东省农业科学院蚕业与农产品加工研究所	CNA005725E
	粤椹 74	广东省农业科学院蚕业与农产品加工研究所	CNA005592E

续表

植物种类	品种名称	申请/品种权人	公告号
花毛茛属 Ranunculus asiaticus L.（2个）	粉面童子	云南省农业科学院	CNA004877E
	金瓯泛红	云南省农业科学院	CNA004752E
秋海棠属 Begonia L.（7个）	满堂红	昆明芊卉园艺有限公司	CNA008246E
	红绒	中国科学院华南植物园	CNA008245E
	印加火焰	荷兰科比品种权公司	CNA007867E
	丽蓓卡	荷兰科比品种权公司	CNA006970E
	瑞娜	荷兰科比品种权公司	CNA006971E
	贝拉—粉紫	荷兰科比品种权公司	CNA006972E
	柏利斯—红白	荷兰科比品种权公司	CNA006973E
凤仙花属 Impatiens balsamina L.（2个）	春霞	北京文萱花卉有限公司	CNA007756E
	朝阳	北京文萱花卉有限公司	CNA007757E
人参属 Panax ginseng C. A. Mey.（5个）	康美1号	集安大地参业有限公司	CNA009992E
	连丰	韩国人参公社	CNA009407E
	天丰	韩国人参公社	CNA009408E
	连丰	韩国人参公社	CNA007344E
	天丰	韩国人参公社	CNA007345E

表4－12　林业部授权的中药或具有药用的植物新品种情况表
（截至2012年12月31日）

序号	种或属名	数量
1	桉属	6
2	枸杞属	4

续表

序号	种属	数量
3	紫薇属	2
4	枣属	5
5	银杏属	19
6	杏属	14
7	连翘属	3
8	核桃属	11
9	杜鹃花属	31
10	丁香属	1
11	大戟属	23
12	桂花	2
13	牡丹	32
14	木瓜属	7
	总数	160

由上述统计情况可知，已经授权的植物类中药材或具有一定药用价值的植物新品种共有 248 个（农业 88 个 + 林业 160 个），而已经授权的植物新品种的总数量为 4656 个（农业 4156 个 + 林业 500 个），中药材或具有一定药用价值的植物新品种约占总数的 5.3%。同样分析可知，分布在农业植物新品种中的中药材主要是药食两用的植物，而分布在林业植物新品种中的中药材则主要是具有观赏价值的植物。由此可见，中药材中新品种的发展并不令人满意，利用植物新品种保护制度来保护和发展道地药材也并不能满足中药材的切实需要。究其原因，除了经济因素外（无论是药食两用还观赏类植物的经济效益都比较高），其他原因如下。

（一）对中药材进行育种的机构和人员较少

我们在调查过程中得知，利用植物新品种保护的植物主要是大田作物，因为从事大田农作物研究和育种的机构和人员相对比较多，其从事时间也比较长，其中经济的因素是主要的推动作用。而我国从事中药材栽培研究的人员则一直很少，从事中药材育种的人员则更少。主要的原因大概是许多中药材为多年生的，在短期内难以出现明显的效果，并且，一个品种是否有好的药效比较难以说明，需要长时间以及各部门的协作。

（二）育种者对新品种的知识产权保护不力

我国是一个农业大国，拥有大量的具有区域特色的、独特的、专有的植物品种。然而虽然我国每年在育种领域取得的科技成果很多，但申请知识产权保护的比例不足 20%，如，陕西杨凌累计培育了 200 多个植物新品种，只有 2 个油菜新品种申请了植物品种权。❶ 本项目研究中所涉及的怀山药（铁棍山药）案例，不但在商标注册中存在一些纠纷，在当时也没有申请植物新品种保护，这不能不说是一个遗憾。

（三）植物新品种的申请与利用没有很好衔接

我们发现，有些具有一定药用价值的植物新品种，在申请植物新品种保护并授权后并没有很好地发挥出市场效用。我们在研究过程中也没有发现一个授权的中药材植物新品种获得了相应的经济回报。其原因可能有二：一是中药材的育种没有与道地药材相衔接，因为只有道地药材才最具有市场价值；二是中药材植物新品种的评审较难，因为无论是农业部还是林业部，都只有农作物品种、林业品种、草品种和非主要农作物品种审定委员会，尚没有成立专门的中药材品种审定委员会。

---

❶ 胡凯，张鹏．我国植物新品种权申请授权状况分析［J］．技术经济与管理研究，2013（1）：128.

（四）培育人不能享有植物新品种的名称权

我国《植物新品种保护条例》第 18 条第 1 款规定："授予品种权的植物新品种应当具备适当的名称，并与相同或者相近的植物属或者种中已知品种的名称相区别。该名称经注册登记后即为该植物新品种的通用名称。"也就是说，育种人必须给新品种取一个比较独特的名称，既要明显区别于现有的植物属或者种中已知品种的名称，又要有利于今后的市场使用，而不能简单地用数字或地名来表示。但育种人只能获得对种质本身的使用权，而对新发现种质的独特名称不能享有智力成果权利，也不能把育种者本人的名字包含在新品种的命名中，如"袁隆平 1 号"，现行的法律将植物新品种的名称作为通用名称对待的方式值得商榷。

在司法实践中，植物新品种保护制度不但是农业或林业部门的行政管理手段，而且属于知识产权法律制度的一个有机组成部分，是市场经济下农业或林业经济活动中的主要竞争力之一，其在市场上的表现不仅是阻止他人无偿地以商业化的形式来利用新品种（财产权），也是表明该成果与成果完成者的人身之间具有的密切关系，从而使得成果完成者的身份权、人格权得到承认和尊重，实现知识产权法律制度中人身权和财产权等同保护的最高境界。1886 年制定的《保护文学和艺术作品伯尔尼公约》第 6 条之二第 1 款规定，给予作者的权利"不受作者财产权的影响，甚至在上述财产权转让之后，作者仍保有主张对其作品的著作者身份的权利，并享有反对对上述作品进行任何歪曲或割裂或有损于作者声誉的其他损害的权利"。

可见，《植物新品种保护条例》中剥夺育种者对新品种名称所应当享有的名称权的规定是不符合知识产权法律制度的，也不符合马克思主义的劳动价值观和《世界人权宣言》的精神。在我国植物新品种法律制度的完善中，至少应当保有育种者的署名权。

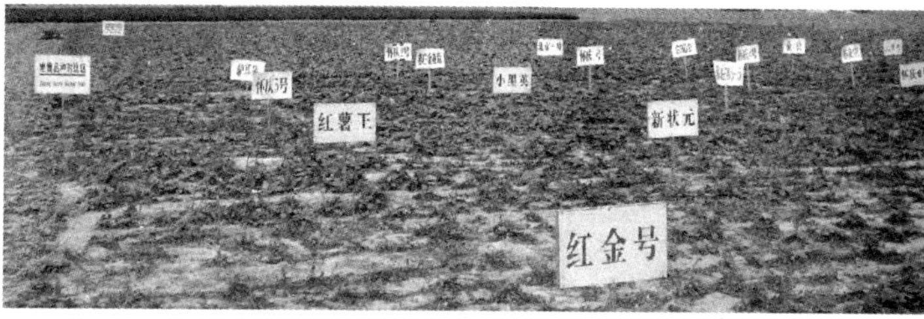

图4-5 河南焦作地区培育的地黄新品种

四、商业资本对道地药材市场价格的影响

从理论上讲，知识产权是最能决定市场中商品的价格的因素，但是在我国道地药材领域，知识产权并没有发挥出应有的作用。而市场中的商业资本却深刻影响着道地药材的市场价格，并反过来影响着知识产权制度在道地药材领域的作用。

我国建立了社会主义市场经济后，作为在流通领域独立发挥作用、专门从事商品买卖活动以获取商业利润的商业资本，在近年来逐步发展壮大，一些资本借助金融市场和知识产权法律制度中的空隙，介入中药材的生产和加工，如重庆东田药业与台湾青伦股份公司合作，投资近两亿元推进石柱黄连的规范化种植和规范化生产。广东医药集团在2003年收购了原利川民族药业有限公司，重组了利川香连药业有限公司。同时，资本的介入也会直接影响道地药材的市场价格，使得道地药材虽然申报了地理标志或证明商标，但表现不出应有的市场效应，其高附加值也得不到有效的体现。以河南省焦作地区“四大怀药”之首——“怀山药”为例，在2003年，“怀山药”申请了原产地域产品保护，鲜怀山药价格从2.2元/公斤上升到4元/公斤[1]，感觉是知识产权的作用提升了道地药材的附加值。但近年来，其市场价格时高时降，从2007年的6元/公斤跌到2009年的3.5元/公斤，之后又

[1] 合顺．怀山药价格持续走高［J］．农村实用技术与信息，2006（12）：32.

狂升到2010年秋的55元/公斤，2012年又跌回到10元/公斤。即使是“怀山药”的优良品种——“铁棍山药”，其价格已与山东的鸡腿山药、山西的小白嘴山药的价格相差无几，甚至接近普通菜山药的价格。身为道地药材的“怀山药”虽然受到地理标志和证明商标的保护，但其自身价值和市场价格受到其他因素的影响。究竟是什么原因左右了道地药材的市场价格？根据媒体报道和我们的调查，影响近年来“怀山药”价格下跌的因素不外有三：一是种植面积的扩大，二是外地产品充斥本地市场，三是分销商利用资本的操纵。三种因素都有可能性，然而我们不禁要问，种植面积的扩大使得道地药材的产量真的超过了市场的需求吗？外地非道地药材的品质、外观和其竞争力真的能与道地药材相媲美吗？很明显，这两个问题的答案是否定的，也就是说，前两种因素并非起决定性的作用。虽然资本的实现必须依赖法律对财产所有权的保护，但商业资本对道地药材市场价格的影响不得不引起中医药界的重视和研究。

（一）商业资本干扰道地药材价格的真正价格

按照马克思主义理论，商业资本是产业资本循环中一部分流通资本的独立化，这种货币资本是专门用于买卖商品的，它加速了产业资本的周转，扩大了再生产的规模。[1] 从商业资本的性质和现实中道地药材市场价格的变化来看，商业资本对道地药材市场的价格产生了下列影响。

（1）实现道地药材的自身价值。虽然道地药材作为我国具有优势地位的自然资源和传统知识的结合体，在现行知识产权制度下还不属于知识产权保护的客体，但道地药材通过申报地理标志和证明商标可以成为拥有知识产权的产品。然而知识产权本身只是一种权利而已，知识产权的形成仍需要人力和财力的投入，知

[1] 中共马克思恩格斯列宁斯大林著作编译局．马克思恩格斯全集（第25卷）［M］．北京：人民出版社，2001：305.

识产权产品的全部价值只有通过市场交换才能得以实现，商业资本使得这种市场交换成为可能和便捷。另外，地理标志或证明商标只能起到与市场上同类产品的区别性和显著性作用，并不能必然提升其产品的价格。或者说，具有知识产权的产品并不必然意味着其价格可以高于普通产品，依附在产品上受到法律保护的技术或标识只有在其产品被市场接受后方能显示出其全部的价值。如，河南焦作地区的“怀山药”自古以来就是道地药材，在2003年被国家质检总局确定为原产地域保护产品，但除了中医药界外，无论是当地居民还是外地商户，都对之知之甚少，其所辖的温县地区当年全部种植面积也只有几亩地。在市场的引导下，当地某企业投资30万元，租了1000多亩地专门种植“怀山药”。❶至2005年，又有几家企业发现了该商机，投资数亿元专门从事怀山药的生产和加工，以“公司+基地+农户”的模式进行大规模连片种植，逐步将散种农户纳入企业种植基地当中，不断扩大企业的经营规模，使“怀山药”的种植面积扩大至10万亩。此外，温县财政每年拿出300万元专项资金，扶持“铁棍山药”产业的发展；当地各金融机构均设立了专项信贷基金，支持“铁棍山药”加工企业和专业合作社的发展，扶持农户种植“铁棍山药”。在地方政府的支持下，在北京、上海、广州、西安、郑州、洛阳等全国20多个省市建立了怀药专卖店或加盟店600余家。❷这些措施的最终目标就是一个：促使道地药材与资本相结合，以商业资本的介入来拓展产品的生产和销路，从而实现道地药材应有的市场价值。

（2）干扰道地药材的市场价格。地理标志和证明商标属于标识类知识产权，该类知识产权只是一种价值符号，而非价值本

---

❶ 何中有．种山药，他种出了名堂 带动身边1500户农民致富［N］．东方今报，2010-11-02.

❷ 焦作市人民政府．焦作年鉴（2010）农业［DB/OL］http：//www.jiaozuo.gov.cn/content.jsp?urltype=news.NewsContentUrl&wbtreeid=1006&wbnewsid=25737，2013-02-19.

身。[1] 知识产权可以限制他人的仿制，但很难限制销售商对其产品的定价。商业资本在一定条件下可以左右道地药材在市场上的稀缺程度和信誉度，从而干扰其市场价格。

商业资本在历史上就对道地药材的价格产生过影响，最著名的是民国时期的象贝事件。浙江的贝母以象山著名，以鄞州为道地，象贝母是中国毋庸置疑的道地药材。民国时，其年产量为100万斤左右。因贝母用途广泛，故每至收获季节，大批药贩赴浙收购。由于药贩以营利为目的，故以各种手段压价贱买，药农甚是吃亏。民国纪元前三十年，进士方儒棠发起组织天一贝母行，为药农代卖贝母，只收取佣金。另一进士也开设一药行与之竞争，结果双方均告失败。后又有几家公司实行专收专卖，从中获得巨大利益，但由于严重干扰了贝母市场而引起各方冲突，后被官方取缔，但集中售卖可提高价格之印象已深入人心。民国二十一年（1932年），经政府批准，郑家豪等四人组织了贝母运销合作社，由于统购统销可获得较大利益，药农纷纷加入。其还规定，所有贝母均由合作社代卖。然而由于合作社既缺少运作资金，又缺少运作经验，故主要采取委托贩卖，并与宁波各药行设立贝母专卖所，订立专销合约，所有合作社成员的贝母均由该专卖所专收专卖，但由于货款不能及时交付社员而逐渐遭到药农的抵制，专卖所被迫解散。其后又与另外四家药行订立专售合约，货款虽能及时到账，但四家药行将贝母收购后，居奇不售，以图善贾而沽，使得市场价格提高近10倍，遭到患者和医界的强烈反对。上海国医公会等医药团体号召临床医生全部以前胡来代替象贝使用，联合抵制象贝市场。后经多方出面调解，双方行为方告结束。[2]

可见，经销商可以运用商业资本，通过广泛收购某一道地药

---

[1] 刘春田．知识产权法［M］．第2版．北京：中国人民大学出版社，2002：16.

[2] 段逸山．医学杂志［J］．中国近代中医药期刊汇编［M］．第2辑．上海：上海辞书出版社，2011：506－508.

材，人为造成市场上的稀缺而抬高其价格；也可将资本从该道地药材的销售渠道中抽出，投入到本药材的其他品种上，使前一品种的价格下跌，而无论该品种是否具有知识产权。2004 年，由于生产厂家和销售药商的吸货囤积，致使 80 头文山三七价格上涨 3 倍也是例证。

（二）商业资本与道地药材之间需要调和

上文分析了商业资本与道地药材之间既相互依存又相互排斥的关系，这使得知识产权对道地药材的影响居于次位。从商业资本的角度来讲，道地药材所具有的对市场的潜在优势可以从两个方面与资本优势相结合，从而彰显我国道地药材的附加值。

（1）运用许可销售的权利来削弱商业资本的优势。由于商业资本具有直接的市场推动作用，分销商往往运用商业资本的优势地位采用囤积居奇、撤离资金等手段来控制某一产品的市场价格。而道地药材的权利人不仅应当运用各种方法、渠道来维护、彰显道地药材产品的良好声誉，而且可以充分运用许可销售的权利来绑定分销商的商业信誉。此即道地药材权利人以许可合同的形式，在某一地域范围内只选择一家或几家分销商经销其产品，而限制其他潜在商业资本的介入，使得商业资本运作者只能在促进产品市场交换的同时获得合理的收益，难以实质控制特定道地药材在某一地域市场的数量和价格。必要时，也可取消某一地域的所有分销商的销售商资格，使得外地相似产品难以在本地合法销售。河南四大怀药虽然在全国各地建立了怀药专卖店或加盟店，但多是一般的专营或分销行为，没有统一的名称、销售方式、配送渠道、装潢等与可以打包许可他人使用的因素。所以，已经申请地理标志或证明商标的道地药材种植户应当首先成立集体管理组织，这既符合地理标志申请时的主体要求，又有利于进行统一的权利管理；并且，要根据不同道地药材的药用知识和传统文化进行一体化的商业设计，形成别具一格、方便许可使用的专卖形式。

（2）设立道地药材与商业资本相结合的专业合作社。从表面来看，经销商进行资本运作是赚取资本预付和实际销售之间的差价，但实际上，商业资本也隔离了产品生产者和消费者之间的直接接触，为分销商不规范的市场行为奠定了基础。前几年“怀山药”市场价格处于高价位时，其主要的市场利润并不是由道地药材权利人——种植户所获得，而主要由中间商在资本流动过程中所赚取。因此，在单个生产者产业资本有限的情况下，组成专卖店或加盟店是一条可行的道路。但是，市场销售行为并非产品生产者的强项，也会过多牵扯产品生产者的精力和财力。努力将产品生产者与分销商的利益形成统一体，使专有技术和专有标识与特定的成员、商业资本紧密地结合在一起，不但能够有效减少单个生产者的商业资本，使产品与消费者直接交易，而且可以协调生产者与销售者的利益，维护产品的市场信誉和合理的市场价格。我国道地药材的种植一直分散于千家万户，没有一个相对固定的组织去协调生产计划，药农往往是凭借某一品种某一时候在市场上所表现出来的价格去判断是否种植和种植多少，摆脱不了“少了是宝，多了是草”的局面。我国不仅要鼓励以企业为主导的 GAP 中药材种植基地，而且应当建立包括道地药材种植合作社、加工企业、销售企业在内的新型专业合作社，引导道地药材与商业资本的有机融合。

第五章 运用知识产权制度保护道地药材的宗旨和目的

【案例五】铁皮石斛的市场扩张和规制

石斛是我国道地中药材的一种，在《中华人民共和国药典》（2010年版）中标明，无论是石斛还是铁皮石斛，都具有益胃生津、滋阴清热的功效。据《中国植物志》记载，我国石斛属植物有74种和2个变种。市场上比较著名的是霍山石斛、环草石斛、马鞭石斛、黄草石斛、铁皮石斛、金钗石斛等，铁皮石斛则是石斛类品种中比较优良的一个品种。根据加工方法的不同，边加热边扭成螺旋形或弹簧状的称为铁皮枫斗，切成段后烘干的称为铁皮石斛。有人说其是中华九大仙草（石斛、天山雪莲、人参、何首乌、茯苓、肉苁蓉、灵芝、珍珠母、冬虫夏草）之首，是钻石级补品。因此，石斛在市场上受到盲目的追捧，导致在一段时间内不但争抢石斛的道地产地，而且人为使得铁皮石斛的市场价格连连攀升。2006年2月26日，中央电视台《每周质量报告》以《“仙草”之谜》为题，专门对铁皮石斛市场的状况进行了报道。

报道称，在杭州市一些大型连锁超市，宣称使用铁皮石斛为原料生产的保健品畅销，而且销量很大，一个月差不多能卖10万元。记者发现，这些所谓的铁皮石斛价格差异很大，价格高的每公斤卖到3000多元，低的只卖几百元。

据记者了解，人工种植的铁皮石斛生长周期长达4年左右，因此产量较小，市场价格很高。目前，使用铁皮石斛加工的铁皮枫斗每公斤最低售价约1万元，品质上乘的能卖到两三万元。由于种种原因，铁皮石斛已被列入《濒危野生动植物种国际贸易公约》，野生的铁皮石斛资源几乎枯竭，而目前人工种植的铁皮石斛也因为生长周期过长、对环境的要求高等，产量还很少。既然铁皮石斛这么稀缺少见，市场上为什么还有那么多的铁皮石斛呢？据浙江省乐清双峰铁皮石斛研究所的人员介绍，杭州这么多厂家，没有用真的铁皮（石斛）加工枫斗产品的，多数原料出自当地一些加工户之手。因为石斛类植物品种很多，其中一些品种的外观与铁皮石斛比较相似，加工成枫斗干品后，一般人不容易分辨。当地人透露，这些用来加工所谓铁皮枫斗的原料实际上是从云南、缅甸一带贩运过来的紫皮、刚节、水草等其他品种的普通石斛。用这些普通石斛加工的枫斗，最高一斤能卖1000多元；如果冒充铁皮石斛销售，最低能卖到4000元，这样每斤就能多赚3000元。

据中央电视台《每周质量报告》报道，在乐清双峰乡一带，每年使用普通石斛加工的枫斗成品达100多吨，其中大部分被一些生产铁皮石斛类产品的企业收购回去了。一些药店、商场也把这种石斛直接收购回去，冒充铁皮石斛，作为中药材销售。[1]

在中央电视台《每周质量报告》曝光了铁皮石斛市场的状况后，浙江省杭州市食品安全办公室立即对曝光的杭州某营养保健品有限公司进行了整治，停止发布涉嫌违法企业的产品广告，对涉嫌虚假标注的产品予以查获。

铁皮石斛这一名称在市场上的影响力和对该名称的滥用，使很多人想到了其市场影响力和对其资源和名称独占使用的可能性，当年就有浙江省乐清市双峰乡平原村俞某申请了“铁皮石斛”第5类商标，但没有成功。2011年5月，经浙江省临安市申请，国家质量监督检验检疫总局批准授予临安市为“天目山铁皮石斛”地理标志保护区域；2012年4月，浙江省武义县获得了农

---

[1] “仙草”之谜——中央电视台《每周质量报告》[EB/OL]. http://qualityreport.ebdoor.com/BadQualityReports/7076.aspx.

业部颁发的“武义铁皮石斛”农产品地理标志称号。2013 年 6 月，云南省文山壮族苗族自治州广南县获得了国家质量监督检验检疫总局颁发的“广南铁皮石斛”地理标志。2013 年 10 月，经广西壮族自治区桂平市申请，农业部批准其获得了“白石山铁皮石斛”农产品地理标志登记证书。同样，在 2007 年 9 月，国家质量监督检验检疫总局组织了对安徽省霍山县人民政府《关于界定霍山石斛地理标志产品保护范围的函》（霍政秘［2006］49 号）提出的霍山石斛地理标志产品保护申请的审查，并批准了对霍山县的“霍山石斛”实施地理标志产品保护。

【简评】

该案不仅说明了道地药材既具有自身的价值，又具有良好市场效应的区别性和显著性特征，也说明了对道地药材特定种质和特定名称进行保护的迫切性。如果说石斛是产品的通用名称，那么铁皮石斛就应当是品种名称。而问题在于：道地药材的品种名、变种名是否属于通用名称？什么样情况下可以成为商品名？哪些标识可以申请为地理标志或注册为商标？对道地药材进行地理标志保护是否要有限制？虽然国家工商总局商标评审委员会在“湘莲 XIANGLIAN 及图案”商标案中认为，通用名称是国家或行业所共用的反映一类商品与另一类商品之间根本区别的规范化称谓，包括法定的通用名称和约定俗成的通用名称，但并没有认定“湘莲”为莲子商品的通用名称。而在“铁棍山药”商标纠纷案中，国家工商总局商标评审委员会则认为，铁棍山药为怀山药的品种之一，为商品的通用名称。可见，在司法实践中，对有些问题的判定是比较复杂的，要根据个案的具体情况来判定，但其中的利益平衡是法律所追求的重要目标之一。要充分运用现行的知识产权制度来保护道地药材，对道地药材知识产权保护的根本目的和宗旨应当有一个比较清晰的认识。

道地药材在我国不同的管理部门具有不同的属性。农业部门把道地药材作为一般农产品，中医药管理部门把道地药材作为治病救人的药品（特殊产品），工商管理部门则把流通的道地药材作为市场上的一般商品对待。药监部门把道地药材看作药物的配料，只是行使监管的职能，而不对道地药材的生产和制造进行具体的管理。

道地药材在历史上凭借其质量和疗效的稳定性而享誉传统医药界，药材采购人员（鉴定师）和贩运人员都对道地药材的真伪佳劣有独到的鉴别方式，药材经销商为树立自身的信誉和口碑，也注重对道地药材的采购和销售。新中国成立后，特别是公私合营后，药材实行专营，虽然某些药材由于计划种植而比较紧俏，但质量和疗效还是得到了一定程度的保证。但是，在我国施行市场经济后，社会对产品的需求得到了极大的释放，市场经济中难以避免的不正当竞争行为在中药材市场愈演愈烈，以次充好、以假乱真的行为在每个中药材市场都时有发生。这极大地危害了中药材市场的正常秩序，也危及中医事业的健康发展甚至存续。

知识产权制度是市场经济条件下调整社会利益关系的一种法律制度，根据知识产权制度的基本原则和道地药材的基本属性，运用知识产权制度来规范和发展道地药材，主要应当解决两个基本问题。

一、保持道地药材的优势地位，实现道地药材的可持续发展

我们在实证研究中发现，目前在道地药材中存在四大问题：一是由于市场行为的作用，药农或不法商贩为获取更大利益而对野生道地药材进行灭绝性的滥采滥伐，使得野生道地药材逐步稀少甚至已经灭绝，最后导致野生道地药材品种丧失；加上药农不重视对优良品种的选育，道地药材所在地的农科所科研经费薄弱，使得道地药材的品种逐步退化。二是我国目前大多数道地药材的生产还处于家庭式的分散种植，规模小，管理粗放，品种混杂。虽然目前有一

些公司以合同定购包销的形式参与道地药材的生产，但对农户的种植及田间管理基本上不予干预，难以有效阻止道地药材质量的下降，从而影响了道地药材在国内外市场上的声誉和市场合理定价。三是随着中药材市场的开放，国内一些不法商贩以非道地药材（甚至伪劣品种）冒充道地药材，以假乱真、以次充好等不正当竞争行为没有得到有效遏制；同时，国外一些利益集团不断向道地药材领域渗透，以包销或委托种植的形式低价掠夺我国质优效佳的道地药材。四是道地药材的炮制加工技术是凸显其优质品质的关键因素之一，但目前全国各地对道地药材的炮制加工技术没有统一的严格规范，技术保密措施也严重滞后或根本没有。

由图 5－1 可以看出，道地药材生产后的流向途径较多，其利益相关群体也比较复杂。如何协调和保护各利益相关者应有的利益，是我们在保护道地药材中应当考虑的问题之一。在道地药材中充分运用知识产权制度，就是为了在承认道地药材自身价值的基础上，规范道地药材的市场秩序，保护道地药材的炮制加工技术，维护道地药材在漫长历史过程中形成的良好信誉，保持道地药材在国内外的优势地位，实现道地药材的可持续发展。

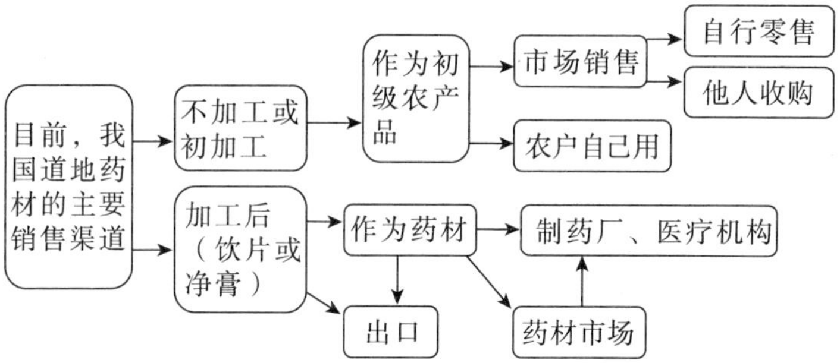

图 5－1　道地药材生产后的主要去向

二、促进道地药材转化为当地人有权益的财富

在对焦作道地药材的实证研究中，我们通过对农户的实地调

查和访问得知：目前，70% ~80% 的农户都从事怀山药的种植、加工和销售，每户农户种植山药的面积大多在 50 ~ 100 亩之间，每亩地投入成本约在 5000 ~ 6000 元，虽然用肥多，用人工多，但每亩可以净赚 5000 元左右，大约高于种其他农作物的 4 ~ 5 倍，农户在种植怀山药过程中得到了一定实惠。然而尽管如此，真正获得道地药材巨大利益的并不是农户，而是经营道地药材的企业（包括本地企业和外地企业，如，杭州太太药业、南京金陵药业、广州陈李济药业、北京怀庆堂等国内知名医药企业均在焦作建立了怀山药种植基地）。农户虽然通过自行销售能够得到较高的利润回报，但需求信息的缺乏，以及销售经验和销售时间、精力的缺乏，使其自我销售的数量不大，而一些可以大批量收购的大企业（如河北安国、安徽亳州、广西玉林、河南禹县等全国性药材市场的坐地收购）或以较低的价格来收购，或以信息上的优势低价委托农户种植的企业，则可以从中获得较大的利益。近年来，外地一些大型企业纷纷参与到焦作道地药材的开发和销售中（如欧洲第一大零售商家乐福公司[1]），因而，真正利用道地药材来赚取巨大利润的是经营道地药材的企业（尤其是外地企业）。

运用知识产权制度保护道地药材，不仅是要规范道地药材的市场秩序，更是要提升道地药材的自身附加值，把道地药材潜在的资源优势转化为现实的市场优势和地方的经济优势，并使之真正成为原住地人有自身权益的财富。

[1] 张鹏．“家乐福”盯上铁棍山药［N］．焦作日报，2008-03-14：（1）．

第六章　河南焦作地区对道地药材保护的实践与问题

【案例六】温县铁棍山药专业合作社诉贾某某侵犯商标权案

河南省焦作地区凭借优越的地理位置而产生了著名的四大怀药（怀菊花、怀地黄、怀牛膝、怀山药），其中怀山药由于具有药食两用的优点而备受市场关注，而怀山药中的极品便是铁棍山药。多年来，围绕怀山药（铁棍山药）的各种纠纷不断。据我们调查了解，目前已经在河南发生的有关铁棍山药名称的较大权益纠纷主要有四起：一是2003年郑州工商管理部门查处焦作市喜佛铁棍山药制品有限公司销售铁棍山药案；二是2005年河南温县铁棍山药专业合作社向郑州中级人民法院诉个体户贾某某侵犯铁棍山药商标案；三是2007年郑州工商管理部门查处郑州个体经营户王某某销售铁棍山药案；四是2010年温县铁棍山药专业合作社诉郑州市金水区广岭食品店业主许某某，后经调解，被告自愿停止在门头上使用“铁棍”字样，停止销售外包装含有“铁棍”字样的山药产品。而其中影响最大的是温县铁棍山药专业合作社诉贾某某侵犯商标权案。

图6－1　“铁棍”注册商标

图6－2　“鐵棍”注册商标

原告铁棍山药合作社诉称，温县农科种业有限公司于2002年3月4日向国家工商总局商标局申请注册“鐵棍”文字加图形商标，2003年3月14日经核准注册，核定使用商品为第31类“山药（未加工的）”，注册证号为第3103954号。焦作市伟康实业有限公司（以下简称伟康公司）于2002年3月28日向国家工商总局商标局申请注册“铁棍”文字商标，2003年6月14日经核准注册，核定使用商品为第5类“山药（未加工的中药材）”，注册证号为第3128080号。2005年9月1日，铁棍山药合作社与上述两商标注册人分别签订了排他性商标使用许可合同，并报送国家工商总局商标局于2006年4月18日备案。第3128080号商标许可期限自2005年9月1日至2013年3月13日，由铁棍山药合作社在自己生产销售的山药商品上使用“铁棍”注册商标。铁棍山药合作社享有全权代理商标权人处理关于任何第三方单位、个人对两“铁棍”商标侵权行为及其他相关事宜的权利。原告铁棍山药合作社及两商标权人多年来对“铁棍”商标进行了广泛的使用和多种形式的宣传，大大提高了“铁棍”商标的知名度和市场美誉度。2002年，“铁棍”商标被认定为焦作市知名商标。2008年8月，原告铁棍山药合作社在被告贾某某处购买到被控侵权的“铁棍”山药20箱，被告处还有大量库存侵权商品，均无生产厂家及地址。被告贾某某未经原告及商标权人许可，销售侵犯原告商标许可使用权的山药商品，严重侵犯了原告的合法利益，给铁棍山药合作社带来了巨大的声誉和经济损失。原告请求判令被告停止销售侵犯“铁棍”注册商标专用权的商品；销毁库存的侵犯“铁棍”注册商标专用权的商品包装箱；书面向原告铁棍山药合作社赔礼道歉，并赔偿原告经济损失15000元；本案诉讼费用由被告承担。

被告贾某某辩称，被告并没有侵犯原告的注册商标专用权，被告销售铁棍山药不构成商标侵权行为，属合法经营，不存在违法行为。原告主张的“铁棍”商标属于山药的农作物品种名称和农产品通用名称，早在《农学丛书》和《温县志》里就有记载。《商标法实施条例》第49条规定："注册商标中含有的本商品的通用名称、图形、型号，或者直接表示商品的质量、主要原料、功能、用途、重量、数量及其他特点，或者含有地名，注册商标专用权人无权禁止他人正当使用。"根据这一规定，大家都能使用，何况被告只是销售别人生产的商品，不构成侵权行为。

法院经审理查明：温县农科种业有限公司于2002年3月4日向国家工商总局商标局申请注册"鐵棍"文字加图形商标，2003年3月14日经核准注册，核定使用商品为第31类"山药（未加工的）"，注册证号为第3103954号。伟康公司于2002年3月28日向国家工商总局商标局申请注册"铁棍"文字商标，2003年6月14日经核准注册，核定使用商品为第5类"山药（未加工的中药材）"，注册证号为第3128080号。2005年9月1日，铁棍山药合作社与上述两商标权人分别签订了排他性商标使用许可合同，并报送国家工商总局商标局于2006年4月18日备案。第3128080号商标许可期限自2005年9月1日至2013年3月13日，由铁棍山药合作社在自己生产销售的山药商品上使用"铁棍"注册商标。铁棍山药合作社享有全权代理商标权人处理关于任何第三方单位、个人对两"铁棍"商标侵权行为及其他相关事宜的权利。2002年，第3128080号"铁棍"文字商标被认定为焦作市知名商标。铁棍山药合作社及两商标权人对"铁棍"商标进行了广泛的使用和多种形式的宣传，并进行了维权打假。

2008年8月7日，原告铁棍山药合作社在被告贾某某位于郑州市南阳路267号的铁棍山药经销店购买到"铁棍"山药20箱，总价款1200元，并对交易过程进行了拍照，照片显示该店内尚存有部分该种被控侵权商品。贾某某所销售的被控侵权商品包装箱标注名称为"鲜铁棍山药""怀府铁棍山药种植基地"等字样并有产品简介及使用方法介绍。

另查明：

一、《中华人民共和国药典》《中药大辞典》《中药辞海》《本草纲目》等中药文献均对山药的性状形态、功能效用、生长分布、栽培及加工方法等有记载，山药的其他名称有薯蓣、土薯、山芋、玉延等，“怀山药”为出产于焦作地区的山药产品的通用名称，为四大怀药之一。1990年光明日报出版社出版的《温县志》第266页“怀药”一节记载：“山药……原使用品种有当地‘铁棍’‘白皮’等，‘铁棍’身细而坚，水分少，质地特优，唯产量低……20世纪20年代中期……先后从山西省引进太谷、平遥等县的品种，温县称为‘太谷山药’……经在温地连续种植，渐次优化，取代了本地品种。”清代罗振玉主编的《农学丛书》武陟土产卷中也有关于当时山药品种中“白皮”“铁棍”的记载。

二、被告贾某某于2008年8月开始经营郑州市金水区贾某某铁棍山药销售店，据其陈述，由别人送货共进了被控侵权商品50件，单价48元/件。

法院认为，《商标法实施条例》第49条规定：“注册商标中含有的本商品的通用名称、图形、型号，或者直接表示商品的质量、主要原料、功能、用途、重量、数量及其他特点，或者含有地名，注册商标专用权人无权禁止他人正当使用。”商品的通用名称是指为国家或者某一行业所共用的，反映一类商品与另一类商品之间根本区别的规范化称谓。通用名称应具有广泛性、规范性的特征。就通用名称的广泛性而言，其应该是国家或者某一行业所共用的，仅为某一区域所使用的名称不具有广泛性；就规范性而言，其应该符合一定的标准，反映一类商品与另一类商品之间的根本区别，即应指代明确。认定是否是通用名称，应充分考虑其规范性和广泛性。本案中，原告所提交的多份文献记录显示山药的通用名称为薯蓣、土薯、山芋、玉延等，出产于焦作地区的山药产品的通用名称为“怀山药”。被告所提交的《温县志》及《农学丛书》中仅记载“铁棍”曾为当地山药产品的一个品种名称，但同时载明之后已被外地引进改良的品种取代。所以，被告贾某某认为“铁棍”系山药通用名称或品种名称、其有权使用的答辩理由，因证据不足，法院不予采信。第3128080号“铁棍”文字注册商标和第3103954号“鐵棍”文字加图形注册商标经国家工商总局商标局依法核准注册，其商标专用权受法律保护。原告铁棍山药合作社经与两注册商标的商标权人签订商标使用许可合同而获得该两项商标许可使用权，其依据该合同授权提起诉讼，符合法律规定。

我国《商标法》第52条规定，未经商标注册人的许可，在同一种商品或者类似商品上使用与其注册商标相同或者近似的商标的，属侵犯注册商标专用权的行为；销售侵犯注册商标专用权的商品的，属于侵犯注册商标专用权的行为。本案中，被告贾某某所销售的鲜山药，与第3103954号“鐵棍”文字加图标注册商标所核定使用的商品为同一种商品；虽然第3128080号“铁棍”文字注册商标所核定使用的商品类别为第5类“山药（未加工的中药材）”，但由于山药作为农产品，既可后续加工成中药材使用，也可直接使用，故贾某某所销售的供使用的鲜山药与第3128080号“铁棍”文字商标所核定使用的商品应认定为类似商品。贾某某使用“铁棍”作为商品名称标识与本案第3128080号“铁棍”文字注册商标及第3103954号“鐵棍”文字加图形注册商标中的文字相同，对于原告铁棍山药合作社要求被告贾某某立即停止销售侵犯第3128080号“铁棍”文字注册商标专用权的商品并赔偿损失的诉讼请求，理由成立，法院予以支持，被告贾某某所库存的侵犯“铁棍”注册商标专用权的商品包装箱也应予以销毁。对于原告要求被告贾某某承担对第3103954号“鐵棍”文字加图形注册商标的侵权责任的诉讼请求，由于该商标中图形也为商标的显著部分，故被告贾某某所使用的被控侵权的“铁棍”文字标识与该商标经对比不构成近似，对于原告铁棍山药合作社的该项诉讼请求，法院不予支持。被告贾某某辩称，其所销售的被控侵权商品系由他人提供，其仅为销售商，不应承担赔偿责任。对此，我国《商标法》第56条第3款规定，销售不知道是侵权注册商标专用权的商品，能证明该商品是自己合法取得并说明提供者的，不承担赔偿责任。而本案中，被告贾某某未能提供其所销售的被控侵权商品的合法来源，故对其要求不承担赔偿责任的答辩理由，法院不予采信。鉴于被告贾某某经营时间较短即被原告铁棍山药合作社查获并起诉，原告铁棍山药合作社也未能举证证明被告贾某某的侵权行为对其商标声誉或商业信誉造成了损害，对于原告铁棍山药合作社要求贾某某赔礼道歉的诉讼请求，法院不予支持。

综上，依据《商标法》第52条及第（1）~（2）项、第56条，《中华人民共和国民事诉讼法》第64条，《最高人民法院关于审理商标民事纠纷案件适用法律若干问题的解释》第16条之规定，判决如下：

一、被告贾某某立即停止销售侵犯温县铁棍山药专业合作社第3128080号“铁棍”文字注册商标使用权的商品，并销毁库存的商品包装箱。

二、被告贾某某于判决生效之日起10日内赔偿原告温县铁棍山药专业合作社经济损失3000元。

三、驳回原告温县铁棍山药专业合作社的其他诉讼请求。

【简评】

本案中，地方法院最终认定了铁棍山药合作社及商标注册人对“铁棍”商标的相关权益，判定贾某某侵犯了商标权人的合法权益。在我们后续跟踪了解中，贾某某不愿意和我们当面交谈。她在电话中告诉我们，她已经离开原来的地方，不再经营铁棍山药了。在她原来的经营地点，仍然有人在销售带有“铁棍山药”标志的怀山药，而且不止一家。实际上，该案表面上是铁棍山药合作社及商标注册人与贾某某之间的商标纠纷案，实际上涉及众多的利益群体。虽然贾某某并没有对该判决提起上诉，但由于该案涉及道地药材的名称权问题，在当地带有一定的普遍性。然而我们不禁要问，道地药材的名称是通用名称还是专有名称，如何判定？曾经使用过的道地药材品种名是否可注册为商标或地理标志？道地药材名称的权利主体应当是谁？

【案例七】“铁棍”商标的形成及被无效案

在《中华人民共和国药典》《中药大辞典》《中药辞海》《本草纲目》等中药文献中都有对山药的性状形态、功能效用、生长分布、栽培及加工方法等的记载，山药的其他名称有薯蓣、土薯、山芋、玉延等，“怀山药”为出产于焦作地区的山药产品的通用名称，为四大怀药之一。

在河南省温县的《温县志》（1991 年版）中，“怀药”一节记载：“山药，又名……，原使用品种有当地‘铁棍’‘白皮’等，‘铁棍’身细而坚，水分少，质地特优，唯产量低，亩产鲜货 300～500 公斤。……20 世纪 20 年代中期，温县许召兰（许北张村人）、宋武堂、李令富（马庄村人），先后从山西省引进太谷、平遥等县的品种，温县称为‘太谷山药’，根部肥大，一般亩产鲜货在 1300 公斤左右，能制干货 250～300 公斤。初引进时，质地发虚，经在温地连续种植，渐次优化，取代了本地品种。”该品种因身细而坚，貌似铁棍，而被温县当地种植户称为“铁棍山药”。

改革开放后，当地为了改良品种，温县农牧局对传统的山药品种进行了优化培育，以增强其抗病能力和抗逆能力。1995 年，河南省农作物品种审定委员会将该品种命名为“新铁棍山药”，并在河南西北地区进行推广。

2002 年 3 月，河南省温县农科所下属的温县农科种业有限公司向国家工商总局商标局申请注册“鐵棍”文字加图形商标，2003 年 3 月 14 日经核准注册，核定使用商品为 31 类“山药（未加工的)”，注册证号为第3103954号。同年3月，河南省焦作市伟康实业有限公司向国家工商总局商标局申请注册“铁棍”文字商标，2003年6月14日经核准注册，核定使用商品为第5类“山药（未加工的中药材)”，注册证号为第3128080号。

2002年，河南省焦作市委、市政府成立了焦作市中药现代化科技产业工程领导小组办公室，统一领导实施四大怀药的基地建设和产业开发工作。其在对全市怀药品种进行详细调研的基础上，组织有关专家对怀药品种进行比较，将其中的11个综合性能好、种植面积多、道地性明显的品种统一以“怀”字开头来命名，怀山药选中了3个品种，即怀山药1号、怀山药2号和怀山药3号（原47号)。[1] 2003年6月，怀山药1号被命名为“铁棍山药”。

2002年，焦作市组织有关部门向国家质量监督检验检疫总局申报四大怀药原产地保护，国家质量监督检验检疫总局对四大怀药的产品检验、技术审查、实地考察和种植地域等进行论证后，在2003年8月颁发了国家原产地域产品保护证书。该市25家四大怀药生产、加工企业随即向国家质量监督检验检疫总局申请使用地理标志产品专用标志，2005年8月，国家质量监督检验检疫总局批准该市64个怀药产品使用地理标志产品专用标志，包括“健国铁棍”山药、“澎涛铁棍”山药等。

2008年9月，时任国家主席胡锦涛考察了温县铁棍山药种植基地。同年，中央电视台经济频道《健康之路》和农业频道《致富经》分别播出了有关铁棍山药的专题片，这使得铁棍山药的声誉大震。

2010年，北京市民王飞程以自己的名义作为原告，向国家工商总局商标评审委员会提出“铁棍”商标无效裁定申请。主要理由为：“铁棍”为河南省焦作市温县土特产铁棍山药的通用名称，

---

[1] 河南省焦作市在确定发展四大怀药的基础上，为稳定市场秩序，专门制定了《关于规范四大怀药品种名称的通知》（焦中药办［2003］8号），对全市四大怀药的名称作了规范。

作为铁棍山药产品的商标不具有显著性，不能成为注册商标。依据《商标法》第9条第1款、第11条第1款、第41条第1款的规定，请求裁定撤销诉争商标。原告积极进行答辩并提供了包括温县志编纂委员会所编《温县志》(1991年版)、河南省温县地方史志编纂委员会所编《温县志(1986~2000)》和温县当地铁棍山药种植户集体证明材料等在内的证据。“铁棍”商标拥有人之一——怀山堂生物科技股份有限公司(原河南省焦作市伟康实业有限公司)作为诉讼第三人参加了答辩，并提供了包括光明日报出版社出版的《温县志》、温县外贸志编辑于1985年编纂的《温县外贸志》和焦作市地方史志编纂委员会出版的《怀庆府志》等相反的证据。

2013年5月6日，国家工商总局商标评审委员会经审理后作出了《关于第3103954号“鐵棍”商标争议裁定书》(商评字［2013］第12880号)和《关于第3128080号“铁棍”商标争议裁定书》(商评字［2013］第12881号)。两项裁定均认为：争议双方提供的有关史志对温县地区怀山药产销状况的记载载明“温县的山药在明、清、民国时代，以铁棍、白皮山药为主”，由此可知铁棍山药自明清起已为温县山药的品种之一；且该品种经国家标准确认，已为公众所周知。对于争议商标原注册人河南伟康实业有限公司称其在参与标准制定的过程中将“铁棍牌山药”简化为“铁棍山药”，无事实理由与法律依据，商标评审委员会不予支持。

商标评审委员会认为，铁棍山药为怀山药的品种之一，诉争商标指定使用在“山药(未加工的)”商品上时，为商品的通用名称，缺乏商标的显著特征，已违反《商标法》第11条第1款第(1)项的规定，不得作为商标注册。

2013年6月，怀山堂生物科技股份有限公司(原河南省焦作市伟康实业有限公司)将国家工商总局商标评审委员会及第三人王飞程诉至北京市第一中级人民法院。原告认为，“铁棍”并非是通用名称。通用名称会随着时间的推移而不断变化，判断某一词汇是否属于商品通用名称，要以判断之时的事实状态为准。虽然温县志编纂委员会修订的1991年版的《温县志》对“铁棍山药”有简短的记载，但不能断章取义，忽视“铁棍山药”早已销声匿迹而被“太谷山药”取代的事实。

【简评】

近年来，围绕“铁棍山药”商标的纠纷不断发生，这一次的纠纷属于根本性的，但有其历史的必然性。本案提出了几个问题：一是每一味道地药材的名称是否都属于商品的通用名称，道地药材的品种名是否也应当纳入商品的通用名称之中来管理，如何解决中药材领域同名异物和同物异名现象？二是道地药材的名称应当以什么方式来进行保护？三是作为传统知识之一的道地药材，其权利主体应如何确定，在道地药材知识产权保护中如何兼顾民族的利益、行业的利益和企业的利益？按照现行的《商标法》及其司法解释、《中国药品通用名称命名原则》和《植物新品种保护条例》等规定，中药材的中文名一般应以全国多数地区习用的名称命名；如各地习用名称不一致或难以定出比较合适的名称时，可选用植物名命名。进入药典的中药材名称是作为通用名，通用名不能注册为商标。而根据《植物新品种保护条例》的原则精神，其不同的品种也不能作为商标注册。但这是以属名、品种名都是以官方颁布的为前提，个别地区民间习用别名、俗名则不在此范围内。

具体到本案中，官方颁布的文件范围包括哪些，温县志编纂委员会修订的《温县志》（1991年版）对“铁棍山药”的简短记载是否属于官方的文件，这也许是本案的关键。从行政行为上说，无论哪一级行政机关都应当是政府部门，是一级政府的代表。而从文献的性质来说，县志（史书）是对当地事件的客观记载，即“温县的山药在明、清、民国时代，以铁棍、白皮山药为主”，这说明当时温县山药中有“铁棍”和“白皮”两种。这个文献记载不能算作政府的文件，因为该文献并没有说“铁棍”和“白皮”是官方命名的，或者官方采纳了，而有可能是当地的一种俗称。因此，以该文献来无效“铁棍”商标，理由并不充分。

为了深入了解怀山药和铁棍山药的情况，更好地探讨道地药材中的知识产权问题，我们选取河南焦作地区的典型道地药材——“四大怀药”（怀山药、怀牛膝、怀菊花、怀地黄）作为研究样本，深入河南省焦作地区的温县、武陟县、沁阳县、博爱县等地进行了实地调研，访问了当地的农户、商户、中医药行政管理部门、农业管理部门、质量技术管理部门、知识产权管理部门等，收集典型案例，认真分析其中的相关法律问题和政策问题，为理论研究打下基础。

近年来，河南省焦作市委、市政府非常重视“四大怀药”的发展工作，把“四大怀药”作为当地珍贵的资源来保护，作为具有竞争力的产品来发展经济。在怀药企业和广大药农的努力下，“四大怀药”的开发、保护和发展都取得了一定的成绩和经验。

图6－3　笔者和部分研究人员赴河南焦作地区专题调研

一、当地政府和企业的主要做法

（一）确立“怀药”为当地最具优势的特色产业

河南是一个农业大省和人口大省，在我们收集的资料和访问中，当地人对自己的传统农产品如数家珍，非常爱惜。在经济发展的大潮中，当地政府也把“四大怀药”作为最具竞争力的特色产业来抓。

（1）2002 年 4 月，焦作市人民政府为了引导和促进怀药产业的发展，制定并下发了《关于实施中药现代化科技工程的意见》，把道地药材作为当地支柱产业予以大力支持；同时成立了“焦作市中药现代化科技产业工程领导小组”，统一组织和协调全市四大怀药的规范化种植和产业开发。

（2）2004 年 4 月，焦作市印发了《关于中药产业化龙头企业扶持办法的通知》，2005 年又制定了《焦作市四大怀药产业发展“十一五”规划》，有力地促进了“四大怀药”产业的发展，扩大了产业规模，加大了招商引资力度，培育扶持了一批龙头企业。

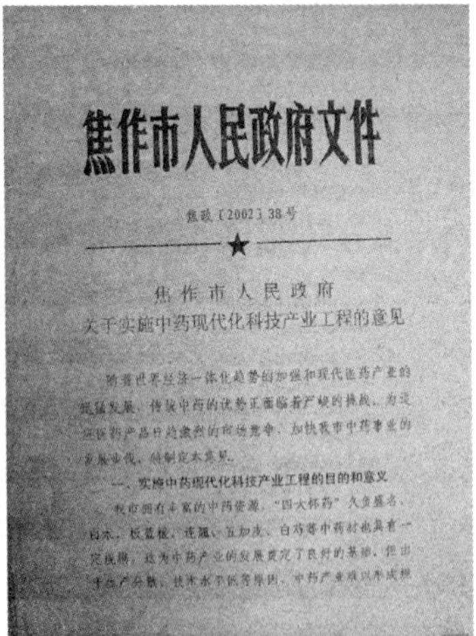
焦作市人民政府文件

焦政〔2002〕38号

焦作市人民政府
关于实施中药现代化科技产业工程的意见

一、实施中药现代化科技产业工程的目的和意义

图 6－4　焦作市政府发布的有关道地药材文件

（3）为了加强四大怀药发展工作，焦作市创建了一批怀药研发平台，如焦作大学怀药工程研究中心、焦作平光制药有限公司怀药工程技术中心、温县农科所四大怀药栽培和品质研究中心等研发机构，以促进怀药良种的培育，提高怀药种质资源，促进怀药新产品的研发。

（4）广泛利用网络、电视、报刊等新闻媒体和推介会、博览会、交流交易会等多种渠道和手段，多管齐下，大力宣扬“四大怀药”的文化品位和主治功效，以及在现代生活中的作用，加大怀药公共品牌的宣传力度，为怀药产业的发展营造浓厚氛围，实施名牌战略，力求在全国乃至世界打造“四大怀药”的知名度。

图6-5　焦作市温县新开设的铁棍山药交易市场

（二）运用现有制度加强道地药材的知识产权保护

随着“四大怀药”的发展和市场影响力的增强，市场经济中特有的不规范行为和不正当竞争行为逐步出现。焦作市政府和相关企业面对日益复杂的怀药市场假冒等不规范行为，深知知识产权保护的迫切性，自2003年开始采取了申报地理标志和证明商标等一系列保护措施。

（1）申请地理标志产品保护。焦作市专门成立了行业协会组织，并向国家质量监督检验检疫总局和农业部申请地理标志产品保护，2003年8月7日，国家质量监督检验检疫总局发布公告（2003年第72号），批准对怀山药、怀地黄、怀牛膝、怀菊花实施原产地域产品保护，确定保护范围以焦作市现辖行政区域为准，即河南武陟县、温县、博爱县、沁阳市、孟州市、修武县。

（2）制定“四大怀药”生产技术标准操作规程。自2003年起，当地政府先后委托焦作市伟康实业有限公司等进行研究、编制了《怀山药生产技术标准操作规程》《怀地黄生产技术标准操作规程》《怀牛膝生产技术标准操作规程》和《怀菊花生产技术标准操作规程》等技术标准，为做大做强“四大怀药”做好准备。

2004年10月20日，为了有效管理“四大怀药”的市场秩序，使执法部门在管理生产销售行为中有法可依、执法有据，焦作市政府下达了《焦作市四大怀药原产地域产品保护办法（试行)》（焦作市政府49号令），自2005年1月1日起施行，对“四大怀药”的专用标志和种植证书管理、生产销售管理进行了具体规定，并对违反规定的行为制定了相应的罚则。为了强化地理标志保护制度在“四大怀药”市场管理中的作用，其出台的《焦作市四大怀药原产地域产品保护办法（试行)》以政府令的形式，并规定成立由质量监督、农业、科技、工商、行业协会、科研等机构组成的原产地域产品保护委员会，在焦作市质量监督技术局下设办公室，在辖区各县市也成立相应的保护机构。

图6-6　焦作市质量技术监督局编发的四大怀药生产规范

（3）申请证明商标、集体商标保护。该市成立了由多个部门和成员组成的“焦作市怀药行业协会”，该协会受焦作市科技局怀药办公室业务指导，怀药办公室派驻工作人员任该协会的秘书长。焦作市怀药行业协会代表焦作市怀药集体向国家工商行政管理总局申请了“焦作怀山药”“焦作怀地黄”“焦作怀牛膝”“焦作怀菊花”证明商标。2008年3月14日，

“焦作四大怀药”的证明商标得到授权，核定注册类别为第5类。同时，其向国家工商局申请“怀”集体商标，在2007年10月28日也得到授权，核定注册类别为第31、32类。

商标注册后，焦作市怀药行业协会于2008年11月1日制定了《焦作市怀药行业协会“焦作四大怀药”证明商标使用管理办法（试行）》，对使用“焦作四大怀药”证明商标的条件、申请程序、使用者权利义务、商标的管理、商标的保护与违约责任作了相应的规定。

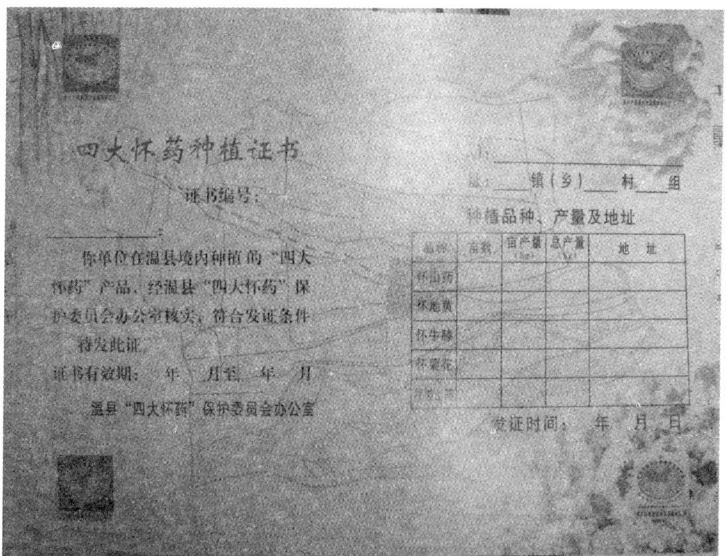

图6－7　焦作市温县使用的四大怀药种植证书

政府积极开展“四大怀药”证明商标的推广应用工作。通过各种渠道和场合的宣传推介，“四大怀药”证明商标的推广应用工作得到了市场的回报。焦作市绿洲怀药生物科技有限公司等9家单位首先开始使用“焦作怀山药”“焦作怀地黄”“焦作怀牛膝”“焦作怀菊花”四大怀药证明商标及“怀”集体商标，品种涉及“四大怀药”及深加工产品50余种，使用商标标识数量达 9 万余张。

（三）企业从药材销售逐步转向品种和品牌战略

随着“怀药”和“四大怀药”的声誉越来越高，河南焦作地区经营怀药的企业也越来越多。焦作市中药发展办公室提供的数据表明，2009 年，怀药企业已经发展到 80 家，怀药产品达 210 余种，中药和怀药加工业总产值达到 27.3 亿元。北京、上海、广州、西安、郑州、洛阳等全国 20 多个省内外城市建立怀药专卖店、加盟店 600 余家，仅在郑州就有怀药专营店 30 多个。怀药企业从原来的药材初加工和药材初级产品销售开始向药材深加工和品种多样化、品牌国际化的战略迈进。其主要措施如下。

（1）注册相关企业商标。在市场的促进和政府的鼓励下，各怀药企业注重自己的品牌建设，多数企业都申请注册了与自身商品相关的商标。如，焦作市伟康实业有限公司就注册了“伟康”“怀光山”“太极功夫”“铁棍”“温康”“怀药养生”“陈家沟”“伟康铁棍”“豫伟尔康”“怀府四宝”“怀山”“怀府铁棍”“天下第一铁棍”“金棍”“银棍”“伟康农庄”“天下第一怀山”等商标，焦作市健国怀药有限公司注册了“健国”“秦健国”“忘不了”“健国铁棍”“怀菊王”等商标，河南怀源食品有限责任公司注册了“怀山药汁”“怀地黄茶”“铁棍山药罐头”“怀山药粉”等商标，有力地促进了企业的市场发展。

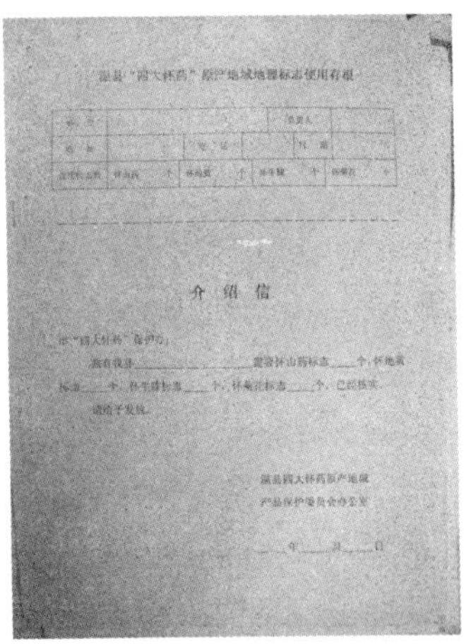

介绍信

图 6－8 焦作市温县地区的地理标志使用申请表

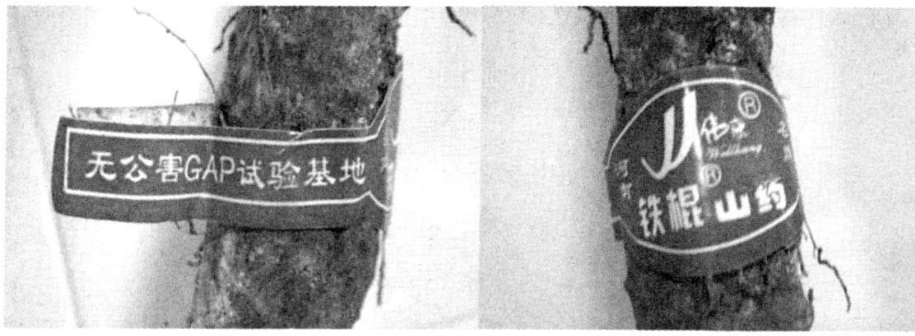

图6-9　河南伟康实业有限公司使用的铁棍山药标签

（2）申请相关产品专利。焦作市的怀药企业在生产怀药过程中，除对一些炮制加工技术采取了保密措施外，对一些新开发的相关产品品种还申请了专利保护，如河南沁阳市豫新薯制品厂申请的“怀山药粉皮”专利（专利号：200610090571.4）、河南省焦作市民主北路29号（焦作市畅想科研）刘光宗等申请的“铁棍山药包装篓”（专利号：200330105845.X）、河南省沁阳市怀庆办事处北寺街58号李旭申请的“铁棍山药包装盒”（申请号：200730295689.6）等。这同样起到了区分同类商品的作用，促进了怀药商品的市场销售。

（3）以新产品的研发来抢占市场份额。在我国东南沿海、珠江三角洲和我国香港、澳门、台湾地区，以及日本、韩国、美国、新加坡、马来西亚等地，“四大怀药”品牌正日益深入人心，为越来越多的人所认知。随着怀药销售网络的初步形成，以及市场占有率的不断提高，在外地购买怀药产品不再困难。然而市场上同类商品的竞争也越来越激烈。

面对市场的竞争，焦作市怀药企业积极开展产学研结合，借助大学和科研机构的力量开展新产品研发，企业自身的研发能力也逐步提高，新开发出怀山药乳酸菌植物蛋白饮料、怀山药多糖—铁复合物、怀地黄酒、怀牛膝醋饮、怀菊花醋饮、胰胆舒缓释片、银丹心脑通分散片、地黄颗粒冲剂、怀参膳食纤维、怀山药提取饮料、怀山药营养餐、怀山药功能性肽酒、怀山药含片、速溶山药粉等科技含量较高、加工增值空间较大的新产品30多种，共有20余种产品获得省级以上名牌产品、优质产品、绿色产品等荣誉称号。这有利于以新产品来抢占市场空间，以新产品来获得更大的利润。

图6－10　河南焦作地区特产专卖店

2008年7月，国家中医药管理局传统医药法律保护重点研究室与河南省中医药管理局、焦作市卫生局、焦作市中医药管理局、焦作市科技局、焦作市技术监督局、焦作市工商局等有关部门共同开展了“道地药材知识产权保护研究试点工作”，并选择武陟县和温县作为试点区域。2009年7月，试点工作项目组再次来到武陟县和温县，就“四大怀药”工作进行了调研座谈。武陟县和温县怀药产业化办公室总结出影响怀药发展的“五只拦路虎”：一是怀药种植没有规范化；二是加工企业产业集中度较低；三是怀药深加工新产品、新技术研究开发滞后，缺乏有自主知识产权的后续产品；四是市场混乱，没有叫得响的品牌，产品包装落后；五是用地理标志保护道地药材，管理混乱。而这些问题的出现和存在，根本的原因在于相关的法律问题没有得到解决。

二、目前存在的主要法律问题

我们在河南焦作地区的试点工作一直持续了近三年，从开始的表面观察，到后来案例分析和市场分析的不断深入，我们认为，我国在道地药材知识产权保护方面尚存在很多法律上的问题，主要如下。

（一）道地药材没有法律上的定义和内涵

虽然道地药材这一特定称谓在我国已使用了近千年，但至今没有一个能够涵盖其全部特征和所有属性的法律定义。[1] 什么是道地药材？什么样的药材才能称为道地药材？对于道地药材变迁和引种后的确认等，其范围和名称缺乏严格意义上的规范。在已步入法制社会的今天，没有法律意义上的严格定义，就等于没有准确的法律规范，因为其规制对象的内涵和外延处于不确定状态，存在可以缩小或扩大一个名词解释的范围的可能性，这不利于一个社会或一个行业的稳定和发展。

由于目前在道地药材定义上的瑕疵，以及对种子的鉴定比较困难，加上异地移植后的产量往往比较高，受当前市场利益的驱动，有些药农或药商将异地种植的怀药也称作怀药；或者有些农户种植“怀药”的种子实质上是外地的品种，成品后也作为道地药材来销售。这都是由于道地药材缺乏一个完整、合理的法律定义所致。

（二）道地药材缺乏法律上的适格主体

从道地药材的形成历史来看，道地药材由种植技术、炮制技术、药用知识和相应的文化组成，是一种既有的智力成果，这个成果由原住地人集体创造、世代传承，原住地人集体应当成为道地药材的权益主体。2012 年 3 月 24～25 日，在“首届道地药材国际贸易论坛”（南非开普敦 2012）上发布的《道地药材国际贸易联盟开普敦宣言》阐明：“道地药材的形成和发展凝聚了历代无数研究者、生产者的共同劳动成果和集体智慧结晶……道地药

---

[1] 国家食品药品监督管理局在 2002 年以局令第 32 号文件的形式下发了《中药材生产质量管理规范（试行）》，在第十章第 55 条中规定：道地药材是传统中药材中具有特定的种质、产区或特定的生产技术和加工方法所生产的中药材。国家食品药品管理局在 2002 年的局令应当属于部门规章，但其定义不能涵盖道地药材的全部属性。

材属于人类创新思维的重要智力成果。”[1] 其认为道地药材是人类的集体智力成果，虽然没有表明是人类哪一部分的集体智力成果，但我们至少可以根据中医药的起源来认为道地药材的拥有者是中华民族集体。

目前，全国各地在申请中药材地理标志时的主体多是地方政府为了注册地理标志而临时成立或挂靠的半政府性质的办公室或协会，申报地理标志工作成为政府被动的、一厢情愿的事情。如“焦作市四大怀药原产地域产品保护委员会”（由质监、农业、科技、工商、行业协会、科研等单位的专家，以及生产、经营者代表等组成），其组织结构松散，并非道地药材“四大怀药”的利害关系人，不能真正起到权利人的管理作用，不是法律上适格的权利主体。虽然湖南省湘潭县湘莲协会在“湘莲 XIANGLIAN 及图案”商标纠纷案中获得了胜利，但在随后的 2001 年和 2004 年，中央电视台不断曝光部分不法莲商用双氧水浸泡开壳的红莲

[1] 《道地药材国际贸易联盟开普敦宣言》（2012 年 3 月 24 日）：我们认为，道地药材最能够体现中医辨证施治的物质基础，是中国传统医药的重要组成部分；它品质优良、疗效显著、久负盛名、举世公认；它的形成和发展凝聚了历代无数研究者、生产者的共同劳动成果和集体智慧结晶，具有科研、经济、文化的多重属性，是中医药文化的精髓与灵魂，在中医药的传承与发展中具有不可估量的作用。我们意识到，随着人类“回归自然，崇尚天然”国际潮流的到来，人们对道地药材的需求不断扩大；同时，环境因素、人为因素、市场因素等也引发了道地药材种植、加工、贸易等方面的问题，如采收加工手段落后、重金属及农药残留超标、供求紧张、价格上涨、盲目种植、过度开发、品种退化、缺乏品牌意识与知识产权保护、缺乏品种保护与可持续利用等。作为行业人士，我们有义务和责任与各国政府及相关组织一道，共同为解决上述问题并为推动道地药材事业发展而付诸行动。我们建议，道地药材属于人类创新思维的重要智力成果，可视为同类产品的质量标准；道地药材的产品标准，可视为中药材中的产品标准，并以此标准开展中药材国际贸易。对道地药材进行有效的地理标识保护，使消费者简单方便地辨别药材真伪，将有助于创立道地药材商业品牌，推动道地药材国际贸易。我们强调，道地药材国际贸易联盟将积极响应联合国环境规划署（CBD）《生物多样性公约》的有关倡议，积极号召和组织世界各国中医药贸易商、批发商、中间商，中医药种植、生产企业和行业协会联合起来，充分运用现代信息网络，分享道地药材科研技术经验，汇集全球道地药材经贸信息，促进道地药材的全球公平贸易，同时采取行动共同保护道地药材资源，支持道地药材生物多样性的开展，进行道地药材保护与利用的相关培训，推动道地药材生产种植基地和道地药材品种认证，优先采购/供应来自可持续采集的或环境友好型的道地药材产品。我们呼吁，各国政府及行业人士应从生态学角度重视道地药材的开发、保护与利用，将道地药材纳入重构人与自然和谐发展体系之中，从而进一步有效保护生态环境与人类生命健康。

来获取白莲，使得白莲品质和市场信誉急剧下降就是很好的例证。权利主体的不适格使得道地药材种植户对是否申请标志或者是否使用地理标志标签不予关心或不愿使用，道地药材权利主体所应有的相关权益当然也得不到落实。

（三）道地药材市场管理缺乏相应的规范

由于道地药材种植区域有限，产量有限，道地药材往往供不应求，在市场上具有比非道地的同种药材较高的价格。由此，在利益的驱动之下，就有许多非道地药材冒充道地药材。目前，怀药的种植还缺乏统一的管理，药农主要通过自繁自用或者从药材市场上购买种子、种苗来进行生产。在怀药市场上，非道地冒充道地药材、小企业产品冒充大企业产品等市场不规范行为比较多。在市场管理上，也存在许多问题，如药材在田间种植、采收的过程中作为农副产品由农业行政管理部门来管理，经过加工的道地药材由于涉及技术问题而由当地的质量检验部门管理，而一旦药材进入了市场，工商部门就必须介入，中药协会只能起到配合的作用，所以目前对怀药的管理机构有多家。当地成立的“四大怀药办公室”、“怀药协会”等并不能担当实质意义上的权利人角色，在规范市场中只能与工商协作。当地科技局无权执法，也难以执法，因为别人把外地山药等拿到焦作地区来卖这一行为并不违法。由于没有对药材是否道地的快速检测方法，对市场的规范产生一定的难度。

由于没有任何法律规定必须在四大怀药产品上使用标识，因而有些农户怠于使用标识。甚至有人将真的标签贴到了假的“道地”药材上来牟取不义之财。河南焦作地区的“铁棍山药”商标纠纷案就充分说明了这个问题。

（四）现行制度并没有明显提升道地药材附加值

从理论上讲，知识产权制度是通过市场独占获取丰厚回报来鼓励社会创新的，标识性知识产权更是以带来产品的附加值来鼓励企业申请。但是，在道地药材经济活动中，知识产权并没有明显提升产品的附加值，如河南焦作地区在申请四大怀药地理标志保护后，其相应的经济指标也得到了提升❶，但是，其中真正由地理标志的使用产生的附加值并不乐观❷，地方行政干预、政府采购、出口和气候条件的改变成为左右价格高低的决定因素。

通过走访调研，我们分析其中的主要原因应当有五：一是农户和其他市场参与者对地理标志的认知度不高，认为只要是焦作大地上生产出来的就应当是怀药，对现行法律程序不理解；二是地理标志产品区别于普通产品的良好市场信誉（声誉）尚没有培养起来，导致贴与不贴地理标志标签对销售影响不大，并且标签的购买还需要一定的成本（如河南焦作地区的地理标志标签每张0.1元）；三是相关配套政策不到位（如国家药典中没有对道地药材和普通药材予以区别对待，反而对道地与非道地饮片统一定价，没有显示出道地药材的优质优价）；四是现行的地理标志制度不能有效维护道地药材的市场秩序以提高道地药材的附加值，不能完全解决道地药材的名称权问题（如道地药材中的质量分类名称，或者其他别名等）；五是申请的地理标志中，相关质量标准只有鲜品，没有干品和炮制后的饮片质量，甚至有些道地药材以普通药材为标准，如怀菊花的标准以绿叶花为标准，同其他菊花的标准一样。这些弊端并非都是地理标志制度本身的问题，但客观上导致了没能提升道地药材附加值的后果。

（五）道地药材的集体权益与个体权益界限不明

我们认为，道地药材是原住地人的共同财富，原住地人对之拥有共同的权益。然而在各种资源成为市场竞争者的抢夺对象，并通过知识产权制度而合法地据为己有的今天，道地药材也成了国内外市场竞争者鸱视狼顾的目标。一些市场参与者利用法律上

---

❶ 据河南焦作市工商局人员介绍，怀山药（鲜品）在使用证明商标前卖1～2元/斤，使用证明商标后卖到5～6元/斤，最好的时候卖到20元/斤。

❷ 据河南伟康实业公司的负责人员介绍，地理标志产品在出口中具有一定的价格优势，例如在关税上可以优惠5%。

的漏洞或空白，把与道地药材相关的词语注册为企业私有的商标，并阻止其他市场参与者使用。

据我们调查了解，目前已经在河南发生的有关怀药中“铁棍山药”名称的较大权益纠纷有三起：一是 2003 年郑州工商管理部门查处焦作市喜佛铁棍山药制品有限公司销售铁棍山药案；二是 2007 年郑州工商查处郑州个体经营户王某某销售铁棍山药案；三是 2005 年河南温县铁棍山药专业合作社向郑州中级人民法院诉个体户贾某某侵犯铁棍山药商标案。

在我们的调查访问中，不仅是经营怀山药的温县武德镇田冯斉村的贾某某，而且种植怀山药的温县岳村乡韩郭作村的张希明、石小娥，以及温县南贾村的王保才等村民都认为，怀山药是当地祖祖辈辈传下来的特产，而“铁棍山药”是怀山药中最好的品种之一，无论是“怀山药”还是“铁棍山药”，都应当是当地人的共有资产。某些企业将“铁棍山药”注册为商标而限制其他人使用是对其他人权益的侵害。而河南省焦作市伟康实业公司等则认为，“铁棍山药”是该企业合法注册的商标，其拥有权利人的一切权利，应当受到法律的保护，其他人未经权利人的许可而使用该商标是对“铁棍山药”商标权利人权利的侵害。

三、值得考虑的几个问题

通过在道地药材主产区的试点工作，我们也发现了几个值得商榷的问题，包括：政府部门或行业协会为了市场利益而设定目标，鼓励当地种植户人为地提高道地药材的产量；所谓的道地产区到底应当以什么标准来进行划分；公司 + 基地 + 农户的形式是否真正有利于保持道地药材的优势地位、实现道地药材的可持续发展，是否有利于促进道地药材转化为当地人有权益的财富。

（一）道地药材的产量是否能够人为地提高

我们在调研中感觉到，河南焦作地区各级政府非常重视四大怀药的发展，把四大怀药的发展作为当地的支柱产业来抓，采取了许多措施来鼓励当地农民种植和经营怀药。一些县乡大力发展四大怀药的种植，据统计，到2006年，四大怀药种植面积已达21.3万亩，GAP基地发展到20个。全市怀药鲜货产量约41万吨，可折干货7.5万吨。种植面积、产量、产值分别比“十五”初期增加38%、42%和53%。❶ 到2011年，焦作市怀药种植面积达1.74万平方公里（相当于2609万亩），怀药产业产值40多亿元。❷

这样的一些措施固然使得当地的经济收入可观，但是也存在令人不安的问题。虽然我们一方面要阻止道地药材遭受破坏性采集，防止珍贵资源锐减甚至接近灭绝，但另一方面，道地药材之所以要受到保护，是由于它的质量、声誉或其他特征受制于该原产地内特殊的自然因素。这些自然因素是指该地域所具有的特殊的地理环境，如气候、土壤、水质、物种等。由于这些自然因素是特定不变的，因而其当地道地药材的产量也应当是特定的，难以无限制地扩大。盲目扩展到地域之外更是违背了道地药材具有的特殊地域的基本特征，而实质上不再是道地药材了。因此，对于道地药材的产量，从本质上来说是不能人为地扩大种植面积的。

从知识产权的角度来讲，知识产权的一个特征就是其本身自然的或人为的世间稀缺性，正是这种自然的或人为的稀缺性使得知识产权本身的价值得以体现或提升。为了维护和保障这种稀缺性，在法律上应对特定人的某种技术方案或标志符号赋予占有、使用、收益和处分的权利，而对其他人课以非经权利人许可不得使用或贬损的义务。一旦人为地破坏了知识产权产品的自然稀缺性或人为稀缺性特征，其产品必将在市场上与普通商品没有区

❶ 原正军，任立宏，张红卫．四大怀药“滋补”焦作［J］．中国医药指南，2006（8）：110.

❷ 王鑫．河南省特色农产品四大怀药的出口现状、存在问题与对策［J］．江苏农业科学，2013（7）：400.

别，其价值（尤其是附加值）必将受到恶性影响。

所以，道地药材是自然形成的、具有稀缺性的地域产品，其种植面积和产量受到一定的约束。道地药材的地域性特征造就了该产品的独特性，而稀缺性特征则形成其市场上的价值。如果人为地扩大种植面积和产量，不但其药效值得怀疑，也会破坏道地药材天然稀缺性的基本特征，造成其市场价值的下降，甚至失去道地药材的良好声誉。2011 年怀菊花价格大幅跌落、2012 年怀山药价格跌到 2010 年的一半等事实可能就是例证。

（二）道地药材的品种名是否能注册成商标

本章开篇中“铁棍”商标的形成及被无效案，主要就是围绕植物的品种名称是否能注册商标的关键问题。在中药界，一个植物确实存在多个品种或者一药多名的问题。发现和培育了一个新的品种，发现人或培育人能不能对其名称予以独占，并排除他人对该名称的使用，这是值得考虑的问题。在历史上，官方发布的中药材，其本身有一个固定的名称，但在药农和药商中更存在对不同品质中药材的别名，这种别名实际上代表一个品种或者一种比较独特的炮制方法而得到的药材。

在“铁棍”商标的形成及被无效案中，国家商标局将“铁棍”作为商品的通用名称来处理。而关于商品的“通用名称”，1989 年 3 月 2 日的《国家工商行政管理局商标局关于整顿酒类商标工作中几个问题的通知》指出：“商品通用名称是指为国家或某一行业所共用的，反映一类商品与另一类商品之间根本区别的规范化称谓。商品通用名称的确定，主要源于社会的约定俗成，既要得到社会或某一行业的广泛承认，又要规范化。这是商品通用名称概念的最本质的特征，也是我们判定是否是商品通用名称的主要依据。”2005 年国家工商行政管理总局商标局和商标评审委员会制定的《商标审查及审理标准》规定，商标法中的通用名称是指国家标准、行业标准或者约定俗成的商品的名称，包括全称、简称、缩写、俗称。2010 年 4 月 20 日公布的《最高人民法院关于审理商标授权确权行政案件若干问题的意见》第7条规定："人民法院在判断诉争商标是否为通用名称时，应当审查其是否属于法定的或者约定俗成的商品名称。依据法律规定或者国家标准、行业标准属于商品通用名称的，应当认定为通用名称。相关公众普遍认为某一名称能够指代一类商品的，应当认定该名称为约定俗成的通用名称。被专业工具书、辞典列为商品名称的，可以作为认定约定俗成的通用名称的参考。"

在司法实践中，对于品种名是否可以注册为商标有着不同的观点。国家商标评审委员会在2008年6月裁定"湘莲XIANGLIAN及图案"商标案时作出第3023790号决定认为，通用名称是国家或行业所共用的反映一类商品与另一类商品之间根本区别的规范化称谓，包括法定的通用名称和约定俗成的通用名称。申请人所提交的证据不足以证明"湘莲"在全国范围内或为行业普遍认知为莲子商品的通用名称。商标评审委员会的意见实际上是排斥了"湘莲"是通用名称的观点。2013年，国家工商行政管理总局商标局在裁定"铁棍"商标案时认为，铁棍山药自明清起已为温县山药的品种之一，且该品种已经国家标准确认。诉争商标指定使用在"山药（未加工的）"商品上时，为商品的通用名称，缺乏商标的显著特征。2013年1月，国家商标评审委员会在裁定武夷山市桐木茶叶有限公司与福建武夷山国家级自然保护区正山茶业有限公司"金骏眉"商标纠纷案时作出的商评字［2012］第53057号《关于第5936208号"金骏眉"商标异议复审裁定书》中认为：在案证据尚不足以证明"金骏眉"已成为本商品的通用名称或仅仅直接表示商品主要原料的标志。而北京市高级人民法院在审理"金骏眉"商标一案时则认为，第53057号裁定作出时，"金骏眉"已作为一种红茶的商品名称为相关公众所识别和对待，成为特定种类的红茶商品约定俗成的通用名称。可见，审查一个标志符号是否属于法定的或者约定俗成的商品名称有时是比较困难的，在不同的时间段可能有不同的判断结果。

在中药材（尤其是道地药材）领域，中药材的各种名称非常之多，并且在不同的群体或者不同的地域使用不同的名称。更多的一些别名或者昵称在药农或药商中存在，有时还作为行话出现，但这些别名或昵称并没有记载在官方发布的本草书籍中，不是官方规定的名称，即不是规范性的名称，属于流行在某一行业专业人员间的“黑话”。那么这种“黑话”是否能划归到《商标法》规定的不得注册为商标的范围之内呢？

第七章 我国道地药材领域知识产权发展的路径

【案例八】"东阿"商标的形成及权益纠纷

根据我国药典规定，阿胶是马科动物驴的干燥皮或鲜皮经煎煮、浓缩制成的固体胶，具有补血滋阴、润燥、止血功效，用于血虚萎黄、眩晕心悸、肌萎无力、心烦不眠、虚风内动、肺燥咳嗽、劳嗽咯血、吐血尿血、便血崩漏、妊娠胎漏。❶ 由于在临床实践中发现山东东阿所产的固体胶有较好的药用价值，因而把这种胶称为"阿胶"。历史上，东阿地区以其特有的地理环境与水质条件，加上长期探索积累而形成的独特炮制加工技艺，使得东阿阿胶成为道地药材。我国著名中医学家陶弘景在其著作《本草经集注》中写道："出东阿，故名阿胶。"❷ 目前，我国生产阿胶的主要企业为位于山东省平阴县东阿镇的山东福胶集团有限公司和位于山东省东阿县阿胶街的山东东阿阿胶股份有限公司。然而多年来，两家企业为谁是正宗阿胶生产地而纠纷不断。

1978 年，山东东阿阿胶厂（隶属于山东省药材公司）注册了"东阿"和"东阿阿胶"商标。1993 年 2 月，阿胶厂改组为山东东阿阿胶（集团）股份有限公司，1996 年 6 月更名为山东东阿阿胶股份有限公司。1999 年，聊城市国有资产管理委员会又成立了国有独资公司——东胶集团，将原阿胶厂所拥有的"东阿"等商标所有权作价 2923 万元划入东胶集团。

---

❶ 药典委员会．中华人民共和国药典［M］．北京：化学工业出版社，2010：175.

❷（南朝梁）陶弘景．本草经集注［M］．北京：人民卫生出版社，1994：347.

1952年，在邓氏“树德堂”的基础上，东阿镇建立了我国第一家国营阿胶企业——山东平阴阿胶厂，后改革为山东福胶集团东阿镇阿胶有限公司。其在1980年4月和1992年2月经国家工商局核准注册“福”牌：阿胶[1]，1985年注册了“东阿镇”商标。1992年、1997年、2001年，“福”牌、“东阿镇”牌商标先后3次获得山东省著名商标称号。

1996年3月，东阿镇被中国特产之乡命名宣传活动组委会命名为“中国阿胶之乡”。

2002年2月8日，山东东阿阿胶股份有限公司的“东阿”商标被国家工商行政管理总局商标局认定为中国驰名商标。

2002年2月25日，应山东省有关企业的申请，国家质量监督检验检疫总局发布2002年第17号公告指出：“根据《原产地标记管理规定》及其《实施办法》的有关规定，在山东、烟台、济南、聊城、石岛出入境检验检疫局初步审核的基础上，我局组织专家对张裕葡萄酒（张裕牌）、东阿阿胶（东阿牌、福牌、东阿镇牌）、荣成大花生（圣农牌）生产企业的原产地标记保护申请进行了形式审查和现场实地审查，确认合格，现予以公告。有关单位或个人对上述产品原产地标记保护申请有异议的，可以自即日起一个月内向我局提出。上述产品原产地标记保护申请资料存放在我局备查。”

2002年3月，山东东阿阿胶股份有限公司向国家质量监督检验检疫总局递送了一份异议书。该异议书称：“贵局在2002年第17号公告中将东阿阿胶认定为原产地标记并据此予以保护，我公司对此表示感谢，因为这一举措的意图无疑是为了促进东阿阿胶产品的外贸出口，从而使传统国药瑰宝——东阿阿胶在加入世贸组织后获得更为充分的法律保护。但是，该公告在客观上事与愿违，不仅不能使国药瑰宝获得更好的保护，反而侵犯了我公司对

---

[1] 李秀明，陈辉．福牌阿胶保卫战［J］．中华商标，2000（5）：9－10.

注册商标‘东阿阿胶’所依法享有的权利……贵局认定的结果使得另一企业也与我公司一同作为原产地标志‘东阿阿胶’的所有人，并且同时赋予其认定国内其他阿胶生产企业使用‘东阿阿胶’、‘东阿’标识的权利和资格……贵局的认定显然为他人可以堂而皇之地在相同的商品上使用我公司注册的商标，从而不正当地分割占有我公司的无形资产提供了法律依据，显然有悖于我国《商标法》的规定……”❶

国家质量监督检验检疫总局没有公开回应山东东阿阿胶股份有限公司的异议。而山东福胶集团有限公司的福牌阿胶和山东东阿阿胶股份有限公司的东阿牌阿胶同时可以使用“东阿阿胶”原产地标记。

2003 年，山东福胶集团有限公司发现市场上有多家企业存在侵犯其商标权的行为，于是选择河北一家公司起诉至河北省邢台市中级人民法院。2007 年 7 月，河北省邢台市中级人民法院中院通过司法程序认定“福”牌商标为“中国驰名商标”。

2003 年 9 月，山东聊城国有资产管理委员会与华润股份公司共同设立华润东阿阿胶有限公司。山东聊城国有资产管理委员会以东胶集团的全部净资产出资，华润股份公司以现金出资。然而在合作中存在以下问题：双方事先约定的东胶集团的全部净资产是否应当包含“东阿”等 81 项系列商标？该系列商标当时属于国有资产，如果转让，是否要涉及国有资产流失的责任？同时，阿胶的生产工艺是国家保密技术，这样的技术是否能够转让？聊城市国资委为了维护东阿阿胶的权益，也事先跟华润东阿约定，在商标所有权由东胶集团过户至华润东阿之前，华润东阿须与东阿阿胶签署商标许可使用协议。该协议的核心内容为“许可东阿阿胶无偿使用原东阿集团持有的全部商标”。2005 年 5 月 25 日，华润东阿履行了与聊城国资委的约定，与东阿阿胶签署了商标无

---

❶ 丁曼丽．政出多门　法出多门——原产地标志保护现状混乱［N］．市场报，2002－05－29.

偿使用协议书。然而华润东阿签订了此协议后并未得到商标所有权。与此同时，东胶集团拟将商标所有权无偿转让给东阿阿胶，并向国家工商行政管理总局商标局提出了商标过户申请。华润方面肯投入3亿多元控股东阿阿胶，在很大程度上是因为对“东阿”系列商标的看重。如果商标权从东胶集团成功转到东阿阿胶，则意味着商标权将与华润东阿无关。2005年11月22日，华润东阿向聊城市中级人民法院提起诉讼，以出资不到位为名将聊城国资委、东胶集团、东阿阿胶三方列为被告。华润东阿要求聊城国资委和东胶集团交付涉案商标，东阿阿胶停止侵害原告商标财产权的行为。法院受理后，即到国家工商行政管理总局商标局申请了“东阿”等商标的资产保全，暂停转让程序。双方围绕“东阿”等商标的所有权进行了一场激烈的争夺战。到2005年12月，相关方达成了庭外和解：东胶集团停止向东阿阿胶进行商标转让，同时向国家工商行政管理总局提起申请，将包括“东阿”牌、“阿”字牌在内的73项商标过户至华润东阿的名下，而“怡静”系列4个商标则转至东阿阿胶。华润东阿和东阿阿胶达成了新的协议，华润东阿许可东阿阿胶继续无偿使用旗下商标。❶

2006年12月30日，山东省政府公布了第一批省级非物质文化遗产项目名录，东阿阿胶制作技艺、东阿镇福牌阿胶制作技艺均以传统医药项目入围。

2008年6月，“东阿阿胶制作技艺”纳入我国第一批国家级非物质文化遗产扩展项目名录，申报地标为山东省聊城市东阿县和山东省济南市平阴县。

2012年，围绕东阿阿胶的原产地问题又起了风波。由于山东东阿阿胶股份有限公司在2001年投资重组了新疆和田阿华阿胶有限公司，同样的企业和产品引起了消费者和管理部门的重视。“东阿阿胶控股子公司新疆和田阿华阿胶有限公司，在和田生产

---

❶ 鲁春晓．东阿阿胶制作技艺产业化研究［D］．山东：山东大学历史文化学院，2011：139－140.

的半成品已经完成了阿胶传统工艺制作大半工序。鉴于东阿阿胶获得国家原产地标记注册，根据规定，其产地应为东阿，因此，阿华阿胶生产的产品是否涉嫌虚假，颇为令人质疑。”❶ 随后，山东东阿阿胶股份有限公司澄清说明：第一，新疆和田阿华阿胶有限公司系公司控股子公司，由公司派驻质量监督及技术指导人员，主要负责将驴皮前处理为生产原料，全部生产过程符合GMP标准且经过新疆、山东两地药监部门审批。此举旨在响应国家号召，支援新疆建设，充分利用好新疆地区的驴皮资源，同时降低了运输成本。第二，国家质量监督检验检疫总局关于山东东阿阿胶股份有限公司原产地标记注册要求范围仅限于东阿牌阿胶，所有东阿牌阿胶均为东阿本地生产。新疆和田阿华阿胶有限公司前处理后的原料，运回公司后根据规范的工艺体系进行炼制，保证了产品质量。炼制完成后，此部分原料仅用于阿胶枣等系列产品，并不用于阿胶块，不涉及原产地标记问题。❷

【简评】

如果我国始终没有一套有利于中医药行业发展的法律制度，围绕阿胶的市场纠纷必将还会继续。随着市场经济的发展，道地药材所蕴含的市场价值逐渐显露。我国明代伟大的医药学家李时珍在其所著《本草纲目》中载药1892种，大部分均标明了出产地，道地药材常表述为最胜、为上、最佳、第一、为最等词语。❸这说明我国的道地药材是中药材中的精品，是医家、商家、药农等竞相争夺的对象。随着中国的对外开放和全球贸易的一体化进程，资源已经成为一个国家参与国际竞争的必备条件。我国在实体经济领域的发展还不如意，能够吸引外国人眼球的产品还很少。因此，应当充分认识中医药资源和知识在国际竞争中的市场

---

❶ 龚雯．东阿阿胶回应原产地质疑 称阿华原料不用于阿胶［N］．经济参考报，2012-03-23.

❷ 低碳男．东阿阿胶涉嫌造假！前途不如汤臣倍健！［EB/OL］．［2014-02-15］http：//istock.jrj.com.cn/article，000423，5765953.html.

❸ 韩邦兴，彭华胜，黄璐琦．中国道地药材研究进展［J］．自然杂志，2011（5）：281.

地位和独特作用，围绕中医药来做大做强国际市场是非常必需和可能的，其中道地药材就是一个有力的市场撬动器。我们要充分认识到，道地药材四个字本身就是一种市场的品牌，每一味道地药材不但涉及名称权、种质权，还涉及技术秘密和传统知识的保护，是我国知识产权领域的一项重要工作。因此，我国应当研究如何建立一套有利于中医药发展的知识产权保护制度，以长期保存、有序发展、公平竞争、充分利用道地药材，既服务于中华民族的医疗保健，又产生巨大的市场影响力。这是知识产权界、中医药界乃至政府的一个重要课题。

探索建立中医药传统知识保护特殊政策是贯彻国家知识产权战略纲要的具体实践，是在系统总结已取得学术成果的基础上，对特定地区知识产权工作的样本探索，并在实证探索中发现新的问题和新的思路。

建立健全我国特殊技术领域的知识产权制度并不是一项单纯的学术研究，也不是完全实证性的学术研究，而是一项智库研究人员与各相关行政管理机构密切配合在具体实践中边试边改的政策探索性的实际工作。我们在研究过程中深感研究人员热情和责任心的必需，以及当地中医药行业和相关行业管理部门对知识产权实施工作的理解和支持的重要性。

通过几年来对河南焦作地区道地药材知识产权的试点和观察，我们认为，道地药材是我国具有优势地位的知识、资源和技术领域，是最具形成自主知识产权的领域之一，应当尽快制定相关的立法和政策，把道地药材的潜在优势转变为所在地区的现实优势。

一、建立健全本行业法律保护机制的必要性和可行性

中国传统医药是运用自然界的客观规律来认识生命现象和疾病规律的一系列医学知识。从知识产权的角度来讲，中国传统医

药知识是中华民族拥有的将植物、动物、矿物等的自然属性运用到医疗保健上的技术方案，以及与之相关的标识符号。随着历史的发展，对客观自然世界物质的运用目前主要局限在植物上，即草药材，而对药材的使用历来讲究道地性。因此，道地药材或者说药材的道地性是保障传统医药健康发展的关键因素。而我国目前尚没有建立起与道地药材品种一致、疗效稳定、权益保障、持续发展等需求相一致的法律保护机制。由此可见，尽快建立和完善中药材行业法律保护机制是中医药传统知识保护工作的当务之急。

（一）建立道地药材保护名录，实行道地药材地域、种质、技术认证

要对道地药材进行知识产权保护，首先要确定保护的对象和范围，而这样的对象和范围必须由法律来确定。我国虽然有道地药材这样的传统和资源，但一直没有官方的认定标准，这使得在中药材市场管理中不区分是否道地，在产品管理上也没有区别对待，非常不利于我国道地药材的发展与保护。因此，要建立与完善道地药材知识产权保护制度，首先必须建立道地药材地域、种质和技术的认证法律制度。

在中国医学史上，有很多由官方颁布的中药志，如《新修本草》《大观本草》《政和本草》《绍兴本草》等，这既体现了政府对道地药材的重视，也反映了官方对道地药材的认可。在市场经济条件下的今天，更需要政府对道地药材进行认定和名称的确认。而目前的现状是：要么不认定，要么多家机构重复认定（见附录一：参与中药材相关命名工作的一些部门或机构）。

鉴于中国道地药材的现状和保护的需求，我们建议可以考虑逐步建立道地药材的行业认证制度。首先，选取部分道地药材（如10～20种），由行业组织专家依据历史文献和专家论证的意见，结合道地药材的标准建设工作，建立“中国道地药材保护名录”（首批），由国家中医药管理局以适当的方式发布。

另外，设立道地药材生产地域、种质、相关技术的认证制度。这种认证制度是配合国家质量监督检验检疫总局的地理标志和国家工商行政管理总局商标局的证明商标，不仅表明该产品产自特定的原产地域，而且表明该产品经过特殊的质量监控 、加工工艺而具有特殊的质量和功效。道地药材生产地域、种质、相关技术的认证属于国家行政行为，是保证道地药材种质纯正、生长环境适宜、炮制加工技术规范的有效手段，要与中药材资源管理、中药材生产质量管理等工作相结合。该项工作是国家地理标志制度在中药材领域的具体落实，也需要国家中医药管理局、国家质量监督检验检疫总局和农业部的密切配合，但应当以中医药行政管理部门为主。

道地药材是经过人们长期的实践而逐步形成的，体现了道地药材采集时间、加工方法等特点。因此，在道地药材生产地域、种质、相关技术的认证过程中，要尊重道地药材的生长规律，注重药材的质量和功效，避免目前各地盲目追求集约化和规模化的现象。

（二）尽快制定“中药材地域、种质、技术认证管理办法”

我国的道地药材并没有建立起一个像法国葡萄酒一样由自身需求而发展出的、与之相匹配的原产地保护法律体系，而仍旧停留在一种行业和社会的口碑表彰上。然而就目前而言，在现行知识产权制度中，地理标志制度仍可能是最适合于传统知识保护的一项制度，应当加以充分利用。当然，道地药材毕竟不是法国香槟和烈酒，因此，我们建议，我国应当比照法国葡萄酒和烈酒的知识产权保护经验，根据地理标志制度的原则精神和道地药材的自身特性来进行相应的制度建设，适时制定与道地药材特性相匹配的“中药材生产地域、种质、技术认证管理办法”。主要理由是：

（1）中药材是一类相对独立的传统商品，具备单独立法的条件。法国是地理标志制度的发源地，为了保护本国的特色和传统强项产品，法国和其他欧洲国家的葡萄酒和烈酒生产商强烈要求在TRIPs协议中增加对葡萄酒和烈酒的额外保护。❶ 作为我国最具特色的传统产品之一，中药材虽然具有农产品和药品的双重属性，但与一般的农产品又具有显著区别，大多需要经过加工和炮制才能使用，是一类比较独立的商品。其不仅是一种富有财产属性的资源，而且承载着药材特有疗效的证明，同时还是一种地域文化和特定历史的记载和传播。因此，我国应当比照法国等“旧世界”的做法，首先在国内将中药材（尤其是道地药材）作为特定商品，在法律上给予高水平的特别保护。

（2）首先出台单行条例有利于我国地理标志制度的完善和充分利用。目前，国内许多学者对我国目前在地理标志保护上的“双轨制”颇有微词，认为我国应当制定专门的地理标志保护法。❷ 一部统一的、高位价的地理标志保护法的设立是必需的，有利于我国地理标志制度的完善，但是它需要雄厚的理论基础和实践经验。所以，我国应当根据传统资源大国的实际情况，在建立葡萄酒和烈酒专门保护条例的同时，着手制定作为我国长项的道地药材专门保护条例——“中药材生产地域、种质、技术认证管理办法”，丰富并完善我国在地理标志保护方面的法律体系，参与欧洲在地理标志保护方面的追求，为我国制定高价位的地理标志保护法积累实践经验。

（3）单独立法有利于在TRIPs框架下实现对道地药材的有效保护。欧盟在葡萄酒保护政策中规定，对某些特质葡萄酒既有地理标志的普通葡萄酒的商标可以用传统术语（Traditional Terms）进行补充，这些词语源于葡萄酒的生产方式，或葡萄的成长过程以及质量、颜色、产地类型，或与其葡萄酒生产历史相关的特殊事件。❸ 我国的道地药材也是一样，存在一物多名称、一物多品

❶ 赵小平．地理标志的法律保护研究［M］．北京：法律出版社，2007：69.

❷ 赵小平．地理标志的法律保护研究［M］．北京：法律出版社，2007：293.

❸ 吴君．地理标志在欧盟葡萄酒市场中的应用［J］．欧洲一体化研究，2007（3）：34.

种等问题，对于这些问题，运用现行的法律制度（包括现行地理标志法律规定）还不能有效解决，所以才会发生“铁棍”“湘莲XIANGLIAN 及图案”等商标纠纷案。因此，我国首先建立中药材地理标志专门保护法律，是符合 TRIPs 协议的原则精神的，可以有效保护我国具有优势地位的道地药材，更可以解决相关案件中道地药材一物多名等难解问题。

（4）农产品在地理标志方面的运用经验值得中药材领域借鉴。2004 年 12 月 7 日，国家工商行政管理总局和农业部联合下发了《关于加强农产品地理标志保护与商标注册工作的通知》，强调要将知识产权保护工作从城市向农村延伸，积极做好农产品地理标志保护与商标注册工作。2007 年 12 月 6 日，农业部发布了《农产品地理标志管理办法》，充分运用地理标志制度设计了“中华人民共和国农产品地理标志”的名称和标志，由农业行政管理部门来统一受理、审批初级农产品地理标志，其专业性和针对性有力地提高了农产品的附加值，促进了农产品的行业管理和发展。虽然理论界和实务界认为农业部是对我国目前地理标志制度“双轨制”的添乱，但是，该单行条例的建立总体上有利于我国特质传统产品的知识产权保护。

为了与上位法保持一致性，我们建议国家有关部门可以借鉴农业部的经验，在目前正在制定的《中（传统）医药法》中设立一条：“在特定区域内生产并按规范进行加工的道地药材，可以依照有关法律或者行政法规的规定申请中药材生产地域、种质、技术认证。”以此作为上位法，为适时制定“中药材生产地域、种质、技术认证管理办法”提供立法依据。

（5）“中药材地域、种质、技术认证管理办法”的原则和主要内容。

第一，“中药材生产地域、种质、技术认证管理办法”应确立的几项基本原则：

①从源头上保护道地药材。“中药材生产地域、种质、技术

认证管理办法”实质上是为了保护道地药材，或者说当前的规制对象主要是我国的道地药材。因为道地药材是我国中药材中的精品，也是中药材发展的方向之一。之所以称之为中药材生产地域、种质、技术认证管理，是考虑到立法的前瞻性，随着经济和社会的发展，其他种类的特殊中药材有可能会产生同样的问题，也需要同样的保护措施。该管理办法不但规制道地药材的地域、种质，也规制其中的炮制加工技术，从中药材生产的源头开始保护，实现道地药材的可持续发展。

②给予三方面认证。鉴于目前地理标志和证明商标在道地药材中的运用都存在不同程度的问题，也不能完全解决道地药材保护中出现的名称权、种子权、技术秘密权等方面的自身需求，因而我们建议，对“道地药材”从三方面进行全方位认证：一是指对“中国道地药材”这一称谓的认证，二是指对道地药材特有种质（如怀山药、怀地黄、川黄连等）的认证，三是对原产地炮制加工技术的认证。比如，对怀山药的认证可考虑为“中国道地药材——怀山药”（附怀山药的炮制加工技术的传承人或权利人）。这种认证方式有利于树立中药材的国际品牌和产品的出口，从而有效提高产品的附加值。

③行业认定、行政确权。对于是否属于“中华人民共和国道地药材”，以及道地药材特有种质和技术的确定，应当由全国中药行业协会组织相关领域的专家委员会来依据历史记载和现代检测结果进行自我评定，行业评定后报行业主管部门（即国家中医药行政管理部门）进行行政确认。因为道地药材是经过长期的历史总结而形成的，不是某个历史阶段或者人为因素造成的，因而一种中药材是否属于道地药材，首先应当由本行业自律组织进行选择和评定。而要在法律上取得相应的权利，则应当由政府部门依据相关法律来确权。

④建立炮制加工等技术标准。道地药材是中药材中的精品，其质量标准自古就高于一般的药材，或者说道地药材是某一类中

药材的标准。所以，我国应当重新梳理、单独制定道地药材的炮制加工技术标准，并实行与之相配套的优质优价市场政策。根据目前的现状，对道地药材的炮制加工技术也应当进行分类，即行业所有、集体所有、个体所有，明晰各种炮制加工技术的权属，这有利于加强保护和不断改进发展。同时，还要建立道地药材炮制加工的准入制度，每种道地药材均由政府引导、行业主导，形成龙头企业引领中小企业的局面，改变声誉高、标准低和加工企业小、散、乱的现象。

⑤原住地人集体所有原则。将道地药材的权属分为行业所有、集体所有、个体所有，其中最关键的是确立道地药材原住地人的集体权利这一基本原则。我们在论证道地药材知识产权保护的目的和宗旨时已经说明，保护道地药材的目的之一就是促进道地药材转化为当地人有权益的财富。所以，无论是道地药材名称的确认、使用，还是建立市场经济条件下的专营制，都应当有利于保护原住地人的集体权益，承认并体现原住地人对道地药材形成的贡献，使得原住地人成为道地药材在市场经济条件下的真正受益人。

（6）“中药材生产地域、种质、技术认证管理办法”应当涵盖的主要内容。建立“中药材生产地域、种质、技术认证管理办法”，除了要遵循上述几项基本原则外，还应当涉及下列一些基本内容。

①本管理办法的目的和宗旨：保护中国道地药材资源，提升道地药材的附加值，实现道地药材可持续发展。

②所保护中药材的定义和种类：以法律的形式定义中药材和道地药材，并将中药材依照资源和药效分类，其中一类是道地药材。

③道地药材的地域划分及登记条件和登记程序：符合一定的条件，可以由当地药农集体组织提出申请进行登记，并经法定程序进行审核认定；对道地药材地区的土壤、生态环境、种植面积

等进行审核登记备案；对种质的选用设定一定的程序。

④中药材生产炮制加工技术标准的制定和运用：对道地药材的炮制加工技术予以重新梳理和论证，确认相应的权利人，赋予权利人相应的权利和义务；对该类技术的使用作出相应的规定。

⑤中国道地药材的名称、徽标及使用规定：目前，地理标志制度在道地药材中的运用都是进行个体（单个药材）申报，对每个药材的定义及标准不甚精确和严格，权利人比较分散，保护的力度相对薄弱。对此，建议采用法国香槟酒精确和严格的做法，即只有经有权部门评审为道地药材的中药材才可以使用“道地药材”这一名称，并且可以将“道地药材”这四个字申报为地理标志，也即意味着只有产于中国的药材才可以称之为“道地药材”，防止“道地药材”这四个饱含市场价值的字再次流失。

⑥道地药材权利人组织及权利内容：主要规定道地药材的权利人组织的种类及如何设立、认定，权利人集体组织的权利和义务，对权利人集体组织的监督和管理。

⑦监督机构及对出口产品真实性的强制认证：加强道地药材的知识产权保护工作的一个重要目的是有效拓展海外市场和防止利益相关者对该市场的分享和先占。为了维护市场的需要，必须设立道地药材市场监督机构，配合海关对道地药材的出口进行监督管理，维护国际市场上道地药材的声誉。

⑧不得注册为地理标志的中药材名称：鉴于目前原产地产品认定和证明商标、集体商标注册中的不合理现象，该管理办法中应当根据中医药历史和现行法律规定，对中药材的名称作出一定的管理规定，从而防止不当占有和不当利用行为的产生。

⑨不当注册的异议和撤销：为了有效管理道地药材市场，对已经注册为商标或地理标志的道地药材名称但属于不当行为的应如何进行异议和撤销作出规定。

二、实行中药材炮制加工技术分级管理，赋予技术持有人相应的权利

之所以我国一些地区涉及中药材加工的合作项目逐步增多，主要由于国家《关于外商投资中药饮片生产企业生产范围有关问题的通知》和《外商投资产业指导目录》等相关法规执行不力，以及大量有关炮制工艺及饮片质量标准研究方面的文章、专著的公开发表，造成中药材核心机密成为“公开的秘密”。其中，关键的原因之一是中药材炮制加工技术始终处于权利主体真空状态，不符合市场经济条件下权利义务关系明晰的基本要求。

中药材的炮制加工技术是中医学的核心技术之一，道地药材的炮制加工技术更是道地药材凸显优良品质的关键因素。我国在改革开放早期就将中药材的炮制技术列入保密技术范畴。原对外贸易经济合作部和科学技术部于2002年1月1日施行的《中国禁止出口限制出口技术目录》中就明确规定：“中药饮片炮制技术”中的“毒理中药的炮制工艺和产地加工技术”以及“常用大宗中药的炮制工艺和产地加工技术”禁止出口。2003年，原国家计委、国家经贸委、外经贸部颁布的《外商投资产业指导目录》中也指出：鼓励外商投资项目中“中药饮片传统炮制工艺技术”除外，而“传统中药饮片炮制技术的应用及中成药秘方产品的生产”则规定为禁止外商投资。

然而上述规定只是行政行为，并没有把道地药材的炮制加工技术视为原住地人的一种权利，也没有对技术进行分类管理，导致上述文件在实际运作中效果不明显。目前，全国各地对道地药材的炮制加工技术没有统一的严格规范，技术保密措施也严重滞后。一些传统的炮制技术不符合现行药品监督管理的标准，新的技术由于各种科研技术和经费等制约因素而难以产生，影响了道地药材市场价值的体现。

因而我们建议，在法律上，结合中医药传统知识保护名录的

建立，将道地药材的炮制加工技术按照一般技术（常用大宗中药的炮制工艺和产地加工技术）、特殊技术（如毒理中药的炮制工艺）、关键技术（如毒麻药物的处理技术）进行层级分类，顺应市场经济条件下的法律要求，按行业所有、集体所有和个体所有进行分级登记，明晰道地药材的权利主体，赋予道地药材权利人（原住地人集体、拥有特殊技术的个人）对当地中药材炮制加工技术的权益，变被动保护为主动保护。核心技术作为国家技术秘密进行保护，严格禁止对外交易；一般技术由权利人自我保护，个体拥有处分的权利。同时，在相应的中药材标准上予以相应的改进。

三、建立道地药材原产地自治组织，逐步开展市场经济条件下的专营制

针对我国目前道地药材生产和销售中农户相互分散、生产规模小、行为各自为政、管理无序等传统的原始状态，建议各道地药材产区应根据村民小组和经济合作社的相关规定，在政府的主导下自主成立道地药材原产地自治组织，由其作为道地药材的权利人申请相关法律保护，并制定统一的生产标准、管理规范，逐步实行统一的销售渠道——专营制。在本地种植某种道地药材的农户必须到自治组织进行注册并承诺遵循相关规定后，方能从事该道地药材的种植。

商品的专营制一般是计划经济条件下以国家为主导的商业经营方式，而市场经济的基本特征之一是开放式经营，允许多种市场主体（包括私营企业）共同参与，多种经营模式在市场中同时存在。但是，药品、烟草及食盐等是一类特殊的商品，由于涉及全社会的公共利益（公共健康安全），所以它们的生产和经营活动应当受到相应的限制。中药材也是一样，不仅涉及人的生命与健康问题，更关系到中医服务的质量和中医学自身的发展。因此，中药材生产、加工、销售中的一些活动也应受到相应的

限制。

在当前的经济与社会条件下，首先，实行中药材中道地药材的专营制既是知识产权保护措施的一部分，也是道地药材发展中的自身需求和社会需求。其次，由于道地药材是以固定产地生产、加工或销售来控制其质量和货真价实的，因而，道地药材的地域属性也决定了其专业性的销售方式。怀药经营历史上的怀帮会馆、怀庆会馆、怀药会馆或覃怀会馆等也说明了这一点。

我们建议：鉴于道地药材是原住地人有权益的财富之一，应当赋予原住地人（即道地药材所有权人）对特定道地药材的经营权。除允许农户自用、农户直销或网络销售外（但也受到约束，如局限于药食两用类中药材），由原住地人（或其代表，如行业协会等）在全国范围内实行特定道地药材的经营许可，并对其质量与安全等承担相应的责任。由于计划经济下的专营是以国家为行为主体的，而本建议是以原住地集体为行为主体，因而不同的道地药材具有不同的行为主体，为区别于计划经济下的专营制，故称之为市场经济条件下的专营制。

对此，需要说明的是：

（1）并不是所有的中药材都实行专营，而只针对一些经过论证、确认为道地药材的中药材，或曾经被国家列为国药的品种，其他一般性的普通中药材不列入专营。

（2）专营并不是以国家为主体的国家专营，而是国家引导、原住地人许可下的行业专营，是一种有秩序的、保证道地药材质量和声誉的有限主体竞争。

（3）限制也不是严格的限制，而主要是实行资质销售（专卖），并制定特殊的包装、特定的标签，对进货和销售记录实行上报和查验制度。

（4）欧洲（尤其是德国）大力发展并专营带有“BIO”（生态产品）标识商品的经验说明，利用集体组织发展生态农业并实行专营，是增加科技投入、推进农业技术创新、实现现代农业的主要途径。

四、适应市场需求，实行道地药材品鉴师职业认证制度

除了在法律上对道地药材进行定义外，还要在技术上给予其保障，以确保道地药材知识产权附加值的持续性和影响力。目前中药材市场上，对中药材进行鉴定检测的方法主要有基原鉴定、性状鉴定、显微鉴定和理化鉴定四种。虽然这些方法是鉴定中药品种真伪的四大经典方法，但道地药材实际上是一个品质概念，对于品质优劣评价，特别是道地与非道地药材的鉴别，这四大鉴定手段往往“力不从心”。[1] 而传统的鉴别道地药材的手段主要是依赖专业人士（中药药师、药农）的经验来判断。有经验的专业人士可以凭借其专业知识和鉴定经验，对市场上的道地药材作出真伪优劣鉴别。

我们在调研中得知，品鉴在中药材的真假甄别和质量鉴别中具有重要的地位，在中国历史上，中药材的品鉴和茶的品鉴一样，都是传统的，也是最主要的鉴别方法。目前，国际上有葡萄酒品鉴师、乳制品品鉴师等职业。中药材品鉴师就是使用口、舌、鼻、眼等感觉器官或者借助相关设备、试剂来对中药材的真假和质量的优劣作出判决的人员。

由于目前中药材技术鉴定在设备上还不能满足现实的需要，因此，无论是在中医药历史上还是在现实中，对中药材的真伪、质量优劣的判定在很大程度上还是依赖老药工的品鉴经验，如，对于人参的鉴别，上好的称为“老翁面”。然而国家目前对这种品鉴方式没有法定认可，以致在现实中，一些传统的品鉴经验无人继承，中药材特有的鉴别方式得不到应用，鉴别经验得不到总结和统一，其权威性和公信度没有得到法定认可。

对此，建议国家根据现实需要和中医药自身的发展规律，设

---

[1] 肖小河．中国道地药材研究20年概论［J］．中国中药杂志，2009（3）：519－523.

立中药材品鉴师工种，并建立相应的考试认证制度、经验传承和总结制度，逐步提高中药材品鉴师的权威性和公信度，以及其职业道德和内心操守，以适应中医药事业发展的需要。

中药材品鉴师的主要职责是：

（1）对中药材的外观、品质进行品评鉴别（定量与定性相结合）；

（2）协调中药材饮片的生产、质检、品控，对中药材的原料、饮片的品质进行把关；

（3）监督饮片生产过程，对技术、工艺、工序、生产流程、包装和储藏等方面进行指导与把控；

（4）参与饮片加工、炮制工艺的改进；

（5）对经销商、消费者、企业内部员工进行中药材质量控制知识的系统培训。

在法律上确认中药材品鉴师职业的同时，还要赋予中药材品鉴师相应的权利和义务，规定品鉴师鉴定中药材的意见具有法律效力，从而促进道地药材市场的健康发展。

五、明晰立法中的公权与私权，完善道地药材地理标志保护

从保护的性质来划分，我国现行的地理标志保护包括公权保护和私权保护两种形式。其中，工商行政管理部门的证明商标和集体商标保护属于知识产权性质的私法范畴，质量监督检验检疫行政管理部门和农业行政管理部门的地理标志独立法保护则带有明显的公法特征。虽然这两种路径都适用于道地药材保护，但从实践出发，我们应当厘清两者之间的职能和界线，使之各司其职、有效衔接。

（一）公权力的任务——中药材标准化与质量控制

道地药材地理标志声誉的确立，需要从产地到药材、从药材到市场都能够按照一定规则形成顺畅的映射关系。而所有映射有

效的保底条件是约束特征集能达到有关标准，药材品质必须有所保证。[1] 这就要求政府对药材实施标准化控制。早在 2006 年，国务院就在其十六部委联合发布的《中医药创新发展规划纲要（2006 ~ 2020 年）》中提出建立国际认可的中医药质量标准规范体系，2013 年 2 月，国家中医药管理局又在其发布的《关于加强中医药标准化工作的指导意见》中进一步明确了中药材的标准化方向，至此，对道地药材地理标志实施标准化控制成为必然。

所谓标准化，是指对一定范围内的重复性事物和概念所作的统一规定，中药标准化就是通过制定、发布和实施中药标准实现统一，以获得最佳秩序和社会效益。标准化是对科学、技术经验加以消化、提炼和概括的过程，制定标准的对象是规律性、重复性的事物，中医药的标准化主张是基于其可重复的特征。

虽然个体化诊疗是中医药的生命力所在，也是中医区别于西医的一大特色，但是个体化诊疗并不当然排斥规律的所在。作为经验科学的代表，中医药的诊疗理论来自世代专业实践的传承，这些实践经验之所以可以学习和传承，就在于其具有可重复性。在反复的个体化诊疗实践中，古代医家总结出的中医药理论、诊疗方法以及药物配伍、方药组成等规律得以流传和沿袭，这正是中医药标准形成的基石。[2] 中医药的标准化包括中医的标准化和中药的标准化。其中，有关中医的标准化问题，学界一直存有争议，很多学者认为中医有规律可循并不意味着绝对的统一，“同病异治”“异病同治”的诊疗手段之所以出现在中医临床中，正是中医辨证论治的结果。中医以“证”为核心，要求根据病人的身体体征“对症下药”，而不完全拘泥于病种的束缚，因而不宜强调整齐划一。过于追求中医标准化，容易使中医落入西医的思维惯式中，实质上是用西医的标准来改造中医药，从而使辨证论

---

[1] 曹琳．地理标志产品的品牌化机制与策略研究［D］．济南：山东大学，2012：99.

[2] 王志伟，赵丽娟，王艳波，等．中医药标准化建设中的一些认识误区分析［J］．中医药管理杂志 2008，16（5）：334 – 335.

治的治疗理念受到冲击。所以，这仍是一个需要慎重对待的问题。

相比较而言，中药的标准化没有太多的理论困境。中药标准化包括药材标准化、饮片标准化和中成药标准化，其中以中药材的标准化为基础和源头，这逐渐成为中药现代化的必备条件。出于对药材质量管理的科学、规范的需要，中药材在种植、采摘、炮制、加工等程序中需要适用严格统一的操作标准以保证用药安全，特别是道地药材，更需要依此获得其品质和声誉的稳定性。

在道地药材地理标志保护中，首先需要明确的是其质量标准的制定和监督主体。道地药材事关中医的用药水平，是“药材好，药才好”的用药理念的集中贯彻，在一定意义上是推动中医药传统知识发展的动力。道地药材的管理不能单纯依靠市场作用，应该带有较强的计划性和行政性。地理标志的私权性质并不意味着道地药材标准的制定和监督交由生产者自己来确定，这只会引发监管的失效。出于用药安全的考虑和药材品质的保证，其标准应由国家统一制定和实施为宜。

标准有法定标准和事实标准两类，其中政府相关组织或政府授权的组织制定的标准称为法定标准，同行业企业建立的标准称为事实标准。[1] 根据国家质检总局发布的《地理标志产品保护规定》，我国地理标志的法定标准由国家标准化行政主管部门或省级地方政府制定，由省级质量技术监督部门、直属出入境检验检疫部门指定的检验机构承担相应的质量检验。而在我国 2001 年 12 月实施的《中华人民共和国药品管理法》（以下简称《药品管理法》）中，食品药品监督管理部门则被授权成为中药材的标准制定和质量检验的主管部门。由此可见，两部法律对主管主体的认定出现了明显不协调。此外，我国尚无专门的“道地”标准，目前道地药材适用的国家标准与普通药材相同，都以《中华人民

---

[1] 张平，赵启杉．冲突与共赢：技术标准中的私权保护——信息产业技术标准的知识产权政策分析［M］．北京：北京大学出版社，2011：2.

共和国药典》为依据，仍缺乏针对性。虽然地理标志主管部门针对具体药材也发布过某些专项标准，但由于制定主体的专业限制，这些标准并不统一，而且往往欠缺科学性。

道地药材的质量控制应该有更精准的评价标准，不仅要以有效成分来衡量中药材的质量，而且需要把同一种药材视作一个整体加以研究，这就需要专业机构参与标准的制定。考虑到我国质量监督检验检疫部门的专业欠缺，可以尝试由中医药行政管理部门、食品药品监督行政管理部门与质量监督检验检疫行政管理部门三方协作，并着重发挥中医药行政管理部门的技术优势，以确立道地药材“道地”的技术标准和认定标准。

（二）私权利的目标——生产集约化与利益分享

由于道地药材地理标志的群体性特征，其知识产权利益对于道地药材的所有种植、加工者均可以共享。然而药农单独分散经营的形式却使上述目标难以实现：一方面，分散经营会带来信息的不对称，导致权利主体相互之间难以合作，不容易形成规模；另一方面，这也使权利个体缺乏为增进地理标志的经济价值而单方面付出成本的动机，不排除个别生产加工者为获取不正当利益而有采取投机行为的可能。这就会导致地理标志产品质量难以控制、地理标志的信誉受损，进而引发资源浪费与药材质量下降的结果。近些年来一些道地药材产地的药农的投机行为也印证了这一点。许多道地药材产地为发展所谓的药物种植经济，违背道地药材生长规律，盲目滥种乱种，导致药材“道地”性被破坏，药材品质受到严重影响。

知识产权的使用是权利主体以物尽其用的原则选择其权能并具体行使的行为，实现财产的最佳利用是产权的效率目标。上述外部性结果使道地药材地理标志权无法达到最优使用的理想目标。而克服外部性，不是试图消除其中的某一种行为，而是应考虑如何协调不同产权行为带来的冲突。集约化生产和利益分享制度为解决该矛盾提供了合理的尝试。

产权主体的分散性增加了道地药材地理标志在界定、确立、实施和销售各环节的交易成本，只有集体行使权利才易降低成本，同时分享对药材质量、认证、声誉方面的投资所产生的任何额外的经济价值。集约化生产意味着整合现有分散的农户种植方式，在道地药材产地建立规范化生产基地（如 GAP 基地），由统一的组织者负责道地药材的种植规划，对药材的产前、产中、产后实行全程标准化管理；同时，通过与农户签订合同负责后期收购，实现与药材种植、加工者之间的利益分享。欧洲的农户分散种植、行业统一管理的经验有力地说明了这一点。

当前我国的 GAP 示范基地包括股份制农庄、药材基地公司或公司/研究所 + 农庄等几种模式。无论采用哪一种模式，首先需要明确的是参与者权利行使的集体化模式和利益分享的公平性。为了保证道地药材质量的稳定与可控，组织者需要一方面将道地药材的标准与 GAP 规范相对接，指导农户参与中药材的规范化种植，另一方面界定成员之间权利行使的范围，并依靠一定的权利构造与农户成员之间开展合作。双方之间不只是一般的买卖关系或合同关系，而是一个实实在在的利益共同体。农户在完成约定的种植、加工任务后，组织者应兑换给其应得的收益，同时还可以通过保护价收购、利润返还等形式，保证其获得更多收益。[1]我国某些地区的道地药材种植、收购、销售也基本上呈现出这样的趋势，但需要政府来予以明晰和推动，在以法律的形式明确各利益相关者对道地药材权利和义务的基础上，将每个道地药材都形成有机的利益共同体，稳定地、可持续地把道地药材的潜在优势转变为我国参与世界竞争的现实优势。

六、顺应传统知识保护国际运动，建立传统知识保护制度

国际上对传统知识保护问题的提出产生于科学技术的发展对

[1] 王寒．我国地理标志初级农产品发展模式研究［D］．天津：天津大学，2008：60.

文化多样性和生物多样性的破坏，现行知识产权在鼓励科学进步的同时也形成了新的利益不平衡，传统知识保护问题已经成为国际论坛上的一个重要议题。联合国教科文组织（UNESC）、联合国环境规划署（UNEP）、联合国粮农组织（UNFAO）、联合国开发计划署（UNDP）、联合国贸易促进会（UNCTAD）、世界知识产权组织（WIPO）、世界贸易组织（WTO）、世界卫生组织（WHO）、世界粮食计划署（WFP）等都从不同的角度对传统知识（尤其是传统医药知识）保护问题进行了探讨，初步形成了传统知识保护的基本框架。该框架中的重要一环是各国在传统知识方面的国内立法。

中药材是传统知识中的传统药用知识，是典型的传统知识。我国在制定《国家知识产权战略》时，把传统医药知识作为保护传统知识的突破口，先后制定了相应的策略。目前，我国《非物质文化遗产法》已经颁布，《中（传统）医药法（草稿）》已经提交国务院法制办，《药品管理法》和《中药品种保护条例》、《野生药材资源保护管理条例》也面临进一步的修改。我国应当加紧研究制定“中医药传统知识保护条例”，加强与中医药有关的传统知识，包括传统医药知识和中药材遗传资源的保护工作，把道地药材的保护作为民族或当地民众的一项权利，将濒危野生道地药材纳入遗传资源保护范围，逐步建立有利于中医药发展的专门保护制度。

具体思路为：我国应当在正在制定的《中（传统）医药法》中确立国家保护传统医药知识，明确道地药材属于传统知识的表现形式之一，赋予传承人（持有人）依法对拥有的传统医药知识享有传承使用、知情同意、来源披露、公平分享利用传统医药知识所得惠益的权利；并同时规定，在特定区域内生产并按规范进行加工的道地药材，可以依照有关法律或者行政法规的规定申请中药材生产地域、种质、技术认证。在此基础上，我国应制定“中医药传统知识保护条例”和“中药材生产地域、种质、技术认证管理办法”，对包括道地药材在内的中医药传统知识保护作出比较具体的规定。

道地药材的知识产权保护问题是在我国实行市场经济、科学技术高速发展、经济全球化、知识产权制度趋同化的基础上出现的，影响到我国经济实力和资源可持续利用的经济问题。其主要影响力来自西方发达国家，以及我国内部实行市场经济后国内各种经济体对资源的抢占和利用。我们在研究中感受到，在资源是一个国家经济社会发展的决定力的当今社会，道地药材是我国为数不多的在世界上具有优势地位的物质资源和知识资源，政府部门应当在战略上予以高度重视。道地药材的知识产权保护问题既是为了应对国外发达国家利益集团对我国资源的侵占，也是为了规范我国日趋壮大的中药材市场的秩序。为了国家、民族和每个中国人的利益，我们应当不予余力，上下而求索。

附　录

一、参与中药材相关命名工作的一些部门或机构

近年来，有些地方为了争夺资源，热衷于对当地的资源进行官方或非官方的命名，以满足对“正宗”的心理需求，达到在市场上独占或垄断某一资源的目的。一些政府部门或非政府部门不管是否有相关的职能，都对一些地区的资源予以了命名。由于这些行为对市场秩序并不全是积极的作用，因而如何规范命名行为也应当是法律界和政府所应当关心的内容之一。

（一）中国农学会和《中国特产报》

1995 年 4 月 6 日，中国农学会、《中国特产报》等在北京人民大会堂召开“首批百家中国特产之乡命名大会”，500 多人出席会议，全国人大常委会副委员长王光英、原全国政协副主席谷牧、国务委员陈俊生等领导同志出席大会并为特产之乡代表颁发了牌匾和证书。

（来源：中国农学会信息网，http://www.caass.org.cn/tabid/156/ctl/InfoDetail/InfoID/439/mid/583/Default.aspx? ContainerSrc=%5bG%5dContainers%2f_default%2fNo+Container）

定西地区的岷县、渭源、陇西早已被中国农学会特产之乡组委会分别命名为“中国当归之乡”“中国党参之乡”“中国黄芪之乡”。

（来源：新华网，http://www.xinhuanet.com/chinanews/2009-06/17/content_16834163.htm）

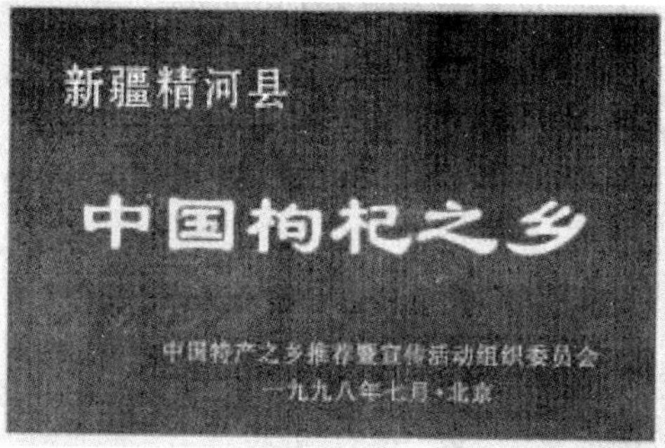

"中国枸杞之乡"标志

（二）国家林业局、中国经济林协会

2004 年 12 月，湖南郴州资兴市被国家林业局、中国经济林协会命名为"中国脐橙之乡"。

新疆巴音郭楞蒙古自治州轮台县被国家林业局命名为"中国白杏之乡"，这是该县继获"全国优质鲜食杏""国家绿色食品证书"和"自治区无公害食品生产基地"之誉后的又一美誉。

（来源：中国广播网，http：//www. cnr. cn/2004news/internal/200704/t20070415_ 504444461. html）

2008 年 5 月 6 日，在首届中国（旌德）灵芝文化旅游节上，国家林业局、中国经济林协会领导宣读了中国经济林协会关于授予旌德县为"中国灵芝之乡"的通知，并向旌德县人民政府颁发了"中国灵芝之乡"荣誉牌匾。据悉，旌德县是我国第一个获得"中国灵芝之乡"荣誉称号的县。

（来源：旌德县农业信息网，http：//www. ahny. gov. cnHtml 2008 -5 -7/6481_ 195456_ 2008 -5 -7_ 524540. html）

2009 年 4 月 28 日，中国经济林协会经广东省化州市申请，以中经林协字［2009］第 4 号文件的形式，正式命名广东省化州市为"中国化橘红之乡"。

其文件原文如下。

关于命名广东省化州市为“中国化橘红之乡”的通知

广东省化州市政府：

你市申报“中国化橘红之乡”的材料收悉，经我协会专家委员会考察认定，现命名你市为“中国化橘红之乡”，并颁发匾牌和证书。专家组还对你市今后化橘红产业的发展提出了相关建议，现将评审意见附后，请认真研究。

中国经济林协会

2009 年 4 月 28 日

抄送：广东省林业局、茂名市林业局、化州市林业局

附件：“中国化橘红之乡”的评审意见

化橘红为芸香科植物化州柚（Citrus Grandis Tomentosa）或柚（Citrus grandis（L.）Osbeck）的未成熟或近成熟的干燥外层果皮，具有散寒、燥湿、利气、消痰的功效，用于风寒咳嗽、喉痒痰多、食积伤酒、呕恶痞闷。明代万历年间（1615～1616 年）编纂的《高州府志》中记载：“化橘红唯化州独有”，化州橘红为历代医家认可和推崇。广东省化州市是化橘红的原产地。中国经济林协会组织专家经过认真的评审，认为：

（1）历史悠久，药效独特。化州素有“橘州”之称。化橘红为“十大广药”之一，相传汉朝以前已有种植。独特的土壤等自然条件孕育了化州橘红的奇特药效，素为人们所推崇，明清两代都被列为宫廷贡品。

（2）领导重视，成效显著。该市领导高度重视化橘红产业的发展，将之作为经济支柱产业来抓，出台了一系列优惠政策，扶持企业与农户大力发展化橘红，成效显著。到 2008 年，全市化橘红栽培面积达 6.1 万亩，年产干果 3360 吨，包括加工业产品产值已超过 3 亿元。

（3）依靠科技，促进化橘红产业发展。其长期与北京大学、广东省中药研究所等科研院所合作，全方位对化橘红进行宏观、微观研究；先后获得了 6 项国家专利，为化橘红的规模化发展构

建了技术平台。

（4）积极推行标准化、品牌化建设。其制定了《化橘红栽培技术规程》并在全市推广，建成了规模超万亩的化橘红生产基地，其中化橘红 GAP 生产基地被国家发改委批准立项为“化橘红产业示范工程”。标准化的实施保证了产品的优质化，促进了产品品牌化，2006 年“化橘红”已被国家质检总局批准为地理标志保护产品。

（5）积极扶持龙头企业，重视产品深度开发。该市生产的“橘山牌”橘红痰咳液等产品荣获了“广东省名牌产品”称号，“橘山牌”被列为广东省著名商标，产品远销中国香港地区以及东南亚、欧美等国家和地区。该市不仅注重化橘红在药用价值方面的研究，还延伸开发了饮料、保健品、工艺品、洗发用品等，提高了产品的附加值。

中国经济林协会专家组根据协会制定的《认定“中国名特优经济林之乡”的有关规定》，对广东省化州市政府申报的“中国化橘红之乡”材料进行了认真的审核，并组织部分专家进行了现场考察，认为申报材料属实，建议中国经济林协会同意命名该市为“中国化橘红之乡”。希望该市继续加强化橘红生产管理，积极推进化橘红产业开发项目的建设，扩大化橘红在国内外的品牌影响力，不断做大做强这一阳光产业。

2009 年 4 月 28 日

（三）国家林业局和《中国特产报》

临江市位于吉林省东南部。临江素称“长白山立体资源宝库”，自然资源极为丰富，被国家林业局和中国特产报授予“中国高山红景天之乡”的称号。

（来源：九游网，http：//www. 9tour. cninfo213/22049. shtml）

"中国特产之乡"标志

(四) 中国民族生态之乡推荐暨宣传活动组委会

为了加快我国民族经济的发展，促进全民族共同进步，由国务院发展研究中心县域经济专家委员会、中国社会经济调查所、中国农业经济发展中心、中华民族团结友好协会、中国乡村经济发展促进会、中国国际名牌协会、中国管理科学研究院名牌与市场专家委员会、国际友谊国礼研究中心、商务时报社共同组建的"中国民族生态特产之乡经济发展"高峰论坛组委会，已在京正式启动。其将推荐评选中国民族生态特产之乡国际名牌（若干名）、中国民族生态特产之乡（若干名）、中国民族生态特产之乡国礼专供（若干名）。

（来源：国发县域经济网，http://www.gfxyjj.com/article/sort09/info-559.html）

(五) 国务院发展研究中心

浙江省磐安县有家种和野生中药材 1200 多种，浙江省著名的道地药材"浙八味"中，白术、元胡、玄参、贝母、白芍都是磐安主产的。1996 年 3 月，国务院发展研究中心等单位授予其"中国药材之乡"称号。

（六）自我命名

（1）福建省柘荣县种植太子参的面积达0.24万公顷，产量近5102吨，约占全国太子参产量的2/3。柘荣所产太子参因其色泽晶黄、块根肥大、质地坚硬、有效成分高等特点，素有柘荣太子参的道地之称。2005年，“柘荣太子参”荣获福建省著名商标。2006年10月16日，“柘荣太子参”证明商标被国家工商行政管理总局认定为中国驰名商标。之后，柘荣便自誉为“中国太子参之乡”，并将之作为全县的主打产业。

（2）浙江省中药材产业协会、浙江省农业厅农作物管理局根据中国中药协会《关于开展“优质道地药材示范基地”评选活动的通知》，决定自2009年5月开始联合开展“浙江优质道地药材示范基地”评选活动。其全文如下。

关于开展“浙江省优质道地药材示范基地”评选活动的通知

各有关单位：

近几年来，浙江中药材产业发展较快，已成为我省十大农业主导产业之一。根据省政府《关于加快发展浙江中药材产业的实施意见》和省农业厅《浙江省中药材产业品质提升实施方案》，为推进我省中药材生产规范化、标准化、规模化与品牌化发展步伐，培育与发展一批有较高知名度和良好信誉的优质道地药材基地，提高浙产中药材的市场竞争力，促进中药材产业转型升级，浙江省中药材产业协会、浙江省农业厅农作物管理局决定联合开展“浙江优质道地药材示范基地”评选活动。现将有关事项通知如下：

一、申报条件：具有独立法人资格的中药材生产经营加工企业、合作社和产业协会；基地有一定的生产规模，有健全的管理制度，有良好的生产环境和较强的示范性；种植药材具有道地性和优质性。

二、申报方法：自愿申报。根据附件要求填写好申报表并提供相关证明材料。材料一式5份，经所在县（市、区）农业

（经）局、林特局或相关产业协会审核盖章后，于2009年10月30日前报送省中药材产业协会秘书处，同时通过农民信箱或电子邮件报送电子文档。

三、评选与授牌：组织有关中药材种植、管理专家根据书面材料及实地考察情况进行评选，由浙江省中药材产业协会授牌，并编印资料。请各有关县（市、区）农业（经）局、林特局、各专业合作社和相关产业协会大力支持，积极做好本地区优质道地药材示范基地的推荐参评工作。

联系：浙江省中药材产业协会秘书处

张文妹，0571－86757895，Email：wenmei03@sina.com

何伯伟，0571－86757886，Email：hebowei@hotmail.com

附件：

1. 浙江优质道地药材示范基地评选办法（略）。
2. 浙江优质道地药材示范基地申报表（略）。

二、温县铁棍山药专业合作社诉贾某某商标侵权纠纷案

河南省郑州市中级人民法院
民事判决书

（［2008］郑民三初字第408号）

原告：温县铁棍山药专业合作社；住所地：河南省温县北冷工业区。

法定代表人：樊团结，该社理事长。

委托代理人：张茂邦，男，汉族，1972年7月18日生，住河南焦作市山阳区解放东路新苑小区7号楼2单元209号，系北京恒嘉天诚知识产权有限公司焦作分公司职员。

委托代理人：张芳，女，汉族，1966年8月17日生，住郑州市红专路28号院5单元38号，系河南省隆盛商标事务所有限公司副经理。

被告：贾某某，汉族，1985年11月25日生，住河南省温县

武德镇田冯沓村向阳街1排3号，系郑州市金水区贾某某铁棍山药销售店业主；经营地址：郑州市金水区南阳路267号。

原告温县铁棍山药专业合作社（以下简称铁棍山药合作社）诉被告贾某某侵犯注册商标专用权纠纷一案，本院受理后，依法组成合议庭，公开开庭进行了审理，原告铁棍山药合作社的法定代表人樊团结及其委托代理人张芳、张茂邦和被告贾某某到庭参加诉讼。本案现已审理终结。

原告铁棍山药合作社诉称，温县农科种业有限公司于2002年3月4日向国家商标局申请注册“鐵棍”文字加图形商标，2003年3月14日经核准注册，核定使用商品为第31类“山药（未加工的）”，注册证号为第3103954号。焦作市伟康实业有限公司（以下简称伟康公司）于2002年3月28日向国家商标局申请注册“铁棍”文字商标，2003年6月14日经核准注册，核定使用商品为第5类“山药（未加工的中药材）”，注册证号为第3128080号。2005年9月1日，铁棍山药合作社与上述两商标注册人分别签订了排他性商标使用许可合同，并报送国家商标局于2006年4月18日备案。第3128080号商标许可期限自2005年9月1日至2013年3月13日，由铁棍山药合作社在自己生产销售的山药商品上使用“铁棍”注册商标。铁棍山药合作社享有全权代理商标权人处理关于任何第三方单位、个人对两“铁棍”商标侵权行为及其他相关事宜的权利。原告铁棍山药合作社及两商标权人多年来对“铁棍”商标进行了广泛的使用和多种形式的宣传，大大提高了“铁棍”商标的知名度和市场美誉度。2002年，“铁棍”商标被认定为焦作市知名商标。2008年8月，原告铁棍山药合作社在被告贾某某处购买到被控侵权的“铁棍”山药20箱，被告处还有大量库存侵权商品，均无生产厂家及地址。被告贾某某未经原告及商标权人许可，销售侵犯原告商标许可使用权的山药商品，严重侵犯了原告的合法利益，给铁棍山药合作社带来了巨大的声誉和经济损失。原告请求判令被告停止销售侵犯

“铁棍”注册商标专用权的商品；销毁库存的侵犯“铁棍”注册商标专用权的商品包装箱；书面向原告铁棍山药合作社赔礼道歉，并赔偿原告经济损失 15 000 元；本案诉讼费用由被告承担。

原告铁棍山药合作社为支持自己的主张及请求，向本院提交的证据如下：

第一组：

（1）第 3128080 号“铁棍”商标注册证；

（2）第 3103954 号“鐵棍”商标注册证；

（3）铁棍山药合作社与两商标权人分别签订的商标使用许可合同及商标使用许可合同备案通知书。

以上证据以证明商标专用权人及原告铁棍山药合作社享用“铁棍”注册商标使用权的基本情况。

第二组：

（1）被告贾某某销售侵权商品的发票；

（2）侵权商品的包装实物；

（3）被告贾某某销售侵权商品的照片 4 张。

以上证据以证明被告贾某某销售侵权商品的事实。

第三组：

（1）第 3128080 号知名商标荣誉证书；

（2）温县人民政府向河南省工商行政管理局推荐“铁棍”申报著名商标的相关材料；

（3）焦作市委、市政府授予伟康公司农业产业化龙头企业证书；

（4）伟康公司被认定为省重点龙头企业的相关文件；

（5）伟康公司在焦作市怀药行业评比中品牌知名度及销售名列第一的相关荣誉证书；

（6）伟康公司被河南省旅游局审定为全省旅游商品定点生产企业的证书；

（7）伟康公司产品被中国温县国际太极拳年会组委会授予专

用旅游产品的证书；

（8）商标权人销售“铁棍”山药的部分发票；

（9）商标权人定制含“铁棍”字样商品包装的部分合同书；

（10）伟康公司对“铁棍”商标进行广告宣传的部分报纸杂志；

（11）《大河报》《河南商报》《郑州晚报》关于“铁棍”商标权人打假维权的相关报道。

以上证据以说明“铁棍”商标的知名度、商标权人获得的相关荣誉、商品销售范围、商标被权利人长期宣传使用及打假维权的事实。

第四组：

（1）国家药典委员会编辑，化学工业出版社出版的《中华人民共和国药典》（2005 版）一部（第 21 页）；

（2）上海科学出版社出版的《中药大辞典》（第 166 页）；

（3）中国医药科技出版社出版的《中药辞海》（第一卷）（第 502 页）；

（4）明代李时珍著，人民卫生出版社出版的《本草纲目》（第 1676 页）；

（5）光明日报出版社 1990 年出版的《温县志》（第 407 页）；

（6）《（2008）焦恒证经字第 634 号公证书》一份，铁棍山药合作社进行网上查询没有“铁棍”品种名称。

以上证据以证明“铁棍”不是山药的通用名称。

被告贾某某辩称，被告并没有侵犯原告的注册商标专用权，被告销售铁棍山药构不成商标侵权行为，属合法经营，不存在违法行为。原告主张的“铁棍”商标属于山药的农作物品种名称和农产品通用名称，早在《农学丛书》和《温县志》里就有记载。《商标法实施条例》第 49 条规定：“注册商标中含有的本商品的通用名称、图形、型号，或者直接表示商品的质量、主要原料、功能、用途、重量、数量及其他特点，或者含有地名，注册商标专用权人无权禁止他人正当使用。”根据这一规定，大家都能使用，何况被告只是销售别人生产的商品，构不成侵权行为。

被告贾某某为支持其答辩理由，向本院提交的证据如下：

(1) 被告的营业执照，证明被告是合法的个体工商户；

(2) 1990 年光明日报出版社出版的《温县志》第 266 页，证明“铁棍”是农作物通用名称；

(3) 清代罗振玉主编的《农学丛书》武陟土产卷，证明“铁棍”是土产商品通用名称。

经庭审质证，原被告双方对对方提供的证据的真实性均无异议，均坚持其起诉，答辩意见。

本院经审理查明：温县农科种业有限公司于 2002 年 3 月 4 日向国家商标局申请注册“鐵棍”文字加图形商标，2003 年 3 月 14 日经核准注册，核定使用商品为第 31 类“山药（未加工的)”，注册证号为第 3103954 号。伟康公司于 2002 年 3 月 28 日向国家商标局申请注册“铁棍”文字商标，2003 年 6 月 14 日经核准注册，核定使用商品为第 5 类“山药（未加工的中药材)”，注册证号为第 3128080 号。2005 年 9 月 1 日，铁棍山药合作社与上述两商标权人分别签订了排他性商标使用许可合同，并报送国家商标局于 2006 年 4 月 18 日备案。第 3128080 号商标许可期限自 2005 年 9 月 1 日至 2013 年 3 月 13 日，由铁棍山药合作社在自己生产销售的山药商品上使用“铁棍”注册商标。铁棍山药合作社享有全权代理商标权人处理关于任何第三方单位、个人对两“铁棍”商标侵权行为及其他相关事宜的权利。2002 年，第 3128080 号“铁棍”文字商标被认定为焦作市知名商标。铁棍山药合作社及两商标权人对“铁棍”商标进行了广泛的使用和多种形式的宣传，并进行了维权打假。

2008 年 8 月 7 日，原告铁棍山药合作社在被告贾某某位于郑州市南阳路 267 号的铁棍山药经销店购买到“铁棍”山药 20 箱，总价款 1200 元，并对交易过程进行了拍照，照片显示该店内尚存有部分该种被控侵权商品。贾某某所销售的被控侵权商品包装箱标注名称为“鲜铁棍山药”“怀府铁棍山药种植基地”等字样并有产品简介及使用方法介绍。

另查明：

（1）《中华人民共和国药典》《中药大辞典》《中药辞海》《本草纲目》等中药文献均对山药的性状形态、功能效用、生长分布、栽培及加工方法等有记载，山药的其他名称有薯蓣、土薯、山芋、玉延等，“怀山药”为出产于焦作地区的山药产品的通用名称，为四大怀药之一。1990 年光明日报出版社出版的《温县志》第 266 页“怀药”一节记载：“山药……原使用品种有当地‘铁棍’‘白皮’等，‘铁棍’身细而坚，水分少，质地特优，唯产量低……20 世纪 20 年代中期……先后从山西省引进太谷、平遥等县的品种，温县称为‘太谷山药’……经在温地连续种植，渐次优化，取代了本地品种。”清代罗振玉主编的《农学丛书》武陟土产卷中也有关于当时山药品种中“白皮”“铁棍”的记载。

（2）被告贾某某于 2008 年 8 月开始经营郑州市金水区贾某某铁棍山药销售店，据其陈述，由别人送货共进了被控侵权商品 50 件，单价 48 元/件。

本院认为：《商标法实施条例》第 49 条规定：“注册商标中含有的本商品的通用名称、图形、型号，或者直接表示商品的质量、主要原料、功能、用途、重量、数量及其他特点，或者含有地名，注册商标专用权人无权禁止他人正当使用。”商品的通用名称是指为国家或者某一行业所共用的，反映一类商品与另一类商品之间根本区别的规范化称谓。通用名称应具有广泛性、规范性的特征。就通用名称的广泛性而言，其应该是国家或者某一行业所共用的，仅为某一区域所使用的名称不具有广泛性；就规范性而言，其应该符合一定的标准，反映一类商品与另一类商品之间的根本区别，即应指代明确。认定是否是通用名称，应充分考虑其规范性和广泛性。本案中，原告所提交的多份文献记录显示山药的通用名称为薯蓣、土薯、山芋、玉延等，出产于焦作地区的山药产品的通用名称为“怀山药”。被告所提交的《温县志》及《农学丛书》中仅记载“铁棍”曾为当地山药产品的一个品种名称，但同时载明之后已被外地引进改良的品种取代。所以，被告贾某某认为“铁棍”系山药通用名称或品种名称、其有权使用的答辩理由，因证据不足，本院不予采信。第 3128080 号“铁棍”文字注册商标和第 3103954 号“鐵棍”文字加图形注册商标经国家商标局依法核准注册，其商标专用权受法律保护。原告铁棍山药合作社经与两注册商标的商标权人签订商标使用许可合同而获得该两项商标许可使用权，其依据该合同授权提起诉讼，符合法律规定。

我国《商标法》第 52 条规定，未经商标注册人的许可，在同一种商品或者类似商品上使用与其注册商标相同或者近似的商标的，属侵犯注册商标专用权的行为；销售侵犯注册商标专用权的商品的，属于侵犯注册商标专用权的行为。本案中，被告贾某某所销售的鲜山药，与第 3103954 号“鐵棍”文字加图标注册商标所核定使用的商品为同一种商品；虽然第 3128080 号“铁棍”文字注册商标所核定使用的商品类别为第 5 类“山药（未加工的中药材）”，但由于山药作为农产品，既可后续加工成中药材使用，也可直接使用，故贾某某所销售的供使用的鲜山药与第 3128080 号“铁棍”文字商标所核定使用的商品应认定为类似商品。贾某某使用“铁棍”作为商品名称标识与本案第 3128080 号“铁棍”文字注册商标及第 3103954 号“鐵棍”文字加图形注册商标中的文字相同，对于原告铁棍山药合作社要求被告贾某某立即停止销售侵犯第 3128080 号“铁棍”文字注册商标专用权的商品并赔偿损失的诉讼请求，理由成立，本院予以支持，被告贾某某所库存的侵犯“铁棍”注册商标专用权的商品包装箱也应予以销毁。对于原告要求被告贾某某承担对第 3103954 号“鐵棍”文字加图形注册商标的侵权责任的诉讼请求，由于该商标中图形亦为商标的显著部分，故被告贾某某所使用的被控侵权的“铁棍”文字标识与该商标经对比不构成近似，对于原告铁棍山药合作社该项诉讼请求，本院不予支持。被告贾某某辩称，其所销售的被控侵权商品系由他人提供，其仅为销售商，不应承担赔偿责任。对此，我国《商标法》第56条第3款规定，销售不知道是侵权注册商标专用权的商品，能证明该商品是自己合法取得并说明提供者的，不承担赔偿责任。本案中，被告贾某某未能提供其所销售的被控侵权商品的合法来源，故对其要求不承担赔偿责任的答辩理由，本院不予采信。鉴于被告贾某某经营时间较短即被原告铁棍山药合作社查获并起诉，原告铁棍山药合作社也未能举证证明被告贾某某的侵权行为对其商标声誉或商业信誉造成损害，对于原告铁棍山药合作社要求贾某某赔礼道歉的诉讼请求，本院不予支持。

关于赔偿损失的数额，我国《商标法》第56条规定：侵犯商标专用权的赔偿数额，为侵权人在侵权期间因侵权所获得的利益，或者被侵权人在被侵权期间因被侵权所受到的损失，包括被侵权人为制止侵权行为所支付的合理开支。侵权人因侵权所得利益，或者被侵权人因被侵权所受损失难以确定的，由人民法院根据侵权行为的情节判决给予50万元以上的赔偿。《最高人民法院关于审理商标民事纠纷案件适用法律若干问题的解释》第16条规定：人民法院在适用《商标法》第56条第2款的规定确定赔偿数额时，应当考虑侵权行为的性质、期间、后果，商标的声誉，商标使用许可费的数额，商标使用许可的种类、时间、范围及制止侵权行为的合理开支等因素综合确定。本案中，贾某某的行为侵犯了原告铁棍山药合作社所享有的第3128080号“铁棍”文字注册商标许可使用权，考虑到被告贾某某侵权行为持续的时间、影响的范围、侵权产品的数量、价值等情节及原告铁棍山药合作社为制止被告侵权行为所支出的合理开支等因素，本院酌定本案赔偿数额为3000元。

综上，依据《中华人民共和国商标法》第52条及第（1）~（2）项、第56条，《中华人民共和国民事诉讼法》第64条、《最高人民法院关于审理商标民事纠纷案件适用法律若干问题的解释》第16条之规定，判决如下：

一、被告贾某某立即停止销售侵犯温县铁棍山药专业合作社第3128080号“铁棍”文字注册商标使用权的商品，并销毁库存的商品包装箱。

二、被告贾某某于判决生效之日起10日内赔偿原告温县铁棍山药专业合作社经济损失3000元。

三、驳回原告温县铁棍山药专业合作社的其他诉讼请求。

如果未按本判决指定的期间履行给付义务，应当依照《中华人民共和国民事诉讼法》第229条之规定，加倍支付迟延履行期间的债务利息。

本案案件受理费175元，由原告温县铁棍山药专业合作社负担55元，被告贾某某负担120元。

如不服本判决，可在判决书送达之日起15日内，向本院递交上诉状一式7份，上诉于河南省高级人民法院。

审判长：丁　亮
审判员：王富强
审判员：梁晓征
2009年5月15日
书记员：赵磊（兼）

三、“铁棍”商标争议案件裁定书

（一）国家工商行政管理总局商标评审委员会关于第3103954号“铁棍”商标争议裁定书（商评字［2013］第12880号）

申请人：王飞程

地址：北京市朝阳区安苑东里三区六号楼 1 门 602

被申请人：怀山堂生物科技股份有限公司

委托代理人：河南省隆盛商标事务所有限责任公司

申请人于 2010 年 1 月 21 日对被申请人注册的第 3103954 号“铁棍”商标（以下称争议商标）提出争议申请。我委依法受理。依据《商标评审规则》第 24 条规定，我委组成合议组依法进行了审理，现已审理终结。

申请人的主要理由：“铁棍”为河南省焦作市温县土特产铁棍山药的通用名称，作为铁棍山药的产品的商标不具有显著性，不能成为注册商标。依据《商标法》第 9 条第 1 款、第 11 条第 1 款、第 41 条第 1 款的规定，申请人请求对争议商标予以撤销。

申请人向我委提交了以下主要证据（均为复印件）：

（1）争议商标详细信息；

（2）温县四大怀药协会证明；

（3）中华人民共和国国家标准 GB/T20351—2006《地理标志产品 怀山药》；

（4）《焦作年鉴 2008（总第 14 卷）》；

（5）《温县志（1991）》；

（6）《温县志（1986～2000）》；

（7）《四大怀药》；

（8）河南报业网《铁棍山药“惹来”的是非》；

（9）人民报业网《一次查扣引争议 铁棍山药是否能被一家企业“独占”》；

（10）温县当地铁棍山药种植户集体证明材料；

（11）温县国喜怀药专业合作社证明材料。

争议商标原注册人河南伟康实业有限公司答辩的主要理由：

（1）“铁棍”并非怀药行业相关公众对山药的通用称谓，“铁棍”并非山药的通用名称。

（2）河南伟康实业有限公司是首家致力于怀山药等产品食用

价值开发的食业，争议商标经河南伟康实业有限公司的使用和宣传，已经具有极高知名度。

（3）争议商标系河南伟康实业有限公司付出10年心血打造的怀山药及深加工产品的著名品牌，面临被淡化的危险。

（4）申请人提供的证据并不能认定“铁棍”为山药的通用名称。

综上，争议商标原注册人河南伟康实业有限公司请求维持争议商标的注册。

争议商标原注册人河南伟康实业有限公司向我委提交了以下主要证据：

（1）河南伟康实业有限公司营业执照及商标转让协议、转让受理通知书（复印件）；

（2）相关史志对温县地区怀山药产销状况的记载（复印件）；

（3）我国众多专业工具书、辞典对于“山药”的记载（复印件）；

（4）1980～2000年怀山药主产区政府相关主管部门所做的工作总结、文件（复印件）；

（5）怀山药主产区相关政府管理部门出具的证明（复印件）；

（6）河南伟康实业有限公司宣传使用“铁棍”品牌的相关资料（复印件）；

（7）河南伟康实业有限公司相关打假维权行动的证明材料，河南伟康实业有限公司发起成立的温县铁棍山药专业合作社的营业执照和章程、商标使用许可合同（复印件）；

（8）温县四人怀药协会出具的《关于对“铁棍”山药品牌的意见》，温县四大怀药协会给申请人出具的证明（复印件），焦作市质量监督局《关于在国家标准制定过程中“铁棍山药”称谓有关情况的说明》，温县农业局《关于在国家标准制定过程中“铁棍山药”称谓有关情况的说明》，温县地方史志办公室出具的证明（均为复印件）。

我委将争议商标原注册人河南伟康实业有限公司的答辩及证据材料发送给申请人，申请人认为：

（1）“铁棍”山药是当地怀山药优良品种，系山药品种的通用名称。

（2）铁棍山药学术名称为“怀山药 1 号”，是焦作市中医药现代化科技产业工程领导小组办公室于 2003 年 6 月为怀药的规模化发展而命名的。

（3）四大怀药先后获得国家原产地地域保护、地理标志产品。

（4）在案证据可证明河南伟康实业有限公司始终认为“铁棍山药”是当地传统种植品种。

其还向我委补充提交了下列新证据（均为复印件）：

（1）《武陟县志》；

（2）《武陟县志（1986～2000）》；

（2）《四大怀药》；

（4）温县岳村乡铁棍山药专业协会的相关资料；

（5）国家质量监督检验检疫总局 2003 年第 72 号、2005 年第 125 号公告；

（6）武陟县百疗绿色怀药保健品有限公司所获相关绿色食品证书；

（7）温县四大怀药协会 2011 年 1 月 4 日《关于“铁棍”山药是本地区传统种植品种通用名称的证明材料》；

（8）温县四大怀药产业化发展服务中心 2011 年 1 月 4 日《关于“铁棍”山药是本地区传统种植品种通用名称的证明材料》；

（9）温县农业局 2011 年 1 月 4 日《关于“铁棍”山药是本地区传统种植品种通用名称的证明材料》；

（10）温县铁棍山药产业发展领导小组办公室《关于对全县铁棍山药种植面积进行普查的通知》（温山药发展办［2010］2 号）；

（11）焦作市中药现代化科技产业工程领导小组办公室2010年12月《关于“铁棍”山药是怀山药一品种通用名称的证明材料》；

（12）1995年6月9日河南省农作物品种审定委员会颁发给温县农牧局的市证字第95529号《河南省农作物品种审定证》；

（13）2003年6月11日焦作市中药现代化科技产业工程领导小组办公室《关于规范四大怀药品种名称的通知》（焦中药办［2003］8号）；

（14）2008年11月25日中央电视台健康之路《药食同源话山药》介绍温县铁棍山药的资料；

（15）来自怀康怀药养生网的联名投诉函、打假维权声明；

（16）人民网河南视窗《一次查扣引争议 铁棍山药商标能否被一家独占》的资料；

（17）《四大怀药与六味地黄丸》第409～415页、第421～423页；

（18）温县第十二届人民代表大会人大代表王新法《关于加大“温县铁棍山药”商标申请注册力度的建议》（第49号建议），以及温县农业局对上述建议的答复；

（19）温县政协七届代表孙强第16号提案《申报“温县铁棍山药”证明商标，维护“铁”的品牌》，以及温县农业局对该提案的答复。

我委将申请人的质证意见及补充证据材料发送给争议商标原注册人河南伟康实业有限公司，河南伟康实业有限公司补充了以下证据：温县民政局证明。

后争议商标核准转让给被申请人，被申请人于2012年7月26日向我委出具声明书，同意基于其商标所有人的身份参与案件评审并承担相应的责任。

我委经审理查明：

争议商标由温县农科种业有限公司于2002年3月4日申请注册，2003年3月14日获准注册，核定使用在第31类“山药（未加工的)”商品上。2010 年 12 月 7 日，争议商标由温县农科种业有限公司转让给河南伟康实业有限公司。2012 年 3 月 28 日，争议商标核准转让给被申请人。

上述事实有商标档案在案佐证。

我委认为：

争议商标原注册人河南伟康实业有限公司提交的证据 2 相关史志对温县地区怀山药产销状况的记载中载明“温县的山药在明、清、民国时代，以铁棍、白皮山药为主”“一九三五年以前，我县种植山药以‘铁棍’‘白皮’二品种为主”，由此可知铁棍山药自明清起已为温县山药的品种之一。申请人提交的在案证据 3 中华人民共和国国家标准 GB/T20351—2006《地理标志产品 怀山药》为国家质量监督检验检疫总局、国家标准化管理委员会发布，该标准在“5. 2. 1 品种”中明确规定“选用抗病、优质丰产、抗逆性强、适应性强的怀山药品种。如铁棍山药、怀府山药”；在“6. 2 感官指标”的“表 2 鲜怀山药感官指标”中，明确将“铁棍山药”“怀府山药”作为品种，对其感官指标进行了规定。争议商标原注册人河南伟康实业有限公司对上述标准的真实性无异议，并认可其为该标准的起草单位之一。因此可知，铁棍山药为怀山药的品种之一，且该品种经国家标准确认，已为公众所周知。争议商标原注册人河南伟康实业有限公司称其在参与标准制定的过程中将“铁棍牌山药”简化为“铁棍山药”，无事实理由与法律依据，我委不予支持。综上，铁棍山药为怀山药的品种之一，争议商标指定使用在“山药（未加工的中药材）”商品上时，为商品的通用名称，已违反《商标法》第 11 条第 1 款第（1）项的规定，不得作为商标注册。争议商标指定使用在“地黄（未加工的中药材）”商品上时，缺乏商标的显著特征，已违反《商标法》第 11 条第 1 款第（3）项的规定，不得作为商标注册。

《商标法》第 9 条规定已体现在《商标法》其他条款的具体

规定中，我委对此原则性规定不予单独评述。

综上，申请人撤销理由成立。

依据《中华人民共和国商标法》第11条第1款第（1）项、第11条第1款第（3）项、第41条第1款和第43条的规定，我委裁定如下：

争议商标予以撤销。

当事人如不服本裁定，可以自收到本裁定书之日起30日内向北京市第一中级人民法院起诉，并在向人民法院递交起诉状的同时或者至迟15日内，将该起诉状副本抄送或者另行书面告知我委。

合议组成员： 覃莎莎

尤丽丽

王超

抄送：国家工商行政管理总局商标局

（二）国家工商行政管理总局商标评审委员会关于第3128080号“铁棍”商标争议裁定书（商评字［2013］第12881号）

申请人：王飞程

地址：北京市朝阳区安苑东里三区六号楼1门602

被申请人：怀山堂生物科技股份有限公司

委托代理人：河南省隆盛商标事务所有限责任公司

申请人于2010年1月21日对被申请人注册的第3128080号“铁棍”商标（以下称争议商标）提出争议申请。我委依法受理。依据《商标评审规则》第24条规定，我委组成合议组依法进行了审理，现已审理终结。

申请人的主要理由：“铁棍”为河南省焦作市温县土特产铁棍山药的通用名称，作为铁棍山药产品的商标不具有显著性，不能成为注册商标。依据《商标法》第9条第1款、第11条第1款、第41条第1款的规定，申请人请求对争议商标予以撤销。

申请人向我委提交了以下主要证据（均为复印件）：

（1）争议商标详细信息；

（2）温县四大怀药协会证明；

（3）中华人民共和国国家标准 GB/T20351—2006《地理标志产品 怀山药》；

（4）《焦作年鉴 2008（总第 14 卷）》；

（5）《温县志（1991）》；

（6）《温县志（1986～2000）》：

（7）《四大怀药》；

（8）河南报业网《铁棍山药“惹来”的是非》；

（9）人民报业网《一次查扣引争议 铁棍山药是否能被一家企业“独占”》；

（10）温县当地铁棍山药种植户集体证明材料；

（11）温县国喜怀药专业合作社证明材料。

争议商标原注册人河南伟康实业有限公司答辩的主要理由：

（1）“铁棍”并非怀药行业相关公众对山药的通用称谓，“铁棍”并非山药的通用名称。

（2）河南伟康实业有限公司是首家致力于怀山药等产品食用价值开发的企业，争议商标经河南伟康实业有限公司的使用和宣传，已经具有极高知名度。

（3）争议商标系河南伟康实业有限公司付出 10 年心血打造的怀山药及深加工产品的著名品牌，面临被淡化的危险。

（4）申请人提供的证据并不能认定“铁棍”为山药的通用名称。

综上，争议商标原注册人河南伟康实业有限公司请求维持争议商标的注册。

争议商标原注册人河南伟康实业有限公司向我委提交了以下主要证据：

（1）河南伟康实业有限公司营业执照（复印件）；

（2）相关史志对温县地区怀山药产销状况的记载（复印件）；

（3）我国众多专业工具书、辞典对于“山药”的记载（复印件)；

(4) 1980～2000 年怀山药主产区政府相关主管部门所做的工作总结、文件（复印件)；

(5) 怀山药主产区相关政府管理部门出具的证明（前 11 份证明为原件，后 3 份证明为复印件)；

(6) 河南伟康实业有限公司宣传使用“铁棍”品牌的相关资料（复印件)；

(7) 河南伟康实业有限公司相关打假维权行动的证明材料，河南伟康实业有限公司发起成立的温县铁棍山药专业合作社的营业执照和章程、商标使用许可合同（复印件)；

(8) 温县四大怀药协会出具的《关于对“铁棍”山药品牌的意见》(复印件)，温县四大怀药协会给申请人出具的证明（复印件)，焦作市质量监督局《关于在国家标准制定过程中“铁棍山药”称谓有关情况的说明》（原件)，温县农业局《关于在国家标准制定过程中“铁棍山药”称谓有关情况的说明》）（原件)，温县地方史志办公室出具的证明（原件)。

我委将争议商标原注册人河南伟康实业有限公司的答辩及证据材料发送给申请人，申请人认为：

(1) “铁棍”山药是当地怀山药优良品种，系山药品种的通用名称。

(2) 铁棍山药学术名称为“怀山药 1 号”，是焦作市中医药现代化科技产业工程领导小组办公室 2003 年 6 月为怀药的规模化发展而命名的。

(3) 四大怀药先后获得国家原产地地域保护、地理标志产品。

(4) 在案证据可证明河南伟康实业有限公司始终认为“铁棍山药”是当地传统种植品种。

其还向我委补充提交了下列新证据（均为复印件)：

(1)《武陟县志》；

（2）《武陟县志（1986～2000）》；

（3）《四大怀药》；

（4）温县岳村乡铁棍山药专业协会的相关资料；

（5）国家质量监督检验检疫总局2003年第72号、2005年第125号公告；

（6）武陟县百疗绿色怀药保健品有限公司所获相关绿色食品证书；

（7）温县四大怀药协会2011年1月4日《关于"铁棍"山药是本地区传统种植品种通用名称的证明材料》；

（8）温县四大怀药产业化发展服务中心2011年1月4日《关于"铁棍"山药是本地区传统种植品种通用名称的证明材料》；

（9）温县农业局2011年1月4日《关于"铁棍"山药是本地区传统种植品种通用名称的证明材料》；

（10）温县铁棍山药产业发展领导小组办公室《关于对全县铁棍山药种植面积进行普查的通知》（温山药发展办［2010］2号）；

（11）焦作市中药现代化科技产业工程领导小组办公室2010年12月《关于"铁棍"山药是怀山药一品种通用名称的证明材料》；

（12）1995年6月9日河南省农作物品种审定委员会颁发给温县农牧局的市证字第95529号《河南省农作物品种审定证》；

（13）2003年6月11日焦作市中药现代化科技产业工程领导小组办公室《关于规范四大怀药品种名称的通知》（焦中药办［2003］8号）；

（14）2008年11月25日中央电视台健康之路《药食同源话山药》介绍温县铁棍山药的资料；

（15）来自怀康怀药养生网的联名投诉函、打假维权声明；

（16）人民网河南视窗《一次查扣引争议 铁棍山药商标能否被一家独占》；

（17）《四大怀药与六味地黄丸》第409～415页、第421～

423 页；

(18) 温县第十二届人民代表大会人大代表王新法《关于加大“温县铁棍山药”商标申请注册力度的建议》(第49号建议)，以及温县农业局对上述建议的答复；

(19) 温县政协七届代表孙强第16号提案《申报“温县铁棍山药”证明商标，维护“铁”的品牌》，以及温县农业局对该提案的答复。

我委将申请人的质证意见及补充证据材料发送给争议商标原注册人河南伟康实业有限公司，河南伟康实业有限公司补充了以下证据：温县民政局证明。

后争议商标核准转让给被申请人，被申请人于2012年7月26日向我委出具声明书，同意基于其商标所有人的身份参与案件评审并承担相应的责任。

我委经审理查明：

争议商标由焦作市伟康实业有限公司于2002年3月28日申请注册，2003年6月14日获准注册，核定使用在第5类“山药(未加工的中药材)、地黄(未加工的中药材)”商品上。2009年7月15日，争议商标注册人名义变更为河南伟康实业有限公司。2012年3月28日，争议商标核准转让给被申请人。

上述事实有商标档案在案佐证。

我委认为：

争议商标原注册人河南伟康实业有限公司提交的证据2相关史志对温县地区怀山药产销状况的记载中载明“温县的山药在明、清、民国时代，以铁棍、白皮山药为主”“一九三五年以前，我县种植山药以‘铁棍’‘白皮’二品种为主”，由此可知铁棍山药自明清起已为温县山药的品种之一。申请人提交的在案证据3中华人民共和国国家标准GB/T20351—2006《地理标志产品怀山药》为国家质量监督检验检疫总局、国家标准化管理委员会发布，该标准在“5.2.1品种”中明确规定“选用抗病、优质丰产、抗逆性强、适应性强的怀山药品种。如铁棍山药、怀府山药”；在“6.2感官指标”的“表2鲜怀山药感官指标”中，明确将“铁棍山药”“怀府山药”作为品种，对其感官指标进行了规定。争议商标原注册人河南伟康实业有限公司对上述标准的真实性无异议，并认可其为该标准的起草单位之一。因此可知，铁棍山药为怀山药的品种之一，且该品种经国家标准确认，已为公众所周知。争议商标原注册人河南伟康实业有限公司称其在参与标准制定的过程中将“铁棍牌山药”简化为“铁棍山药”，无事实理由与法律依据，我委不予支持。综上，铁棍山药为怀山药的品种之一，争议商标指定使用在“山药（未加工的中药材）”商品上时，为商品的通用名称，已违反《商标法》第11条第1款第（1）项的规定，不得作为商标注册。争议商标指定使用在“地黄（未加工的中药材）”商品上时，缺乏商标的显著特征，已违反《商标法》第11条第1款第（3）项的规定，不得作为商标注册。

《商标法》第9条规定已体现在《商标法》其他条款的具体规定中，我委对此原则性规定不予单独评述。

综上，申请人撤销理由成立。

依据《中华人民共和国商标法》第11条第1款第（1）项、第11条第1款第（3）项、第41条第1款和第43条的规定，我委裁定如下：

争议商标予以撤销。

当事人如不服本裁定，可以自收到本裁定书之日起30日内向北京市第一中级人民法院起诉，并在向人民法院递交起诉状的同时或者至迟15日内，将该起诉状副本抄送或者另行书面告知我委。

合议组成员：　覃莎莎
尤丽丽
王超

抄送：国家工商行政管理总局商标局

四、河南省郑州市中级人民法院民事调解书

河南省郑州市中级人民法院民事调解书

（［2011］郑民三初字第126号）

原告：温县铁棍山药专业合作社；住所地：河南温县北冷工业区。

法定代表人：樊某某，理事长。

委托代理人：刘某，河南省某某商标事务所有限公司职员。

被告：许某某，男，郑州市金水区某某食品店业主，住郑州市花园路与黄河路交汇处向东100米路北。

案由：侵犯商标专用权纠纷。

原告温县铁棍山药专业合作社诉被告许某某侵犯商标专用权纠纷一案，本院于2010年12月27日受理。在审理过程中，经本院主持调解，双方当事人达成如下调解协议：

（一）被告许某某承诺自本月底（3月底）之前停止在门头上使用"铁棍"字样的宣传。

（二）被告许某某承诺自本月底（3月底）之前停止销售外包装含有"铁棍"字样的山药产品。

（三）本案原告方代理费由原告自行承担。案件受理费1000元，减半收取500元，原告自行负担。

上述协议符合法律规定，本院予以确认。

本调解书经双方当事人签收后，即具有法律效力。

审判长：朱　梅

审判员：董小斐

审判员：龚　磊

2011年3月18日

书记员：元　阳

五、河南部分地区调研报告

河南温县地区（调研时间：2009年8～9月）

目前对焦作四大怀药的保护主要体现在商标保护、地理标志保护上，这两种形式的保护分别由工商、质监部门管理，因此本次调查主要涉及以上两个部门。

一、基本事实

（一）商标

焦作四大怀药——“焦作怀山药”“焦作怀地黄”“焦作怀牛膝”“焦作怀菊花”证明商标，以及“怀”集体商标的商标申请人是“焦作市怀药行业协会”（以下简称行业协会）。该协会是社团法人，由各怀药相关企业自愿参与组成，受焦作市科技局怀药办公室业务指导，怀药办公室派驻工作人员任协会秘书长。

上述商标中，“怀”集体商标是2007年10月28日生效，核定注册类别为第31、32类；“焦作怀山药”“焦作怀地黄”“焦作怀牛膝”“焦作怀菊花”证明商标是2008年3月14日生效，核定注册类别为第5类。上述商标注册成功后，行业协会于2008年11月1日制定了《焦作市怀药行业协会“焦作四大怀药”证明商标使用管理办法（试行)》（以下简称办法)，《办法》对使用“焦作四大怀药”证明商标的条件、申请程序、使用者权利义务、商标的管理、商标的保护与违约责任作了规定，至今已与8家企业签订了证明商标使用许可合同。由于《办法》试行仅3个月时间，许可企业样本量太少，不具统计学意义，其效果尚待继续观察。

（二）地理标志

国家质检总局2003年第72号公告（2003年8月7日）批准对怀山药、怀地黄、怀牛膝、怀菊花实施原产地域产品保护，确定保护范围以焦作市现辖行政区域为准，即河南武陟县、温县、博爱县、沁阳市、孟州市、修武县。

焦作市政府随后于2004年10月20日下达了政府第49号令，即《焦作市四大怀药原产地域产品保护办法〈试行〉》（以下简称《保护办法》)，2005年1月1日起施行。该《保护办法》以政府令的形式规定成立由质监、农业、科技、工商、行业协会、科研等单位组成的原产地域产品保护委员会，在市质监局下设办公室，辖区各相应县市成立相应机构。该《保护办法》还对专用标志和种植证书管理、生产销售管理进行了规定，并对违反规定的行为制定了罚则，使得对四大怀药生产销售的管理有法可依、执法有据。温县还在《保护办法》的基础上制定了《温县“四大怀药”原产地域产品保护标准使用管理办法》。

温县为怀药主产地区，怀山药之中最为优良的品种——“铁棍山药”就产自温县。据焦作市质监局的同志介绍，温县在“四大怀药”原产地域产品保护工作中做得比较好，因此，我们专门走访了温县质监局，以了解温县的“四大怀药”原产地域产品保护情况。

温县的具体做法如下：

（1）温县质检局设有“温县农业标准化工作领导小组”和“温县四大怀药原产地域产品保护委员会办公室”（以下简称保护办），两者合署办公，具体实施者以温县保护办为主。

（2）每年年初，县农业局的农调队与县保护办一起统计种植农户情况，统计各种植农户的种植地址和面积，预计产量，向种植户发放种植证书。种植证书载明了种植品种、地址、亩数、亩产量、总产量等。种植证书当年有效。由于有的怀药品种如山药有自身特点，每种植一季后，土地需要停种 4～5 年以恢复肥力，因此每年的种植农户和种植面积都有所不同。种植地址是否正确则依据当地乡村出具的该地块确实由该农户种植的证明。

（3）对于取得种植证书的农户，经政府牵头，由加工、销售怀药的公司（一般该公司已经国家质检总局审查合格并注册登记，被允许使用地理标志）与农户事先统一签订产销合同，公司免费提供种子，收成后直接由公司按照市价收购。

（4）种植过程中，由农业局会同公司派农技人员对农户进行田间管理培训和指导，严格操作规程，实施标准化种植。

（5）收成时，由公司进行收购，同时收取种植农户的种植证书，公司凭种植证书向县保护办申请购买地理标志。县保护办审查核实产品的来源和数量，并根据产品的数量核定允许购买的标志数量，合乎条件后开具原产地域地理标志使用介绍信。公司凭介绍信到市级质检局保护办购买核定数量的地理标志标识。

从以上可以看出，由于各部门协作，对四大怀药从选种、田间管理、种植证明、产量、收购等环节进行监控，使得四大怀药的品质、数量可控，能追踪到源头，对于维护四大怀药的高品质声誉起到了较为全面的作用。

据了解，实施《保护办法》前当地市场上有大量从外地购买的药材冒充怀药出售，量大导致市场价格低迷，品质下降影响了怀药的声誉；实施《保护办法》后，这一现象得到了根本改观，没有取得地理标志的假怀药不能再自称怀药，自然失去了市场，基本上杜绝了冒充。并且，随着正品有地理标志的怀药得到市场认可，价格上涨导致农户种植的多了，产量上升，经济效益提高，形成了良性循环。以怀山药为例，2004 年《保护办法》实施前，市场价为每公斤 1.5 ~ 2.0 元；实施后的 2008 年达到每公斤 16 ~ 24 元甚至 40 元，效果显著。

（三）标准

四大怀药的质量标准已成为国家标准——GB/T20350—2006、GB/T20351—2006、GB/T20352—2006、GB/T20353—2006，由河南省质监局起草，2006 年 12 月 1 日起施行。标准对四大怀药的种植、生态环境要求、采收、初加工、外观性状、含量测定指标均进行了详细的规定，从而使得千年四大怀药的品质有标准可循。

焦作市根据上述标准还制定了《焦作市四大怀药生产技术操作规程》，作为地方标准，对怀药的选种、生态环境要求、播种、田间管理、病虫防治、采收等都作了详细规定。

（四）专利、商标申请情况

由于焦作尚没有部门统计截至目前涉及四大怀药企业专利商标申请情况，因此对该情况的调研无法进行，只能借助其他资料进行查询，情况如下表所示。

河南焦作道地药材知识产权保护情况表

序号	单位名称	发明	实用新型	外观设计	商标	商标名称	类别
1	焦作市伟康实业有限公司	1		3	31	伟康、怀光山、太极功夫、铁棍、温康、怀药养生、陈家沟、伟康铁棍、豫伟尔康、怀府四宝、怀山、怀府铁棍、天下第一铁棍、金棍、银棍、伟康农庄、天下第一怀山等	5、30、32等
2	焦作市健国怀药有限公司				6	健国、秦健国、忘不了、健国铁棍、怀菊王	5、40、31
3	河南省武陟县永盛药材加工厂				1	怀沁	5
4	焦作龙怀怀药饮品有限公司						
5	温县祥石有限公司						
6	河南省武陟县龙腾怀药有限公司						

续表

序号	单位名称	发明	实用新型	外观设计	商标	商标名称	类别
7	焦作市喜佛铁棍山药制品有限公司			2	1	喜佛	30
8	保和堂（焦作）制药有限公司				1	怀泉	5
9	焦作市华年堂保健品有限公司				1	华紫康业	5
10	河南中润药业有限公司						
11	焦作市神农怀药有限公司						
12	武陟县五色石怀药加工厂						
13	沁阳怀药公司						
14	焦作市怀庆药业有限公司				4	怀庆、焱清、利坦	5
15	焦作市明仁天然药物有限责任公司				4	名仁、信爽、喜食宝宝、密骨	5、30
16	河南省武陟县富达怀药加工厂						

续表

序号	单位名称	发明	实用新型	外观设计	商标	商标名称	类别
17	焦作市焦大科苑商贸有限公司				2	宝力源	32、33
18	河南怀源食品有限责任公司				25	全是产品名称，如怀山药汁、怀地黄茶、铁棍山药罐头、怀山药粉等，2008 年 8 月申请	32
19	焦作市宏远怀药有限公司						
20	焦作市四大怀药加工有限公司						
21	温县康源怀药有限公司				1	秦乡源	5
22	河南二村怀药商行						
23	温县佳欣怀药加工厂						
24	泰丰药材加工厂						
25	焦作市怀草堂生物科技有限公司						

续表

序号	单位名称	发明	实用新型	外观设计	商标	商标名称	类别
26	河南省地之髓怀药科贸有限公司						
27	温县四大怀药协会				1	温县铁棍山药	5
28	温县鑫洋四大怀药加工厂				1	古怀	5
29	武陟县沁怀四大怀药研究所				1	沁怀	30
30	焦作市康华药业有限公司				1	孟州	
31	温县农科种业有限公司				14	温农科、铁棍等	31
32	澎涛怀药加工厂				2	澎涛铁棍、澎涛	
33	焦作市北方药业有限公司				2	北方之星、一枝花图形	5
34	武陟县百疗绿色怀药保健品有限公司				1	百辽	5
35	焦作市绿洲怀药生物科技有限公司				2	豫武怀参、豫武怀参百消丹	30
36	武陟县远东贸易有限公司				1	怀润	5

由上表可以看出，第一，对于焦作市四大怀药生产销售企业而言，申请商标的数量远远大于申请专利的数量，这说明在产品雷同的情况下，企业品牌意识较高。第二，商标申请类别集中在第5、30、31类，主要是药材加工、食品饮料类别，这与怀药药食两用的特点有关。

二、经验和存在的问题

（一）经验

从本次调研情况来看，当地政府对四大怀药的保护非常重视，集合科技、质检、农业等部门成立了怀药保护委员会，质检各级部门都成立了怀药保护办公室，各部门协作，使怀药质量得以保证。

由质检局主管的地理标志的保护力度大于由工商主管的证明商标的保护力度，由于四大怀药地理标志保护从种植、生产、收购、经销得到全程监控，怀药品质能追踪到源头，因此有效地保护了四大怀药的声誉。

（二）问题

1. 证明商标与地理标志冲突的隐忧

四大怀药证明商标注册不久，许可使用的企业还不多，但也暴露出一些问题。如多数生产经营四大怀药的企业都已经使用地理标志，他们还没有充分认识到证明商标的价值，而政府相关部门的宣传也不到位。由于证明商标与地理标志分别由两个不同部门管理，企业不明白使用了地理标志是否就可以不使用证明商标，证明商标是否必须使用，比如，没有使用“焦作怀山药”的产品而使用了“怀山药”的地理标志，是不是就不是怀山药，是两个都必须用，还是只用一个就可以。

2. 宣传力度不够

四大怀药的保护虽然取得了明显的效果，但主要还是在河南省境内尤其是焦作市内影响大，四大怀药无论是证明商标还是地理标志，其知名度在河南省以外都还比较小，一个典型的例子就是郑州机场偌大的候机厅里的几十家土特产专柜中，竟然只有一家出售四大怀药，四大怀药墙内开花而墙外不香。

3. 缺乏统筹规划

虽然政府为保护和发展四大怀药而每年拨款300万元，用于扩大种植规模、扶持中小企业生产销售、鼓励怀药新产品研发、对外宣传，还在各相关部门都成立了怀药办，但目前的效果是各个部门的力量没有形成合力，各自为政，缺乏大力发展四大怀药的整体战略规划，发展思路不够清晰。

4. 产品定位不够准确

四大怀药销售点主要集中在焦作市内，纵观焦作各怀药经销点可以发现，其大多是礼品包装形式，品种多样化，但价格比较高，应该是定位于高消费人群，这样的价格针对我国港澳地区以及东南亚等地重视品牌与产地的消费者来讲是合适的，而相比较于焦作市市民收入和消费能力来看，消费者很难接受这样的定价，因此只是在焦作市内花大力气扩大影响走高档路线，效果不大。

三、初步建议

（1）协调证明商标与地理标志的地位，预见证明商标和地理标志在使用和管理过程中产生的冲突并加以应对。

（2）多作商标、地理标志的相关法律法规宣传，以生动的事例证明使用知识产权保护手段获得的有益效果。

（3）制定清晰的四大怀药发展战略规划，大力加强在外地的宣传，使人们形成只有四大怀药证明商标或地理标志的产品才是四大怀药的概念，彻底杜绝假冒四大怀药行为，并且使人们把四大怀药与高品质联系起来。

（4）积极引导企业走规模化、规范化、科技化道路，改变四大怀药目前尚局限于低附加值的初加工产品的局面，鼓励企业开发高附加值的新产品，从而形成新的知识产权。

河南郑州地区调研小结（调研时间：2010 年 8 ~ 9 月）

这次郑州调研，我们走访了十几家铁棍山药经销商、《知识产权报》驻河南记者站的站长李建伟，以及河南省农业局、河南省农产品质量检测中心的相关领导。

通过这次调研我们了解到，虽然目前“铁棍”商标被伟康公司注册，但是即使在伟康公司运作大面积市场打假行动之后，商户挂牌销售铁棍山药的现状也仍然是普遍存在的。我们走访的这十几家销售商对伟康公司将铁棍山药私有化这一行为都非常不满，并且对贾某某的败诉表示不解。经销商认为，“铁棍山药”是一个商品名称，温县农户已使用了很多年，并不能将之注册商标后私有化。而同时，经销商在以往因没有生产厂家而出售铁棍山药遭到工商部门处罚后，普遍增强了规范市场经营的意识。大部分人都注册了自己的商标。可见，伟康公司的打假行为在某种程度上也起到了规范市场的作用。

然而对于“铁棍山药”商标侵权的论断，依然存在很大争论空间。虽然经销商认为伟康公司将公有资源私有化，但是经历整个案件过程的《知识产权报》驻河南记者站李建伟站长持相反态度。李站长认为，“铁棍山药”这一品牌是被伟康公司培养起来的。以前铁棍山药除了在《温县县志》出现过，在当地并不有名，因为发展断代，20 世纪 80 年代之前当地群众基本上不知道这个品种。是伟康公司通过跟河南农业大学的合作，培育了适合市场化的一代代铁棍山药新品种，配合市场运作，才将“铁棍山药”的品牌打响，所以，“铁棍山药”这一品牌本就应该属于伟康公司所有。而由于伟康公司在商标使用过程中的疏忽，让其“铁棍”商标被淡化，所以才造成了现在的尴尬局面。

可见，“铁棍”商标究竟是被淡化了，还是因为注册不合理而应当被撤销，是一个值得争论的法律问题。目前，作为商标拥有者的伟康公司应当将精力放在逐步培养新的品牌上，并且，在目前商标权仍然有效的前提下，通过合理使用而将它“去淡化”

才是重中之重。维权打假的重点，也不能像过去那样放在“铁棍山药”上，而应该联合其他正当铁棍山药经销商，将合作社壮大，维护铁棍山药的品牌形象。这样，即使将来“铁棍”商标被撤销，铁棍山药的商业价值也依然存在。

本次调研还针对目前农业部门推出的地理标志问题走访了河南省农业厅。我们采访了河南省质量检测中心负责地理标志工作的黄继勇同志。从中我们了解到，目前虽然农业部没有明确规定，但是地方农业部门在发放地理标志的过程中明确提出，已经申请了工商局和质监局的地理标志并且仍在保护期内的产品，农业部门不接受地理标志的申请。同时，农业部门的地理标志的对象是初级农产品，接受条件与人文、环境、质量相关性大，由于目前申请刚刚起步，所以还没有制定相对的跟踪监测政策，但是将来肯定会跟进，不会永远都无保护期、无复审。

通过对这个部门的走访，我们了解到，农产品的地理标志与中药材的地理标志存在相通的地方，但是并不完全契合，在制定中药材道地药材相关政策时可以借鉴，但不能盲从。

河南焦作地区“四大怀药”调研报告（调研时间：2013 年 8 月）

调研目的：考察目前道地药材主产地药材价格、销量及对于当地品牌保护的情况，分析最近三四年山药价格波动如此大的原因，归纳现在四大怀药面临的问题及以后的发展道路。

调研时间：2013 年 8 月 16 日 ~8 月 20 日

地点：河南焦作市及温县等怀药产区

参与人员：宋晓亭教授、宋海坡、孙明伟等

本次调研，我们主要考察了河南焦作地区的温县和焦作市的道地药材市场情况，走访了当地的药材交易市场，走访了农户，访问了河南省知识产权保护协会办公室李建伟主任。通过调研，我们了解了下列情况。

一、“四大怀药”种植区——焦作温县市场情况

（一）价格

现在处于山药销售淡季，产品大多是保鲜库冷藏品。价格在8～10元/斤不等。而在三四年前，山药价格最高达到24元/斤。早在2008年胡锦涛主席曾到温县考察，专程视察了山药种植示范基地，对山药很是赞赏。之后，山药更是蜚声海内外，这对于其市场价格变化也是重要的影响因素。

（二）销售门店及经销点

据不完全统计，整个温县县城的山药专卖店在10家左右，特产专卖店在5家左右，另外在路边有零售户四五家。在不同的季节，零售户数量也不同，现在是淡季，而且天气比较热，摆摊的不多。在城郊有政府“怀药都”交易市场，提供了数十家门店供各乡镇展销的产品，但现在这个季节门店都是空的，或许尚待完善。

（三）产品种类

市场上有淮山药和铁棍山药，根据土质不同有沙土山药和垆土山药两种。垆土山药因土质粘，药身弯曲有疙瘩，看起来不好看，但吃起来口感很好。沙土地产的山药外形很直，粗细均匀，看起来好看些，但口感稍差。

二、焦作市山药市场

金土地农产品交易市场内有数十家怀药店，经营范围有生山药和四大怀药衍生产品，如山药粉、山药露、熟地膏、菊花茶等。店铺经营主要有外包服务和网上网店销售。焦作市政府下了很大力气打造焦作怀药交易市场——“怀庆药都”。

2005年，市委市政府就明确提出：要大力弘扬四大怀药的价值和品牌优势，推进焦作“怀庆药都”建设。具体目标就是“积极发展高、精、特、新怀药产品，积极打造‘怀庆药都’诚信品牌和‘四大怀药’产品品牌”。然而如今的“怀庆药都”也是冷冷清清。该市场位于焦作市区，但事实上似乎没有起到应有的作

用，药都内没有药材卖，门店都是紧锁的，不知问题出在何处。

焦作有两家经销四大怀药的公司，一家健国，一家伟康，但伟康现在改称为“怀山堂”，曾将“铁棍”注册为商标。而两家的药材或是衍生产品都要比市场均价高许多。

怀山堂的山药是国家地理标志保护产品，通过美国 FDA 注册，企业为行业最高权威——四大怀药国家标准的唯一制定企业，2010 年获得亚太国际低碳农业奖，通过了 ISO9001：2000 质量管理体系认证，经中国绿色食品发展中心许可使用绿色食品标志。

目前，山药市场呈现以下几个特点。

第一，品牌多。现在很多人都开始注重品牌，所以商家争先打造自己的品牌。市场上出现了许多，除了“怀山堂”“健国秦氏”等老品牌外，还有“怀寿堂”“太极故里”等新品牌。这使消费者一头雾水。前几年，伟康生物科技股份有限公司将“铁棍”注册成为商标，因“铁棍山药”较受欢迎，还因此与其他企业打了官司。现在的情况是品牌多而杂，但知名度高的品牌不多。鱼龙混杂，造成市场混乱。

第二，花样多。山药深加工产品丰富多样，如山药粉、山药核桃露、山药酱、山药面、山药粉条、山药酒等。凡是能想到的食品他们都在尝试，但没有自己的特色产品。东西多而不精，精力分散在那么多产品上，还不如去打造一两个自己的特色产品，如“仲景牌”香菇酱这样的产品。

第三，山药名称的叫法悄然改变。以前大家耳熟能详并习惯称谓的“铁棍山药”，因由伟康企业（怀山堂）申请为商标，并被评为河南省著名商标。一些论坛或重大会议有意引导媒体将山药的大众称谓改为“怀山药”。而“铁棍山药”只是其中一种品质较好的“怀山药”。

另外，焦作市场上的很多山药是从河北、山东等地贩运过来的，打着“铁棍山药”的旗号销售。因焦作能种植山药的土地有限，而且山药要五年不重茬，所以产量有限。而如今全国市场上那么多的山药，都打着“铁棍山药”或者“怀山药”的旗号，可想而知，其中许多都是假的。据山药产品批发店的老板介绍，市面上有60%的山药是从外地运到焦作市场的。

总结四大怀药市场的情况，目前面临的问题有：第一，品牌意识有了，但打造核心品牌、维护品牌的意识和能力不足。面对这么多外地山药冒充“怀山药”或“铁棍山药”，对于此等商贩的打击力度不够，甚至没有打击，纵容其存在。第二，山药作为中药中的一种道地药材，在市场上没有充分体现其价值。“怀山药”作为常用中草药运用于临床，存在很大的需求量，而焦作“怀山药”的产量有限。如果“怀山药”能努力占领药品市场，充分发挥其药用价值，则其价值就会明显提高。

六、“焦作四大怀药”证明商标使用管理办法

焦作市怀药行业协会
“焦作四大怀药”证明商标使用管理办法
（试行）

第一章　总则

第一条　为了维护“四大怀药”产品在国内外市场的声誉，保护生产者、经营者、消费者的合法权益，使这一传统的名优产品长期稳定健康发展，根据《中华人民共和国商标法》《集体商标、证明商标注册和管理办法》，制定本办法。

第二条　焦作市怀药行业协会（以下简称协会）受焦作市人民政府委托申请注册与“四大怀药”有关的普通商标、集体商标和证明商标，并依法行使商标的使用管理权。

第三条　“焦作四大怀药”证明商标是“焦作怀山药”“焦作怀地黄”“焦作怀牛膝”和“焦作怀菊花”四种证明商标的总称，是经中华人民共和国国家工商行政管理总局商标局注册的证明商标，用于证明“焦作四大怀药”产品的特殊品质。

第四条　焦作市怀药行业协会是“焦作四大怀药”证明商标的注册人，享有“焦作四大怀药”证明商标的专用权。

第五条　焦作市怀药行业协会以自愿为原则，以产品的产地、品质及售后服务保证体系为依据，接受从事“四大怀药”种植、加工、经销者的申请，经审查符合条件后，与申请人签订《“焦作四大怀药”证明商标使用许可合同》，颁发《“焦作四大怀药”证明商标准用证》，发放“焦作四大怀药”证明商标统一标识。未经焦作市怀药行业协会许可，任何单位和个人不得使用“焦作四大怀药”证明商标及统一标识。

第六条　焦作市怀药行业协会负责使用“焦作四大怀药”证明商标产品的检测和检验，并可委托有关检测机构。

第二章　使用“焦作四大怀药”证明商标的条件

第七条　使用“焦作四大怀药”证明商标的产品的产地范围是河南省焦作市所辖的温县、武陟县、沁阳市、孟州市、博爱县、修武县等行政区域。

第八条　使用“焦作四大怀药”证明商标的产品应符合《中华人民共和国国家标准（GB/T20350—2006）地理标志产品 怀地黄》、《中华人民共和国国家标准（GB/T20351—2006）地理标志产品 怀山药》、《中华人民共和国国家标准（GB/T20352—2006）地理标志产品 怀牛膝》和《中华人民共和国国家标准（GB/T20353—2006）地理标志产品 怀菊花》的要求。

第九条　“焦作四大怀药”证明商标的使用者，因故被焦作市怀药行业协会取消商标使用许可证，须经半年以上的整改期，达到本办法第七条、第八条规定的条件后，方可重新申请使用“焦作四大怀药”证明商标，但对同一申请单位的同一产品，重新申请次数一年内不得超过两次。

第三章　使用“焦作四大怀药”证明商标的申请程序

第十条　申请使用“焦作四大怀药”证明商标的单位和个人应向焦作市怀药行业协会提交下列文书和样品：

1. 使用“焦作四大怀药”证明商标的申请表一式三份；

2. 生产者简介、营业执照或其他证明；

3. “四大怀药”产自焦作所辖行政区域的证明；

4. 产品的质量检测报告和样品；

5. 产品包装样本和使用说明书。

第十一条 焦作市怀药行业协会自收到申请人提交的申请报告后，三十天内完成下列工作：

1. 对申请人的资格进行审查，凡符合条件者予以受理，并进行实地考察；不符合条件者，提出改进意见，允许申请人在一年内再申请一次。

2. 对通过资格审查和实地考察的申请人，办理以下事项：

（1）签订《“焦作四大怀药”证明商标使用许可合同》；

（2）颁发《“焦作四大怀药”证明商标准用证》；

（3）发放“焦作四大怀药”证明商标统一标识；

3. 申请人同时交纳规定的有关费用。

第十二条 未获准“焦作四大怀药”使用证明商标的申请人自收到通知二十天之内，可以到工商行政管理部门申诉，焦作市怀药行业协会尊重工商行政管理部门的裁定意见。

第十三条 “焦作四大怀药”证明商标使用许可合同有效期为一年，到期继续使用的，须在合同有效期届满三个月内向焦作市怀药行业协会申请续签合同、审验许可证，否则合同有效期后禁止使用该商标。

第四章 “焦作四大怀药”证明商标使用者的权利

第十四条 凡与焦作市怀药行业协会签订了“焦作四大怀药”证明商标使用许可合同的使用者，有权在其产品上使用该证明商标的统一标识；有权使用“焦作四大怀药”证明商标进行产品广告宣传；优先参加焦作市政府和协会主办或协办的各项国内经济贸易洽谈、信息交流活动。

第十五条 “焦作四大怀药”证明商标使用者在国内外经济

技术贸易中可将该商标作为产品的品质证明。

第五章 “焦作四大怀药”证明商标使用者的义务

第十六条 “焦作四大怀药”证明商标的使用者应履行以下义务：

1. 加工、销售的“焦作四大怀药”产品必须符合国家和地方有关法律法规关于产品质量、安全等方面的规定及本办法第七条、第八条规定；如违反这些规定所产生的后果，由加工、销售者承担全部责任。

2. 使用“焦作四大怀药”证明商标的产品在销售过程中发生重大质量事故，须立即报告，并应迅速采取有效措施予以补救。

3. “焦作四大怀药”证明商标的使用者，应接受焦作市怀药行业协会的不定期抽验，包括产品的数量、质量和统一标识的使用、保管。

第十七条 “焦作四大怀药”证明商标的使用者还应承担以下责任：

1. 销售者购进使用“焦作四大怀药”证明商标的产品，应分批次、数量建立档案，并予以登记备注。

2. 销售者销售使用“焦作四大怀药”证明商标的产品，凡有品质问题均由经销方负全部售后责任。

3. “焦作四大怀药”证明商标的使用者须有专人负责“焦作四大怀药”证明商标统一标识的保管、使用工作，确保证明商标统一标识的不失控、不挪借、不转售，避免丢失、流失。

第六章 “焦作四大怀药”证明商标的管理

第十八条 焦作市怀药行业协会是“焦作四大怀药”证明商标的管理机构，负责修订《“焦作四大怀药”证明商标使用管理办法》，对申请使用“焦作四大怀药”证明商标的使用者的资格、产品品质进行审查检验，对“焦作四大怀药”证明商标的使用进行监督和管理，并协助工商行政管理部门调查处理假冒等违法行为。

第十九条　焦作市怀药行业协会负责《“焦作四大怀药”证明商标使用管理办法》的具体实施，接待来访，答复咨询，管理“焦作四大怀药”证明商标统一标识的印制、发放，协调处理有关使用“焦作四大怀药”证明商标产品品质方面的争议等问题。

第二十条　为保证“焦作四大怀药”证明商标的正常使用，保证“焦作四大怀药”证明商标使用工作的准确性、公正性、权威性，诚请各有关部门和社会团体进行监督，同时也接受使用“焦作四大怀药”证明商标产品的消费者的监督。

第七章　“焦作四大怀药”证明商标的保护与违约责任

第二十一条　“焦作四大怀药”证明商标受有关法律保护，如有假冒等侵权行为发生，焦作市怀药行业协会负责组织调查、取证和投诉，并奖励举报单位和个人。

第二十二条　未经许可，擅自在怀药产品及其包装物上使用与“焦作四大怀药”证明商标相同或相类似的商标的单位或个人，焦作市怀药行业协会负责依照《中华人民共和国商标法》规定，报请工商行政管理部门依法惩处或向人民法院起诉，情节严重构成犯罪的，报请司法机关依法追究侵权者的刑事责任。

第二十三条　“焦作四大怀药”证明商标的使用者，如有违反《“焦作四大怀药”证明商标使用管理办法》的行为，焦作市怀药行业协会负责依照《中华人民共和国商标法》等有关法规，收回其《“焦作四大怀药”证明商标准用证》和已领取的“焦作四大怀药”证明商标统一标识，终止与该单位或个人的“焦作四大怀药”商标使用合同，并请有关执法部门处理，或向人民法院起诉。

第八章　附则

第二十四条　使用“焦作四大怀药”证明商标的收费标准由焦作市怀药行业协会按照国家有关规定制定并报物价部门批准后实施。

第二十五条　“焦作四大怀药”证明商标的使用收费专款专用，主要用于印制“焦作四大怀药”证明商标统一标识、产品的检验、受理“焦作四大怀药”证明商标投诉、案件调查取证和“焦作四大怀药”证明商标广告宣传、会议会费等工作，保障“焦作四大怀药”证明商标产品的信誉，维护使用单位和消费者的合法权益。

第二十六条　“怀”商标是经中华人民共和国国家工商行政管理总局商标局注册的商标，用于证明“四大怀药”及其加工产品的地域特征和特殊品质；焦作市怀药行业协会是“怀”商标的注册人，享有“怀”商标的专用权；“怀”商标的使用管理办法参照本办法实施。

第二十七条　本办法由焦作市怀药行业协会制定，并负责解释。

第二十八条　本办法自发布之日起实施。

2008 年 11 月 1 日

七、部分道地药材技术领域专利情况

经检索国家知识产权局中国专利公布公告系统（http：//epub. sipo. gov. cn/gjcx. jsp），截至2014 年3 月10 日，各道地药材主要产区部分代表性道地药材申请专利情况如下。

1. 内蒙古地区道地药材关防风和赤芍专利情况

我国内蒙古地区气候复杂多样，四季分明，比较缺水，土壤种类较多。我们在内蒙古地区选择了道地药材关防风和赤芍作为分析研究对象。从中国专利数据库中统计与关防风有关的专利有3 件，全部是关防风的种植方法专利，目前处于实审状态。而与赤芍有关的专利共有75 件，详细情况如下。

	外观设计（包装袋或盒）专利	与种植培育有关的发明专利	提取方法和用途方面的发明专利	作为组合物中的组分或制备方法的发明专利
件数	1 件	4 件（其中撤回或驳回 3 件）	30 件（其中撤回或驳回 7 件）	19 件（其中撤回或驳回 11 件）
占总数的比例（%）	1.33	5.33	40	25.33
专利举例	中药包装盒（赤芍）CN00332147.9	一种赤芍的人工种植方法CN 201310408477.9	赤芍总苷液体组合物及其制备方法 CN 200910184789.X	一种含赤芍治疗心血管疾病的组合物及其制剂 CN 200610014245.5

从内蒙古地区道地药材赤芍专利申请情况分析可以看出，目前关于道地药材赤芍的专利技术主要是提取分析该药材的有效成分并予以药用（占该类药材专利总数 40%），即用现代中药思路，将赤芍作为组合物中的一种组分组量来申请组合物专利的数量处于第二位（占该类药材专利总数的 25.33%），但被撤回或驳回的专利数要高于有效成分提取的专利数（约占该类申请数的 58%），说明与赤芍有关的组合物专利，其新颖性或创造性相对难以达到专利法上的要求。

2. 西北地区道地药材马鹿茸和肉苁蓉专利情况

我国西北地区以高原、盆地和山地为主，长年缺少雨水，但同样也拥有众多的道地药材。我们选择了临床上比较常用的马鹿茸和肉苁蓉作为研究对象，从国家知识产权局专利数据库中检索出与马鹿茸有关的专利共有 12 件，其中用于马鹿茸的鉴别方法的专利有 2 件，提取马鹿茸有效成分的专利有 3 件（但 3 件专利全部不符合专利法的要求而被撤回），将马鹿茸作为组分之一的产品专利有 6 件，外观设计专利 1 件，即马鹿茸片的包装盒。另检索与肉苁蓉有关的专利共有294件，统计情况如下。

	外观设计（包装盒或标贴）专利	有关提取技术发明专利	作为组合物中的组分或制备方法的发明专利	有关种植和生产方法的发明专利
件数	40件	30件（其中撤回或驳回8件）	164件（其中撤回或驳回26件）	60件（其中撤回或驳回7件）
占总数的比例（%）	13.6	10.2	55.8	20.4
专利举例	包装袋（苁蓉）CN 201330295942.3	一种从肉苁蓉药材中提取、分离松果菊苷的方法 CN 200410069054.X	一种治疗慢性便秘的中成药苁蓉通便制剂 CN 200510109173.8	荒漠肉苁蓉种子处理方法 CN 201210160914.5

分析西北区道地药材肉苁蓉的专利申请情况可知，与肉苁蓉有关的专利中最多的是把苁蓉作为组合物中的一种组分及其制备方法（占该类药材专利总数的55.8%），而被撤回或被驳回的专利申请也较多（约占该类药材专利总数的16%），其次是与肉苁蓉种植和生产有关的专利（占该类药材专利总数的20.4%），说明目前对肉苁蓉的种植（尤其是异地种植或提高种植产量）和生产比较重视。从本次专利检索分析也可看出，社会对肉苁蓉的关注度日趋加强，逐步从药用转到保健品方面的应用。

3. 华北地区道地药材潞党参和怀山药专利情况

我国华北地区四季分明，光照充足，气候比较干燥，冬季寒冷且时间较长，是中医药的主要发源地之一。我们在其中选择了四大怀药中的代表药潞党参和怀山药作为分析研究对象。经检索国家知识产权局专利数据库后，发现以潞党参为名称而申请的专利只有1件，即专利号为CN200810080046.3的“一种潞党参口服液及其制备方法和应用”的专利，但由于不符合专利法的规定而被撤回。而与怀山药有关的专利则有63件，具体情况如下。

	外观设计（包装盒）专利	提取有效成分的发明专利	作为组合物中的组分或制备方法的发明专利	加工方法的发明专利
件数	20件	4件（其中撤回或驳回1件）	22件（其中撤回或驳回14件）	2件
占总数的比例（%）	31.7	6.3	34.9	3.2
专利举例	易拉罐贴（怀山药露）CN 201230043916.7	怀山药提取物怀山药皂苷的提取方法CN 200410016839.0	一种怀山药和醋制成的保健醋CN 200910147859.4	一种无硫怀山药的加工方法CN 200610128279.7

经检索发现，怀山药的专利虽然不是很多，但相对于怀地黄、怀牛膝、怀菊花而言还是比较多的。但其专利主要是组合物类的专利，即将怀山药作为组合物中的一种组分或制备方法的发明专利，主要是保健品和食品类，如保健奶、保健醋、怀山药粉皮、怀山药粉丝等。由于其中的创造性比较低，故大约有34.9%的发明专利被撤回或被驳回。还有20件专利是用于外包装的外观设计专利。说明怀山药技术领域的发明创造还处于比较低下的状况。

4. 青藏地区道地药材天麻和甘松专利情况

青藏地区地势比较高，居住人口少，全年干旱少雨，辐射强烈，植被较少，光照充足。我们选择了道地药材天麻和甘松作为研究对象，在查询国家知识产权局专利数据库后，与甘松有关的专利情况如下：共有专利14件，其中涉及提取物或提取方法的专利有9件（如专利号为CN201110240449.1的“一种甘松挥发油β－环糊精包合物的制备方法”的专利），另外是作为组合物的成分之一来申请专利（如专利号为CN200910037875.8的“甘松在制备预防和治疗骨质疏松症药物中的应用”的专利)。14 件专利中有 4 件被撤回或被驳回，约占总数的 28. 6% 。

经检索，与天麻有关的专利有 816 件，统计分析情况如下。

	外观设计（包装盒、标贴）专利	提取物或检测方法的发明专利	作为组合物中组分或制备方法的发明专利	种植加工技术的发明专利
件数	85 件（其中撤回或驳回 23 件）	63 件（其中撤回或驳回 28 件）	412 件（其中撤回或驳回 85 件）	89 件（31 个被撤回或驳回）
占总数的比例（%）	10. 4	7. 7	50. 5	10. 9
专利举例	食品包装盒（鲜天麻）CN 201330370344. 8	天麻素提取方法、天麻软胶囊的制备方法及所得软胶囊 CN 201310085512. 8	一种天麻复方药物及其制备方法和应用 CN 200410022700. 7	一种室内养菌种植天麻的方法 CN 201010203971. 8

由于天麻具有多种药用价值，因而成为临床上最常用的药材之一。截至 2014 年 9 月，与天麻有关的专利共有 816 件，其中将天麻作为组合物中的成分之一或制备方法的专利占到全部专利的一半，其次是外观设计专利和提取物和种植方法的专利。但是约 20. 5% 的专利被撤回或被驳回，其中提取物或检测方法的发明专利被撤回或驳回的最多，达到 44. 44% 。

5. 西南地区道地药材何首乌和川贝专利情况

西南地区地势起伏较大，西高东低，北高南低，历史上的冰川、滑坡、泥石流对地理环境影响较大。西南地区是我国道地药材的富产地区，该地区的日照时间短，湖泊比较多。我们选择了该地区的道地药材何首乌和川贝作为研究对象，经检索国家知识产权局专利数据库，发现与何首乌有关的专利共有 205 件，具体情况如下。

	外观设计（包装袋或盒）专利	提取物或检测方法的发明专利	作为组合物中的组分或制备方法的发明专利	种植、培育方法的发明专利
件数	10 件	39 件（其中撤回或驳回 2 件）	127 件（其中撤回或驳回 42 件）	29 件（其中撤回或驳回 5 件）
占总数的比例（%）	4.9	19	61.9	14.1
专利举例	包装盒（何首乌）CN 201230108121.X	从何首乌中分离获得的蒽醌类化合物作为放射增敏剂的应用 CN 200610020058.8	一种由黑豆黑芝麻何首乌等组成的乌发产品的工艺 CN 200910064633.8	一种何首乌的规范化种植方法 CN 200410040476.4

从上述数据可以看出，目前对何首乌的使用有多个方面，包括食品、药品和保健品等，而主要的使用方法是将何首乌作为一种原材料添加到组合物的其他材料中。但这种形式的组合物专利中，有近 33% 的专利申请被撤回或被驳回。倒是提取物或检测方法的发明专利以及外观设计专利，其技术比较符合专利法的要求，其权属状态比较稳定。

同样，我们从国家知识产权局专利检索查询系统检出与川贝有关的专利共有 313 件，具体情况如下。

	外观设计（包装盒或标贴）专利	有关种植和加工提取技术专利	作为组合物中的组分或制备方法的发明专利
件数	155 件（其中撤回或驳回 2 件）	43 件（其中撤回或驳回 1 件）	115 件（其中撤回或驳回 42 件）
占总数的比例（%）	49.5	13.7	36.7

续表

	外观设计（包装盒或标贴）专利	有关种植和加工提取技术专利	作为组合物中的组分或制备方法的发明专利
专利举例	包装盒（百源堂燕窝川贝枇杷膏）CN 00328378. X	川贝的种植方法 CN 200910104379. X	川贝雪梨颗粒及其制备方法 CN 201010198431. 5

从川贝的专利申请情况可以看出，川贝的专利技术主要集中在包装盒、包装的标贴等外观设计专利上（占该类药材专利总数的 49. 5% ），如专利号为 CN00328378. X 的外观设计百源堂燕窝川贝枇杷膏包装盒。对川贝药材本身并没有多少保护，且随着时间的推移，大多数的川贝外观设计专利已经到期。与川贝有关的第二类专利是把川贝作为组合物中的一种组分或其制备方法（占该类药材专利总数 36. 7% ），这类专利的申请也比较多，但与赤芍一样，因各种原因被撤回或驳回的比较多，约占该类专利申请数的 36. 5% 。同样说明川贝的组合物专利难以符合专利法的要求，如仅仅将川贝进行纳米化后进行药物组合，如专利号为 CN01100665. X 的纳米复方川贝母制剂药物及其制备方法。

6. 华东地区道地药材杭菊花和浙贝母专利情况

华东地区以丘陵、盆地、平原为主，有著名的泰山、黄山、九华山等，且水资源丰富，是药材生长的良好地区。我们选择了华东地区的道地药材杭菊花和浙贝母为研究对象，经检索国家知识产权局专利数据库后得知，与杭菊花有关的专利共有 7 件，全部为外观设计专利（包装盒或包装袋），而且申请的年限较早，目前已经有 6 件失效。与浙贝母有关的专利共有 39 件，列表分析情况如下。

	外观设计（包装袋或盒）专利	提取或检测方法的发明专利	作为组合物中的组分或制备方法的发明专利	加工处理方法的发明专利
件数	10件	13件（其中撤回2件）	5件	11件（其中撤回2件）
占总数的比例（%）	25.6	33.3	12.8	28.2
专利举例	包装盒（浙贝母）CN 201030216559.0	浙贝乙素及其衍生物在制备抗肿瘤药物中的应用 CN 200410060752.3	治疗急性白血病的浙贝药物组合物及其新用途 CN 200710143392.7	浙贝母烘干加工装置的供热风机构 CN 201320326513.2

经分析，华东地区的杭菊花和浙贝母的专利主要在于对药材有效成分的提取和外观设计的申请，因而，我们可以说，对中药材进行提取，以其中的有效成分或有效部位来申请发明专利可以得到专利法比较好的保护，同样，由于外观设计不需要进行实质性审查，而且在产品的市场销售和宣传中比较有用，因而也可以得到一定程度的保护。

7. 东北地区道地药材辽细辛和关龙胆专利情况

东北地区有巨大的平原，丰富的森林，四季分明。我们选择了东北地区道地药材中的辽细辛和关龙胆作为研究对象，经检索国家知识产权局专利数据库发现两味中药的专利都集中在检测和鉴别方法上，具体情况如下。

申请号	名称	法律状态
CN200410020473.4	无毒害中药材辽细辛的检测方法	终止
CN201010222272.8	坚龙胆和关龙胆药材的鉴别方法	授权

8. 华南地区道地药材广藿香和蛤蚧专利情况

华南地区位于中国最南部，高温多雨，植物生长茂盛，且种类繁多，是我国道地药材的主要生产地之一。我们选择其中的广藿香和蛤蚧作为研究对象，经检索国家知识产权局专利数据库得知，与广藿香有关的专利主要有43件，具体情况如下。

	提取方法及其用途的发明专利	有关培育方法的发明专利	作为组合物中的组分或制备方法的发明专利
件数	20件（其中撤回或驳回3件）	2件	21件（其中撤回1件）
占总数的比例（%）	46.5	4.65	48.8
专利举例	超声法制备广藿香挥发油β-环糊精包合物的方法 CN 201010170310. X	广藿香新品种的培育方法 CN201210179323. 2	广藿香挥发油及制备方法及在制备抗肿瘤药物中的应用 CN 201110336994. 0

蛤蚧，又名大壁虎，又称仙蟾，主要栖息在悬岩峭壁的洞缝或树洞里，是南方常用的一味中药材。与蛤蚧有关的专利共有78件，其中外观设计专利有57件，具体情况如下。

	外观设计专利（包装瓶或瓶贴等）	有关养殖或检测方法的发明专利	作为组合物中的组分或制备方法的发明专利
件数	57件	6件（其中撤回2件）	15件（其中撤回或驳回8件）
占总数的比例（%）	73	7.7	19.2
专利举例	包装盒（蛤蚧定喘丸）CN 201030649608. X	蛤蚧、穿山甲仿生态、立体化、标准化养殖方法 CN 201010100184. 0	治疗肺气肿、肺心病、哮喘、慢性支气管炎的虫草蛤蚧粉 CN 201210256143. X

目前，对广藿香的使用主要是利用其中的挥发油，添加到其他的中药组合物中组成中成药，再就是提取广藿香挥发油中的有效成分。而对于蛤蚧，其产品相对固定，因而其商品的外包装和瓶贴等就显得比较重要，而作为组合物的成分之一进行使用时由于多不具备专利法的要求而被撤回或驳回的则比较多。

9. 海洋区海螵蛸和石决明专利情况

我国有着辽阔的海岸线，对海洋生物的利用是中医“天人合一”的路径之一。我们选择了海洋药物中的海螵蛸和石决明作为研究对象，经检索国家知识产权局专利数据库发现，与海螵蛸有关的专利共有 14 件，具体情况如下。

	标记方法专利	培育方法的发明专利	作为组合物中的组分或制备方法的发明专利	提取方法发明专利
件数	4 件	1 件	5 件	4 件
专利举例	乌贼海螵蛸四环素标记方法及其专用试剂 CN 201110173500. 1	提高曼氏无针乌贼的海螵蛸药用价值的培育方法 CN 200910096307. 5	一种治疗胃溃疡的胃漂浮型海螵蛸缓释片及其制备方法 CN 201310427109. 9	海螵蛸多糖提取物 CBP - S 及其用途 CN 200810202857. 6

石决明是鲍科动物的贝壳，又名真珠母。中医将鲍科动物的肉剥除，取壳，洗净，除去杂质，晒干待用。与石决明有关的专利共有 8 件，主要为组合物专利，具体情况如下。

申请号	名称	法律状态
CN201210217390. 9	治疗眩晕的石决明中药制剂及制备方法	授权
CN201010284937. 8	石决明保健酱油	公开
CN200810125164. 1	复方石决明钙片	撤回
CN200610121721. 3	菊花、钩藤、黄芩、石决明清热平肝治疗头痛的新方法	撤回

续表

申请号	名称	法律状态
CN01127161.2	用石决明制取药物或保健食品加工工艺	终止
CN01106679.2	纳米石决明及其制备方法	撤回
CN201210217390.9	治疗眩晕的石决明中药制剂及制备方法	授权
CN01127161.2	用石决明制取药物或保健食品加工工艺	终止

八、各部委公布的道地药材商标及地理标志申报情况

1. 国家商标局公布的道地药材证明商标、集体商标申报情况

经检索中华人民共和国国家工商行政管理总局商标数据库（http：//www. saic. gov. cnfwfzdlbz/）得知，截至2013年12月31日，我国中药材中以申报证明商标或集体商标的形式来获得地理标志保护的数量为202个，其中可以认为是道地药材的有139个，具体情况如下。

序号	地区	商标名称	注册人	注册号	用于产品
1	河北	巨鹿金银花	巨鹿县林业局技术推广服务中心	7956322	金银花
2	河北	巨鹿枸杞	巨鹿县林业局技术推广服务中心	7996980	枸杞
3	山西	壶关党参	壶关县中药材协会	6455685	党参
4	内蒙古	阿拉善肉苁蓉	阿拉善左旗苁蓉行业协会	8265883	苁蓉
5	内蒙古	阿拉善锁阳	阿拉善左旗苁蓉行业协会	8265884	锁阳
6	辽宁	桓仁山参	桓仁满族自治县农副产品行业市场协会	10085931	人参

续表

序号	地区	商标名称	注册人	注册号	用于产品
7	吉林	长白山人参	吉林省参业协会	7331857	人参
8	吉林	集安边条参	吉林省集安边条参协会	6533520	边条参
9	吉林	集安北五味子	吉林省集安北五味子产业协会	7828140	五味子
10	吉林	抚松人参	抚松县人参协会	7694369	人参
11	上海	崇明白扁豆	上海市崇明农产品加工与出口协会	5495602	白扁豆
12	江苏	滨海白首乌	江苏省白首乌产业协会	6162877	白首乌片等
13	浙江	於术	临安市於术研究所	9922092	白术
14	浙江	黄岩枇杷	台州市黄岩区果树技术推广总站	8195379	枇杷
15	浙江	塘栖枇杷	杭州市余杭区塘栖镇农业技术推广站	5621689	枇杷
16	浙江	天台乌药	天台县天台乌药养生研究协会	6400083	乌药
17	浙江	磐安白术	浙江磐安中药协会	3593189	白术
18	浙江	磐安浙贝母	浙江磐安中药协会	3603849	浙贝母
19	浙江	磐安杭白芍	浙江磐安中药协会	3854802	杭白芍
20	浙江	磐安玄参	浙江磐安中药协会	3854801	玄参
21	浙江	磐安元胡	浙江磐安中药协会	3854800	元胡

续表

序号	地区	商标名称	注册人	注册号	用于产品
22	浙江	磐五味	浙江磐安中药协会	7346417	白术、元胡、浙贝母、玄参、杭白芍
23	浙江	武义宣莲	武义县经济特产技术推广站	6890855	莲子
24	浙江	处州白莲	丽水市莲都区农业技术推广中心	6942857	莲子
25	浙江	志棠白莲	龙游县志棠莲籽协会	7774713	莲子
26	安徽	霍山石斛	霍山县霍山石斛产业协会	7921560	石斛
27	安徽	三潭枇杷	歙县深渡镇绿色枇杷专业技术协会	8794411	枇杷
28	福建	武平金线莲	福建省武平县梁野山中草药协会	7304623	金线莲
29	福建	南靖和溪巴戟天	南靖县和溪镇中药材协会	9665597	巴戟天
30	福建	云霄枇杷	云霄县枇杷协会	3418548	枇杷
31	福建	莆田枇杷	莆田市枇杷协会	3984456	枇杷
32	江西	广昌白莲	广昌县白莲协会	2016455	莲子
33	江西	瑞昌山药	瑞昌市山药产业协会	5502585	山药
34	山东	马山栝楼	长清区马山栝楼协会	8265885	栝楼
35	山东	博山金银花	博山区金银花产业协会	8249574	金银花
36	河南	焦作怀牛膝	焦作市怀药行业协会	5922657	牛膝

续表

序号	地区	商标名称	注册人	注册号	用于产品
37	河南	焦作怀地黄	焦作市怀药行业协会	5922658	地黄
38	河南	焦作怀菊花	焦作市怀药行业协会	5922659	菊花
39	河南	焦作怀山药	焦作市怀药行业协会	5922660	山药
40	河南	温县铁棍山药	温县四大怀药协会	7066971	山药（未加工）
41	湖北	利川黄连	湖北省利川市黄连协会	7729215	黄连
42	湖北	利川山药	利川市团堡镇蔬菜协会	6868017	山药
43	湖南	靖州茯苓	靖州苗族侗族自治县茯苓专业协会	8918561	茯苓
44	湖南	湘莲	湘潭县湘莲协会	6117149	莲子
45	广东	新会陈皮	江门市新会区农学会	2024528	陈皮
46	重庆	酉阳青蒿	酉阳青蒿管理办公室	5455692	青蒿
47	重庆	秀山金银花	秀山县金银花专业经济协会	7482051	金银花
48	重庆	秀山白术	秀山土家族苗族自治县农技服务中心	9927320	白术
49	重庆	南川玄参	重庆市南川区农学会	10159898	玄参
50	重庆	垫江丹皮	垫江县果品蔬菜管理站	9412648	丹皮（根）
51	重庆	巫山庙党	巫山县红椿土家族乡农业服务中心	8661596	川党参（根）
52	重庆	铜梁使君子	铜梁县水口镇农业服务中心	9750865	使君子

续表

序号	地区	商标名称	注册人	注册号	用于产品
53	四川	金堂明参	金堂明参协会	9505145	川明参
54	四川	遂宁川白芷	四川省遂宁白芷协会	4834771	白芷
55	四川	巴州川明参	巴中市巴州区经作站	7530363	川明参
56	四川	涪城麦冬	三台县花园镇麦冬专业技术协会	3029295	麦冬
57	四川	中江白芍	中江县中药材协会	5755503	白芍
58	四川	中江丹参	中江县中药材协会	5755504	丹参
59	四川	仁寿枇杷	仁寿县文宫枇杷协会产销服务中心	6294098	枇杷
60	贵州	绥阳金银花	绥阳县特色农业发展协会	8758276	金银花
61	贵州	德江天麻	德江县天麻行业协会	8490578	天麻
62	贵州	兴仁薏仁米	兴仁县薏仁专业协会	7557573	薏仁米
63	云南	文山三七	文山壮族苗族自治州三七特产局	3838009	三七
64	云南	昭通天麻	昭通市天麻协会	5188219	天麻
65	云南	龙陵紫皮石斛	龙陵县石斛协会	7205497	紫皮石斛
66	西藏	波密天麻	波密县农业技术推广站	5289459	天麻
67	甘肃	华亭独活	华亭县中药材产业发展局	6403465	独活（根）
68	甘肃	华亭大黄	华亭县中药材产业发展局	6403466	大黄根
69	甘肃	岷县当归	岷县中药材生产技术指导站	3352037	当归

续表

序号	地区	商标名称	注册人	注册号	用于产品
70	甘肃	陇西白条党参	甘肃省陇西县中药材产业发展局	4891422	党参
71	甘肃	陇西黄芪	陇西县中药材产业发展局	4891421	黄芪
72	甘肃	渭源白条党参	渭源县中药材产业办公室	7099672	党参
73	青海	玉树虫草	玉树藏族自治州虫草协会	4680233	冬虫夏草
74	宁夏	中宁枸杞	中宁县枸杞生产管理站	1511898	枸杞
75	宁夏	盐池甘草	盐池县中药材技术服务站	6248191	甘草
76	新疆	精河枸杞	新疆精河县枸杞协会	1739894	枸杞
77	新疆	裕民无刺红花	裕民县红花协会	5349586	红花
78	湖北	板桥党参	恩施市本草药业产业协会	9655604	党参
79	辽宁	桓仁细辛	桓仁满族自治县农副产品行业市场协会	10557909	细辛
80	辽宁	桓仁辽五味子	桓仁满族自治县农副产品行业市场协会	10557911	五味子
81	辽宁	桓仁桔梗	桓仁满族自治县中药材种植协会	10864823	桔梗
82	浙江	樟村浙贝	宁波市鄞州区浙贝母生产协会	11265826	贝母
83	安徽	铜陵凤丹皮	安徽省牡丹协会	11599478	凤丹皮
84	福建	永定巴戟天	永定县巴戟天协会	11251004	巴戟天

续表

序号	地区	商标名称	注册人	注册号	用于产品
85	山东	日照金银花	日照市东港区金银花协会	11466415	金银花
86	山东	博山连翘	博山区有机农产品行业商会	11022631	连翘
87	山东	沂山丹参	临朐县沂山镇大关村丹参协会	10880041	丹参
88	湖北	巴东独活	巴东县中药材行业协会	11265128	独活（根）
89	湖北	洪湖莲子	洪湖市莲藕协会	10048747	莲子（未加工）
90	湖北	襄阳山药	襄阳市襄城区卧龙山药专业技术协会	10969171	山药
91	湖南	辰溪金银花	辰溪县仙峰金银花行业协会	10440612	金银花
92	重庆	大宁党参	巫溪县中药材产业协会	11144823	党参
93	重庆	云阳小茴	云阳县堰坪乡农业服务中心	10992985	茴香
94	贵州	施秉太子参	施秉县农业科学研究所	7639955	太子参
95	甘肃	瓜州枸杞	瓜州县林果科技服务中心	7858930	枸杞
96	辽宁	石柱参	宽甸满族自治县柱参协会	11047769	人参
97	辽宁	桓仁黄芪	桓仁满族自治县土特产品行业协会	12432099	黄芪
98	安徽	金寨茯苓	金寨县茯苓产业协会	12756887	茯苓
99	安徽	金寨天麻	金寨县中药材协会	12973040	天麻
100	安徽	金寨灵芝	金寨县中药材协会	12973042	灵芝

续表

序号	地区	商标名称	注册人	注册号	用于产品
101	福建	柘荣太子参	柘荣县太子参协会	11870936	太子参
102	福建	福鼎黄栀子	福鼎市福鼎黄栀子协会	11794318	黄栀子
103	福建	程溪金蝉	龙海市程溪镇金蝉协会	13098212	蝉花、蝉脱
104	山东	汶上牛蒡	汶上县军屯乡农业技术推广协会	13037096	牛蒡
105	山东	冠县灵芝	冠县优质农产品协会	12370639	灵芝
106	湖北	襄半夏	襄州区中药材种植协会	12600676	半夏
107	广东	化州橘红	化州市化橘红产业协会	11674953	橘红
108	重庆	合川葛	重庆市合川葛产业行业协会	11404211	葛根
109	四川	松潘贝母	松潘县经济作物管理站	11669537	贝母
110	四川	金口河乌天麻	乐山市金口河区天麻专业技术协会	10773072	乌天麻
111	四川	石棉枇杷	石棉县农业技术推广中心	11905875	枇杷
112	西藏	那曲虫草	西藏那曲地区冬虫夏草产业发展保护管理协会	9184154	冬虫夏草
113	黑龙江	大庆大同板蓝根	大庆大同板蓝根产业管理中心	8445885	板蓝根
114	新疆	焉耆	焉耆回族自治县小茴香协会	2016448	小茴香
115	甘肃	兰州百合	兰州市七里河区百合质量监督管理站	1687899	新鲜百合

续表

序号	地区	商标名称	注册人	注册号	用于产品
116	重庆	永川豆豉	重庆市永川区豆豉行业协会	8818724	豆豉
117	内蒙古	托县茴香	托克托县特色杂粮开发协会	7108430	茴香子
118	江苏	宜兴百合	宜兴市百合协会	4512393	新鲜百合
119	江西	万载百合	万载县百合产业协会	6955196	鲜百合
120	湖北	资丘木瓜	长阳土家族自治县资丘木瓜协会	8489491	木瓜
121	湖南	龙山百合	龙山县百合产业协会	6488163	百合干
122	湖南	龙山百合	龙山县百合产业协会	6488183	鲜百合
123	湖南	隆回龙牙百合	隆回县农业产业化协会	6576018	百合干
124	四川	南江金银花	南江县特产协会	3197889	金银花
125	江苏	金湖芡实	金湖县农副产品营销协会	10154869	加工过的干芡实
126	安徽	天长龙岗芡实	天长市铜城芡实协会	9673003	芡实
127	福建	同安凤梨穗	厦门市同安区农村经纪人协会	10852974	龙眼
128	福建	一都枇杷	福清市一都镇经济发展服务中心	10865125	枇杷
129	福建	古田红曲	古田县红曲行业协会	10786824	曲种
130	福建	明溪淮山	明溪县淮山行业协会	10191790	山药（新鲜）
131	广东	肇实	肇庆市鼎湖区肇实协会	7735064	芡实（新鲜）

续表

序号	地区	商标名称	注册人	注册号	用于产品
132	江苏	丰县牛蒡	丰县范楼镇农村经济管理服务中心	12461793	牛蒡（新鲜）
133	江苏	金湖芡实	金湖县农副产品营销协会	12414737	芡实（新鲜）
134	江苏	洪泽芡实	洪泽县洪泽湖农产品协会	11186031	干芡实
135	江苏	洪泽芡实	洪泽县洪泽湖农产品协会	11186030	新鲜芡实
136	福建	延平百合	延平区林木种苗站	12877266	百合花（自然花）
137	福建	金沙薏米	仙游县金沙薏米产业发展技术协会	11178479	薏米（脱壳后的）
138	山东	高青桑葚	高青县桑蚕协会	13036060	新鲜桑葚
139	云南	云县白花木瓜	云县白花木瓜产业协会	11433544	白花木瓜

2. 国家质量监督检验检疫总局公布的道地药材申请地理标志情况

经查询国家质量监督检验检疫总局信息查询系统（http://www.aqsiq.gov.cn/tycx/dlbzcpcx/），选取其中公告的中药材或具有效用价值的产品共 183 个，其中可以认为是道地药材的有 148 个。具体情况如下。

序号	公告号	日期	地理标志名称
1	第 64 号	2002-07-22	建宁白莲
2	第 112 号	2002-11-08	滁菊
3	第 111 号	2002-11-08	文山三七
4	第 130 号	2002-12-25	吉林长白山人参
5	第 133 号	2002-12-30	岷归

续表

序号	公告号	日期	地理标志名称
6	第 5 号	2003-02-09	香格里拉藏药、南召辛夷
7	第 20 号	2003-02-14	封丘金银花
8	第 27 号	2003-03-06	西峡山茱萸
9	第 29 号	2003-03-21	阳江豆豉
10	第 55 号	2003-05-29	菏泽牡丹
11	第 67 号	2003-07-24	金华佛手、磐安中药材
12	第 76 号	2003-08-07	平阴玫瑰
13	第 90 号	2003-09-29	方城丹参（裕丹参）
14	第 93 号	2003-10-09	南召辛夷
15	第 100 号	2003-10-30	陇西白条党参、陇西黄芪、诸暨山下湖淡水珍珠
16	第 108 号	2003-11-21	礼县大黄、渭源白条党参及其制品、苦水玫瑰
17	第 116 号	2003-12-16	洋马菊花
18	第 54 号	2004-05-18	宁夏枸杞
19	第 55 号	2004-05-18	塘栖枇杷
20	第 113 号	2004-08-31	泰兴白果
21	第 137 号	2004-09-27	兰州百合
22	第 144 号	2004-10-10	石柱黄连
23	第 147 号	2004-10-13	广昌白莲
24	第 148 号	2004-10-13	昭通天麻
25	第 192 号	2004-12-13	礼县大黄
26	第 183 号	2004-12-13	卢氏连翘
27	第 184 号	2004-12-13	嵩县柴胡

续表

序号	公告号	日期	地理标志名称
28	第 199 号	2004-12-23	利川黄连
29	第 18 号	2005-02-04	隆回龙牙百合
30	第 25 号	2005-02-17	隆回金银花
31	第 29 号	2005-02-21	蠡县麻山药
32	第 77 号	2005-05-09	南江金银花
33	第 80 号	2005-05-09	天台乌药
34	第 72 号	2005-08-07	怀山药、怀菊花、怀地黄、怀牛膝
35	第 112 号	2005-08-25	恩施紫油厚朴
36	第 116 号	2005-08-25	商洛丹参
37	第 188 号	2005-12-28	春砂仁
38	第 192 号	2005-12-28	邵东玉竹
39	第 205 号	2005-12-28	唐半夏
40	第 187 号	2005-12-28	铁力平贝母
41	第 12 号	2006-01-24	灵宝杜仲
42	第 39 号	2006-03-23	赤水金钗石斛
43	第 41 号	2006-03-23	江油附子
44	第 60 号	2006-04-19	商州枳壳
45	第 63 号	2006-04-26	桐桔梗
46	第 66 号	2006-04-27	板桥党参
47	第 73 号	2006-05-24	涪城麦冬
48	第 99 号	2006-07-12	长白山淫羊藿
49	第 117 号	2006-08-17	徐闻良姜
50	第 128 号	2006-09-04	川芎

续表

序号	公告号	日期	地理标志名称
51	第 147 号	2006-09-30	建莲
52	第 159 号	2006-10-25	新会陈皮
53	第 172 号	2006-11-30	金溪黄栀子
54	第 170 号	2006-11-30	酉阳青蒿
55	第 203 号	2006-12-28	永春佛手
56	第 209 号	2006-12-28	禹白附
57	第 204 号	2006-12-28	禹白芷
58	第 212 号	2006-12-28	禹南星
59	第 219 号	2006-12-31	化橘红
60	第 45 号	2007-03-05	柘荣太子参
61	第 54 号	2007-03-20	忻城金银花
62	第 81 号	2007-05-29	德江天麻
63	第 79 号	2007-05-29	咸丰白术
64	第 126 号	2007-09-03	霍山石斛
65	第 129 号	2007-09-03	九资河茯苓
66	第 128 号	2007-09-03	旺苍杜仲
67	第 140 号	2007-09-06	利川山药
68	第 138 号	2007-09-06	平邑金银花
69	第 183 号	2007-12-10	清原马鹿茸
70	第 203 号	2007-12-24	双流枇杷
71	第 206 号	2007-12-24	云霄枇杷
72	第 221 号	2007-12-28	西和半夏
73	第 54 号	2008-05-07	温郁金
74	第 53 号	2008-05-07	襄麦冬

续表

序号	公告号	日期	地理标志名称
75	第 49 号	2008-05-07	子洲黄芪
76	第 58 号	2008-05-13	罗定肉桂
77	第 65 号	2008-05-30	桓仁山参
78	第 103 号	2008-09-19	大川平贝母
79	第 104 号	2008-09-19	雅连、广西肉桂
80	第 122 号	2008-10-31	大方天麻
81	第 132 号	2008-12-10	莆田桂圆、莆田枇杷
82	第 136 号	2008-12-10	清原龙胆、汉中附子、阿克苏红枣
83	第 133 号	2008-12-10	天目山铁皮石斛、中江丹参
84	第 138 号	2008-12-17	余江夏天无、略阳杜仲
85	第 141 号	2008-12-24	川白芷、连环砂仁、清涧红枣
86	第 140 号	2008-12-24	浦城薏米
87	第 145 号	2008-12-31	都江堰厚朴
88	第 146 号	2008-12-31	抚顺辽五味子、陈集山药
89	第 26 号	2009-04-08	新城细毛山药
90	第 60 号	2009-06-11	金口河乌天麻
91	第 48 号	2009-06-12	杭白菊
92	第 81 号	2009-08-31	巴东独活
93	第 88 号	2009-09-21	略阳天麻、略阳猪苓
94	第 104 号	2009-11-16	广济佛手山药
95	第 103 号	2009-11-16	金川秦艽
96	第 107 号	2009-11-19	刀党
97	第 131 号	2009-12-28	新垦莲藕
98	第 127 号	2009-12-28	岫岩辽五味子

续表

序号	公告号	日期	地理标志名称
99	第 141 号	2009-12-31	西丰鹿茸、西丰鹿鞭
100	第 15 号	2010-02-24	樟树吴茱萸
101	第 30 号	2010-04-06	巴河莲藕、火山粉葛
102	第 28 号	2010-04-06	白河木瓜
103	第 52 号	2010-05-24	里叶白莲
104	第 54 号	2010-05-24	龙泉灵芝、湘莲、青海冬虫夏草、同心圆枣
105	第 53 号	2010-05-24	唐县大枣、蟠桃大姜、威海无花果、小口大枣
106	第 70 号	2010-07-13	郧阳木瓜、金堂明参
107	第 93 号	2010-09-03	滨海白首乌
108	第 94 号	2010-09-03	松贝（松潘产区）
109	第 104 号	2010-09-09	红星平贝母
110	第 109 号	2010-09-30	抚顺林下参、天柱山瓜篓籽
111	第 110 号	2010-09-30	民勤甘草、环县荞麦
112	第 112 号	2010-09-30	青川天麻
113	第 111 号	2010-09-30	左云苦荞、安砂淮山
114	第 159 号	2010-12-24	蕲艾
115	第 165 号	2010-12-29	邳州银杏
116	第 38 号	2011-03-28	洪湖莲子
117	第 69 号	2011-05-12	正安野木瓜
118	第 93 号	2011-06-27	巴东玄参
119	第 100 号	2011-07-06	巴州川明参
120	第 121 号	2011-08-18	长白山五味子、威宁党参
121	第 172 号	2011-11-30	九寨猪苓

续表

序号	公告号	日期	地理标志名称
122	第 174 号	2011-11-30	罗田苍术（罗苍）、罗田金银花
123	第 175 号	2011-11-30	永安金线莲
124	第 178 号	2011-12-06	团风射干
125	第 197 号	2011-12-26	南澳牡蛎
126	第 97 号	2012-07-10	龙泉驿枇杷、苍溪川明参
127	第 102 号	2012-07-18	庙南粉葛、大方圆珠半夏
128	第 111 号	2012-07-31	资中枇杷、南江杜仲、南江厚朴
129	第 118 号	2012-08-16	连山关刺五加、辽中玫瑰
130	第 183 号	2012-11-23	黄姚豆豉
131	第 184 号	2012-11-23	英山桔梗（英桔）
132	第 205 号	2012-12-14	三元草珊瑚、米易何首乌
133	第 217 号	2012-12-26	金口河川牛膝
134	第 222 号	2012-12-27	靖远枸杞
135	第 15 号	2013-01-23	建平苦参
136	第 26 号	2013-02-21	赫章半夏
137	第 55 号	2013-04-18	太白贝母（咀头产区）
138	第 73 号	2013-05-24	阳江豆豉
139	第 136 号	2013-09-26	阿坝蜂蜜、夹江叠鞘石斛
140	第 128 号	2013-09-26	陆河木瓜
141	第 135 号	2013-09-26	中江白芍
142	第 134 号	2013-09-30	平武天麻
143	第 153 号	2013-11-13	宝兴川牛膝
144	第 167 号	2013-12-12	兴仁薏仁米（兴仁苡仁米）、绥阳金银花、正安白及

续表

序号	公告号	日期	地理标志名称
145	第 175 号	2013-12-23	临县红枣、巴马火麻、新桥枇杷、周至山茱萸
146	第 184 号	2013-12-30	霍山灵芝、亳白芍、靖边苦荞、徽县银杏、贵德蜂蜜
147	第 190 号	2013-12-31	龙陵紫皮石斛、广南铁皮石斛、泸西除虫菊、芒市石斛、宁强华细辛
148	第 13 号	2014-02-18	安泽连翘、石城白莲、樟树黄栀子

3. 国家农业部公布的道地药材申请地理标志情况

经检索农业部农产品质量安全中心主办的中国农产品质量安全网的公示公告（http：//www. aqsc. agri. gov. cn/ncpdlbz/gggs/），及中郡世纪地理标志研究所主办的中华地理标志网公示的数据（http：//www. sinogi. org/），选择其中的道地药材进行统计，情况如下。

农业部公告的中药材地理标志名录

序号	产品名称	申请地区	申请人	划定的区域保护范围	技术规范编号
1	阿拉善肉苁蓉	内蒙古	阿拉善左旗苁蓉行业协会	阿拉善左旗、阿拉善右旗、额济纳旗等3个现辖行政区域，包括巴彦浩特镇、额肯呼都格镇、达来呼布镇等23个苏木镇。地理坐标为东经97°10′～106°52′，北纬37°21′～42°47′	AGI2012-02-874
2	阿拉善锁阳	内蒙古	阿拉善左旗苁蓉行业协会	阿拉善左旗、阿拉善右旗、额济纳旗等3个现辖行政区域，包括巴彦浩特镇、额肯呼都格镇、达来呼布镇等23个苏木镇。地理坐标为东经97°10′～106°52′，北纬37°21′～42°47′	AGI2011-02-00596
3	安阳栝楼	河南	安阳市彰德栝楼专业合作社	河南省安阳市下辖4县1市4区，分别为安阳县、汤阴县、内黄县、滑县，林州市，文峰区、北关区、殷都区和龙安区；共有50个乡，42个镇，43个街道办事处，202个社区、居委会，3280个行政村。地理坐标为东经113°37′～114°58′，北纬35°12′～36°22′	AGI2010-04-00291
4	白河木瓜	陕西	白河县长江防护林工程建设领导小组办公室	白河县15个乡镇的58个行政村。地理坐标介于东经109°37′～110°10′、北纬32°34′～32°55′之间	AGI2008-07-00085

续表

序号	产品名称	申请地区	申请人	划定的区域保护范围	技术规范编号
5	白石山铁皮石斛	广西	桂平市植保植检站	桂平市麻垌镇、油麻镇、社坡镇、罗播乡、木根镇、西山镇、蒙圩镇、石龙镇、厚禄乡、白沙镇、南木镇、金田镇、垌心乡、紫荆镇、江口镇、木乐镇、木圭镇、石咀镇、马皮乡、寻旺乡、罗秀镇、中沙镇、大洋镇、社步镇、下湾镇、大湾镇等26个乡镇的414个行政村和1个国有林场。地理坐标为东经109°41′55″～110°22′48″，北纬22°52′02″～23°48′04″	AGI2013-02-1218
6	宝应慈姑	江苏	宝应县慈姑行业协会	宝应东荡地区的广洋湖、射阳湖、西安丰、曹甸、望直港和鲁垛等6个镇。地理坐标为东经119°07′43″～119°42′51″，北纬33°02′46″～33°24′55″	AGI2011-03-00665
7	本溪辽五味	辽宁	本溪满族自治县林业产业发展局	本溪满族自治县小市镇、碱厂镇、南甸镇、田师付镇、东营坊乡、连山关镇、草河掌镇、草河口镇、草河城镇、清河城镇、高官镇、农牧场、观音阁街道办事处等11个乡镇、1个农牧场、1个街道办事处，涉及99个行政村。地理坐标为东经123°34′53″～124°45′42″，北纬40°48′50″～41°33′50″	AGI2012-03-1008

续表

序号	产品名称	申请地区	申请人	划定的区域保护范围	技术规范编号
8	本溪林下参	辽宁	本溪满族自治县林业产业发展局	本溪满族自治县小市镇、碱厂镇、南甸镇、田师付镇、东营坊乡、草河掌镇、农牧场等6个乡镇、1个农牧场，涉及56个行政村。地理坐标为东经123°55′43″～124°45′24″，北纬40°55′40″～41°24′19″	AGI2012-03-1007
9	彬州大晋枣	陕西	陕西省彬县农业技术推广站	彬县泾河及其主要支流的两岸川道及坡台地区，包括城关、义门、炭店、新堡子、小章5个乡镇的32个村；东起炭店乡早饭头村，西至义门镇弥家河村，南起城关镇李家川村，北至小章镇西堡村。地理坐标为东经107°08′18″～108°03′45″，北纬40°35′10″～40°39′20″	AGI2011-05-00824
10	滨海白何首乌	江苏	江苏省白首乌产业协会	滨海县滨海港镇、滨海港经济区、滨淮镇、八滩镇、八巨镇、界牌镇、滨海现代农业产业园区、天场镇、东坎镇、陈涛镇和滨淮农场。地理坐标为东经119°37′～120°20′，北纬33°48′～34°23′	AGI2011-03-00666

续表

序号	产品名称	申请地区	申请人	划定的区域保护范围	技术规范编号
11	波密天麻	西藏	波密县农业技术推广站	西藏波密县内包括扎木镇、松宗镇、古乡、倾多镇、易贡乡、八盖乡6乡镇所辖52个行政村。地理坐标为东经94°00′～96°40′，北纬29°21′～29°30′	AGI2010-02-00264
12	苍山牛蒡	山东	苍山县利泉牛蒡种植专业合作社	山东省苍山县21个乡镇。地理坐标为东经118°26′～118°59′，北纬34°45′～34°12′	AGI2010-03-00275
13	苍溪川明参	四川	苍溪县经济作物技术指导站	广元市苍溪县辖区域内的龙山镇、双河乡、河地乡、运山镇、文昌镇、岳东镇、白山乡、彭店乡、石马镇、东溪镇、高坡镇、黄猫乡、龙洞乡、石灶乡、月山乡、歧坪镇、白驿镇、漓江镇、土鲤乡、元坝镇、石门乡、唤马镇、中土乡、龙王镇、三川镇、新观乡、雍河乡、五龙镇、永宁镇、鸳溪镇、白鹤乡、浙水乡、陵江镇、东青镇、八庙镇、禅林乡、白桥镇、亭子乡、云峰镇等39个乡镇。地理坐标为东经105°43′～106°28′，北纬31°37′～32°10′	AGI2010-05-00318
14	策勒小茴香	新疆	策勒县农产品质量安全检测中心	策勒县策勒镇、策勒乡、固拉哈玛乡、达玛沟乡、恰哈乡、乌鲁克萨依乡、努尔乡、博斯坦乡7乡1镇，共110个行政村。地理坐标为东经80°03′～82°10′，北纬35°18′～39°30′	AGI2013-02-1245

续表

序号	产品名称	申请地区	申请人	划定的区域保护范围	技术规范编号
15	柴达木枸杞	青海	海西蒙古族藏族自治州农业科学研究所	海西蒙古族藏族自治州都兰县、得令哈市、格尔木市、乌兰县。地理坐标为东经90°05′～99°45′，北纬35°02′～39°20′	AGI2013-01-1184
16	城口太白贝母	重庆	城口县中药材产业协会	城口县13个镇乡，核心区在高楠、咸宜、明通、蓼子、明中5个镇乡，一般分布区在东安、岚天、北屏、左岚、双河、周溪、鸡鸣、厚坪8个镇乡。地理坐标为东经108°15′18″～109°16′43″，北纬31°37′25″～32°12′13″	AGI2013-03-1339
17	崇庆枇杷茶	四川	崇州市崇庆枇杷茶专业合作社	四川省崇州市怀远镇、三郎镇、街子镇、文井江镇、鸡冠山乡一代的龙门山脉，辖山区5个乡镇的23个村。地理坐标为东经103°19′24.1″～103°28′1.8″，北纬30°44′49″～30°47′16″	AGI2009-02-00136
18	崇州郁金	四川	成都市崇双郁金农民专业合作社	四川省崇州市境内以东地区，金马河、羊马河沿岸的羊马镇、江源镇、三江镇。地理坐标为东经103°35′～104°07′，北纬29°51′～30°35′	AGI2009-04-00155

续表

序号	产品名称	申请地区	申请人	划定的区域保护范围	技术规范编号
19	淳化荞麦	陕西	淳化县农业技术推广中心	淳化县城关、秦河、铁王、卜家、十里塬、胡家庙、官庄、润镇等8个乡镇。地理坐标为东经108°18′～108°50′，北纬34°43′～35°03′	AGI2011-05-00829
20	大竹苎麻	四川	大竹县苎麻技术推广站	四川省大竹县竹阳镇、城西乡、竹北乡、杨家镇、人和乡、黄家乡、中华乡、清河镇、柏林镇、柏家乡、李家乡、石河镇、月华乡、双拱乡、二郎乡、蒲包乡、乌木镇、东柳乡、团坝乡、朝阳乡等50个乡镇的384个村。地理坐标为东经106°50′～107°32′，北纬30°20′～31°58′	AGI2009-09-00198
21	单县罗汉参	山东	单县天祥罗汉参专业合作社	单县境内的莱河镇、李田楼镇、朱集镇、时楼镇、谢集镇、终兴镇和东城办事处的高庄户、黄庄、苏楼等村，以及南城办事处的黄小楼、郭黄庄、单楼等村；南至黄河故道，北临东鱼河，东到朱集镇，西到黄白河。地理坐标为东经115°48′～116°24′，北纬34°34′～34°56′	AGI2013-03-1309

续表

序号	产品名称	申请地区	申请人	划定的区域保护范围	技术规范编号
22	宕昌党参	甘肃	宕昌县中药材开发服务中心	宕昌县好梯乡、韩院乡、南阳镇、兴化乡、竹院乡、狮子乡、新寨乡、官亭镇、两河口乡等9个乡镇，涉及109个行政村。地理坐标为东经104°36′～104°47′，北纬33°55′～34°02′	AGI2011-02-00641
23	德化淮山	福建	德化县农业科学研究所	德化县龙浔镇、浔中镇、雷峰镇、盖德镇、三班镇、上涌镇等18个乡镇。地理坐标为东经117°55′～118°32′，北纬25°23′～25°56′	AGI2012-03-1018
24	德兴覆盆子	江西	德兴市百药山植物药种植专业合作社	德兴市新岗山镇、海口镇、皈大乡、龙头山乡、李宅乡、张村乡、泗洲镇、银城镇、花桥镇、绕二镇、万村乡、黄柏乡等12个乡镇。地理坐标为东经107°23′～108°06′，北纬28°38′～29°17′	AGI2011-01-00551
25	东璧龙眼	福建	泉州市鲤城区龙眼行业协会	福建省泉州市鲤城区临江街道、海滨街道、鲤中街道、开元街道、浮桥街道、江南街道、金龙街道等8个街道办事处，涉及77个社区居委会。地理坐标为东经119°24′～119°59′，北纬25°40′～26°04′	AGI2010-04-00294

续表

序号	产品名称	申请地区	申请人	划定的区域保护范围	技术规范编号
26	斗山杏仁	山西	广灵县斗山杏仁协会	广灵县一斗泉乡，南与广灵县壶泉镇接壤，北与河北省阳原县揣骨疃镇衔接，东界河北省蔚县阳眷镇，西临广灵县梁庄乡。地理坐标为东经 113°51′～114°24′，北纬 39°35′～39°55′	AGI2012-03-1004
27	杜马百合	山西	平陆县杜马百合专业合作社	平陆县杜马乡、张店镇、部官乡等 3 个乡镇的 22 个村。地理坐标为东经 110°52′47″～111°51′45″，北纬 34°41′20″～34°42′30″	AGI2013-03-1261
28	凤泉薄荷	河南	新乡市凤泉区翟记薄荷茶农民专业合作社	凤泉区潞王坟乡、耿黄乡 2 个乡，涉及前郭柳村、后郭柳村、王门村、西同古村、东同古村、老道井村、坟上村、金灯寺村、五陵村、李士屯村、杨九屯村、东张门村、西张门村、南张门村、东鲁堡村、西鲁堡村、南鲁堡村等 17 个行政村。地理坐标为东经 113°51′～113°57′，北纬 35°21′～35 °26′	AGI2011-01-00569
29	高良苡仁米	云南	师宗县农业局农业技术推广中心	师宗县高良乡的设里、笼嘎、纳非、雨厦、科白、便料、纳厦、团坡、戈勒、窝得、坝林 11 个行政村，五龙乡的狗街、鲁克、平寨、发岗、花桂、牛尾、南岩 7 个行政村。地理坐标为东经 103°08′～103°34′，北纬 24°21′～24°39′	AGI2012-03-1037

续表

序号	产品名称	申请地区	申请人	划定的区域保护范围	技术规范编号
30	瓜州枸杞	甘肃	瓜州县林果科技服务中心	瓜州县的布隆吉乡、锁阳城镇、沙河乡、梁湖乡、七墩乡、双塔乡、广至乡、西湖乡、河东乡、腰站子乡、三道沟镇等14个乡镇。地理坐标为东经94°45′～97°00′，北纬39°52′～41°53′	AGI2013-03-1353
31	冠豸山铁皮石斛	福建	连城县经济作物技术推广站	连城县莲峰镇、北团镇、姑田镇、文亨镇、莒溪镇、朋口镇东部、新泉镇东部、庙前镇东部、林坊乡、曲溪乡、赖源乡、宣和乡东部、隔川乡、罗坊乡大部、四堡乡东南部、揭乐乡、塘前乡，共8镇9乡。地理坐标为东经116°32′14″～116°36′38″，北纬25°20′23″～25°52′48″	AGI2013-03-1293
32	广昌泽泻	江西	广昌县抚源泽泻专业合作社	广昌县驿前、杨溪2个乡镇。地理坐标为东经116°06′～116°34′，北纬26°30′～26°59′	AGI2011-05-00785
33	哈达铺当归	甘肃	宕昌县中药材开发服务中心	宕昌县哈达铺镇、阿坞乡、理川镇、八力乡、庞家乡、南河乡、何家堡乡、木耳乡、兴化乡、车拉乡、将台乡、贾河乡、城关镇等13个乡镇，涉及176个行政村。地理坐标为东经104°01′～104°08′，北纬33°46′～34°23′	AGI2011-02-00639

续表

序号	产品名称	申请地区	申请人	划定的区域保护范围	技术规范编号
34	和溪巴戟天	福建	南靖县农业技术推广站	南靖县和溪镇和溪村、月明村、林坂村、林中村、坂场村、英勇村、吉春村、斗米村、联桥村、南桥村、迎新村、迎富村、乐土村、月星村及居委会等15个行政村（居委会）。地理坐标为东经117°15′00″～117°18′45″，北纬24°26′22″～25°00′01″	AGI2011-02-00614
35	贺街淮山	广西	八步区农业技术推广中心	八步区贺江两岸的贺街镇、步头镇、信都镇、铺门镇等。地理坐标为东经111°30′～111°51′，北纬23°49′～24°30′	AGI2013-03-1331
36	红山荞麦	山西	朔州市平鲁区红山荞麦协会	山西省西北部山区及部分丘陵地区，包括阻虎乡、高石庄乡、双碾乡、西水界乡、凤凰城镇、下水头乡、下木角乡、榆岭乡等8个乡镇，涉及232个行政村。地理坐标介于东经111°52′～112°41′、北纬39°21′～39°56′之间	AGI2008-07-00030
37	辉县山楂	河南	辉县市创新生态林果专业合作社	河南省辉县市境内薄壁、上八里、黄水、南村、沙窑、南寨等6个乡镇，涉及80个行政村。地理坐标为为东经113°23′～113°47′，北纬35°27′～35°51′	缺

续表

序号	产品名称	申请地区	申请人	划定的区域保护范围	技术规范编号
38	鸡黍红花斑山药	山东	金乡县红花斑山药种植专业合作社	金乡县鸡黍镇所辖行政区域内的 15 个行政村；东至杨庄村，西至西李村，北至马集，南至李杭楼村。地理坐标为东经 116°15′～116°22′，北纬 34°56′～35°06′	AGI2013-01-1116
39	集安边条参	吉林	集安绿色食品产业协会	吉林省集安市境内新开河流域台上镇、花甸镇、财源镇、清河镇、头道镇的人参地。地理坐标为东经 125°36′～126°09′，北纬 41°07′～41°36′	AGI2008-04-00009
40	集安五味子	吉林	吉林省集安北五味子产业协会	吉林省集安市境内岭南地区，鸭绿江沿岸青石镇、太王镇、麻线乡、榆林镇。地理坐标介于东经 125°51′～126°33′、北纬 40°53′～41°32′之间	AGI2008-07-00038
41	冀村长山药	山西	汾阳市农业技术综合开发协会	汾阳市冀村镇的冀村、仁岩村、艾子村、唐兴村、城子村、古贤庄村、南浦村、东河头村、东马寨村、东陈家庄村、东遥庄村、大会头村、菩提庄村、东宋家庄村、西九枝社村、东九枝社村、李家庄村、东社村、富家庄村和杏花村镇的杜村、辛庄村、永安村、官道村。地理坐标为东经 111°53′50″～112°00′02″，北纬 37°15′02″～37°22′10″	AGI2013-01-1057

续表

序号	产品名称	申请地区	申请人	划定的区域保护范围	技术规范编号
42	嘉祥白菊花	山东	嘉祥县嘉清圣菊菊花种植专业合作社	嘉祥县纸坊镇。地理坐标为东经116°25′～116°35′，北纬35°25′～35°33′	AGI2013-03-1305
43	嘉祥细长毛山药	山东	嘉祥县明豆山药种植专业合作社	嘉祥县东至金屯镇孟营村，西至老僧堂乡张庄，南至满硐乡宋庄，北至黄垓乡北黄村；辖8镇7乡，共计710个行政村。地理坐标为东经116°06′～116°29′，北纬35°11′～35°37′	AGI2013-01-1120
44	尖山金银花	河南	新密市尖山前进金银花种植专业合作社	新密市尖山风景区、米村、牛店3个乡镇，涉及巩密关、国公岭、钟沟、田种湾、尖山、丁沟、下寺沟、牛心石、沙古堆、楼院、五虎沟、神仙洞、米村、贾寨、朱家庵、马寨、范村、杨岗、柿树湾、牛店、助泉寺、花家店、北召、南龙、小寨、陈庄、李湾、王庄等28个行政村。地理坐标为东经113°09′～113°41′，北纬34°40′～39°19′	AGI2012-02-931
45	建始厚朴	湖北	建始县前进林业专业合作社	建始县全境5乡（长梁、茅田、龙坪、三里、花坪）、5镇（业州、红岩、高坪、景阳、官店），共407个行政村。地理坐标为东经109°32′～110°12′，北纬30°06′～30°54′	AGI2013-02-1213

续表

序号	产品名称	申请地区	申请人	划定的区域保护范围	技术规范编号
46	金田淮山	广西	桂平市农村合作经济经营管理指导站	广西桂平市辖区内所有行政乡镇，即西山镇、蒙圩镇、石龙镇、厚禄乡、白沙镇、南木镇、金田镇、垌心乡、紫荆镇、江口镇、木乐镇、木圭镇、石咀镇、马皮乡、油麻镇、社坡镇、寻旺乡、罗秀镇、中沙镇、大洋镇、罗播乡、木根镇、麻垌镇、社步镇、下湾镇、大湾镇等 26 个乡镇，共涉及 414 个行政村、7763 个村民小组、1 个国有林场。地理坐标为东经 109°41′55″～110°22′48″，北纬 22°52′02″～23°48′04″	AGI2010
47	缙云米仁	浙江	缙云县米仁产业协会	缙云县五云镇、壶镇镇、新建镇、东方镇、东渡镇、大源镇、舒洪镇、大洋镇、七里乡、双溪口乡、溶江乡、三溪乡、胡源乡、前路乡、方溪乡、石笕乡等 16 个乡镇。地理坐标为东经 119°52′～120°25′，北纬 28°25′～28°57′	AGI2013-03-1288
48	精河枸杞	新疆	新疆精河县枸杞协会	精河县托里乡、大河沿子镇、八家户农场、阿合奇农场、茫丁乡、托托乡 6 个乡（镇、场）的 56 个中心村。地理坐标为东经 81°46′～83°51′，北纬 44°00′～45°10′	AGI2012-03-1047

续表

序号	产品名称	申请地区	申请人	划定的区域保护范围	技术规范编号
49	靖宇林下参	吉林	靖宇县特产协会	吉林省靖宇县赤松乡、蒙江乡、三道湖镇、花园口镇、龙泉镇、那尔轰镇、景山镇、靖宇镇等 8 个乡镇。地理坐标为东经 126°30′～127°16′，北纬 42°06′～42°48′	AGI2010-03-00268
50	宽甸石柱人参	辽宁	宽甸满族自治县柱参协会	丹东市宽甸满族自治县振江镇石柱子村。地理坐标为东经 125°21′～125°28′，北纬 40°43′～40°50′	AGI2012-02-877
51	莱芜白花丹参	山东	莱芜市岳圣天然药物研究开发中心	莱芜市行政区域内包括苗山、和庄、茶叶、口镇、雪野、大王庄、高庄、牛泉、辛庄、里辛、颜庄、黄庄、寨里、羊里、张家洼等 15 个镇（街道），共 56 个行政村。地理坐标为东经 117°19′～117°58′，北纬 36°02′～36°33′	AGI2011-02-00622
52	阆中川明参	四川	阆中市农业技术推广中心	阆中川明参产于四川省阆中市境内的千佛、鹤峰、望垭、三庙、峰占、老观、龙泉、西山、金子、二龙、解元、石滩、凉水、思依、木兰、桥楼、河楼、北门、枣碧、东兴、清泉、彭城、五马、沙溪等 24 个乡镇（办事处）。地理坐标为东经 105°41′～106°24′，北纬 31°21′～31°51′	AGI2009-04-00158

续表

序号	产品名称	申请地区	申请人	划定的区域保护范围	技术规范编号
53	凉山桑蚕茧	四川	凉山彝族自治州蚕业协会	凉山州境内的宁南县、会东县、德昌县、西昌市（含西昌农场）、冕宁县、普格县、会理县、金阳县、甘洛县、雷波县、喜德县、盐源县、布拖县等13个县市的211个乡镇，共895个行政村。地理坐标为东经100°15′～103°52′，北纬26°03′～29°18′	AGI2009-09-00197
54	灵丘荞麦	山西	山西省大同市灵丘农业技术推广中心	山西省大同市灵丘县北部山区及部分丘陵地区，包括8个乡镇，共188个行政村。地理坐标位于东经113°51′～114°33′、北纬39°33′～39°38′之间	AGI2008-07-00071
55	凌源百合	辽宁	凌源市蔬菜花卉管理局	凌源市中北部的城关、小城子、万元店、宋杖子、大王杖子、北炉、瓦房店、乌兰白、红山、东城等16个乡镇（街道）的147个行政村。地理坐标为东经118°50′26.6″～119°12′20″，北纬40°55′24″～41°25′16″	AGI2012-03-1009
56	柳下邑猪牙皂	山东	邹城市看庄柳下邑猪牙皂协会	邹城市看庄镇东柳下邑、西柳下邑、林前、土山4个行政村。地理坐标为东经117°04′25″～117°05′56″，北纬35°15′58″～35°17′30″	AGI2013-03-1310

续表

序号	产品名称	申请地区	申请人	划定的区域保护范围	技术规范编号
57	六盘山秦艽	宁夏	隆德县中药材产业办公室	隆德县城关镇、沙塘镇、神林乡、联财镇、好水乡、观庄乡、凤岭乡、温堡乡、奠安乡、山河乡、陈靳乡、张程乡、杨河乡等13个乡镇，共127个行政村组。地理坐标为东经105°48′～106°15′，北纬35°21′～35°47′	AGI2013-03-1366
58	龙陵紫皮石斛	云南	龙陵县石斛协会	保山市龙陵县境内，涉及龙山镇、龙新乡、镇安镇、象达乡、平达乡、勐糯镇、碧寨乡、腊勐乡、龙江乡、木城乡等10个乡镇。地理坐标为东经98°25′～99°11′，北纬24°07′～24°50′	AGI2013-01-1172
59	泸西苦荞	云南	泸西县农业环境监测保护站	泸西县白水镇、向阳乡、三塘乡3个乡镇。地理坐标为东经103°46′55″～103°58′25″，北纬24°21′49″～24°37′35″	AGI2013-02-1224
60	泸州桂圆	四川	泸州市园艺学会	四川省泸州市辖区的江阳区、纳溪区、龙马潭区、泸县、合江县、叙永县等6个区县102个乡镇（街道）。地理坐标为东经105°08′～106°28′、北纬27°39′～29°20′	AGI2010-04-00300

续表

序号	产品名称	申请地区	申请人	划定的区域保护范围	技术规范编号
61	麻城福白菊	湖北	麻城市福白菊产业协会	湖北省麻城市北部山区，其中福田河镇为主产区，黄土岗镇、乘马岗镇、三河口镇、顺河集镇为零星种植区，共5个乡镇。地理坐标为东经114°45′～115°20′，北纬31°20′～31°40′	AGI2008-04-00017
62	马山栝楼	山东	长清区马山栝楼协会	山东省济南市长清区马山镇靖内宾谷河两岸，东至与长清区五峰山街道接壤的上义和村，南至与泰安市肥城市搭界的张家老庄村，西至与长清区双泉乡相邻的化庄村，北至与长清区归德镇交界的小河东村。地理坐标为东经116°09′～116°11′，北纬36°01′～36°45′	AGI2009-01-00132
63	蒙山全蝎	山东	山东省蒙山全蝎研究所	临沂市蒙山地区，主要涉及蒙山周围的蒙阴县大部、平邑县和费县、沂南县各一部。地理坐标为东经117°36′～118°25′，北纬35°02′～36°02′	AGI2012-02-911
64	米易山药	四川	米易县农业技术推广站	米易县得石镇、垭口镇、丙谷镇、撒莲镇、攀莲镇、新山乡、白马镇、草场乡、湾丘彝族乡、普威镇、麻陇乡、白坡乡等12个乡（镇），共88个村。地理坐标为东经101°44′～102°15′，北纬26°40′～27°10′	AGI2013-03-1344

续表

序号	产品名称	申请地区	申请人	划定的区域保护范围	技术规范编号
65	妙峰山玫瑰	北京	北京市门头沟区妙峰山镇农业发展服务中心	门头沟区妙峰山镇涧沟村和禅房村。地理坐标为东经 115°57′10″～116°03′45″，北纬 40°35′10″～40°39′20″	AGI2011-05-00751
66	明溪淮山	福建	明溪县农学会	福建省明溪县行政区域内瀚仙镇、胡坊镇、盖洋镇、雪峰镇、夏阳乡、沙溪乡、夏坊乡、枫溪乡、城关乡等 9 个乡镇的 56 个行政村。地理坐标为东经 116°47″～117°35″，北纬 26°08″～26°39″	AGI2010-02-00238
67	明溪金线莲	福建	明溪县农学会	明溪县雪峰镇、瀚仙镇、胡坊镇、盖洋镇、夏阳乡、沙溪乡、夏坊乡、枫溪乡、城关乡等 9 个乡镇的 56 个行政村。地理坐标为东经 116°47′～117°35′，北纬 26°08′～26°39′	AGI2012-03-1020
68	莫力达瓦苏子	内蒙古	莫力达瓦达斡尔族自治旗绿色食品产业协会	尼尔基镇、汉古尔河办事处、登特科办事处、宝山镇、杜拉尔乡、阿尔拉镇、库如奇办事处、西瓦尔图镇、坤密尔堤办事处、腾克镇、哈达阳镇、额尔和办事处、红彦镇等 13 个乡镇（办事处）及所属 166 个行政村。地理坐标为东经 123°33′～125°16′，北纬 48°05′～49°51′	AGI2011-01-00544

续表

序号	产品名称	申请地区	申请人	划定的区域保护范围	技术规范编号
69	南城淮山	江西	南城县农业技术推广服务中心	南城县境内地区，盱江沿岸里塔镇、建昌镇、万坊镇、株良镇、新丰街镇、上唐镇、天井源乡、洪门镇、龙湖镇、沙洲镇、徐家乡等11个乡镇。地理坐标为东经116°24′～116°57′，北纬27°18′～27°47′	AGI2011-01-00552
70	宁化米仁	福建	宁化县农学会	宁化县16个乡镇。地理坐标为东经116°22′～117°02′，北纬25°58′～26°40′	AGI2012-03-1019
71	宁前胡	安徽	宁国市天目山中药材专业合作社	宁国市云梯乡、仙霞镇、中溪镇、宁墩镇、南极乡、万家乡、梅林镇、霞西镇、竹峰办事处、甲路镇、胡乐镇、方塘乡和青龙乡等13个乡镇现辖区域。地理坐标为东经118°37′～119°24′，北纬30°17′～30°37′	
72	牛家营子北沙参	内蒙古	喀喇沁旗牛家营子镇农民中药材协会	喀喇沁旗牛家营子镇的18个行政村；东至南荒村与红山区文中镇柳条沟村、大营子村交界处，南至水泉村与锦山镇全太村接壤，西与松山区城子镇相邻，北到赤峰市新城区交界处。地理坐标为东经118°08′～119°02′，北纬41°53′～42°14′	AGI2012-02-875

续表

序号	产品名称	申请地区	申请人	划定的区域保护范围	技术规范编号
73	牛家营子桔梗	内蒙古	喀喇沁旗牛家营子镇农民中药材协会	喀喇沁旗牛家营子镇的 18 个行政村；东至南荒村与红山区文中镇柳条沟村、大营子村交界处，南至水泉村与锦山镇全太村接壤，西与松山区城子镇相邻，北到赤峰市新城区交界处。地理坐标为东经 118°08′～119°02′，北纬 41°53′～42°14′	AGI2012-02-876
74	皮山山药	新疆	皮山县山药协会	皮山县固玛镇、科克铁热克乡、木奎拉乡、乔达乡、木吉乡、藏桂乡等 6 个乡镇的 81 个行政村。地理坐标为东经 77°31′～79°38′，北纬 35°22′～39°01′	AGI2013-02-1241
75	平顺潞党参	山西	平顺县统一种植专业合作社	平顺县虹梯关乡、东寺头乡、杏城镇、龙溪镇、西沟乡等 5 个乡镇的 62 个行政村。地理坐标为东经 113°23′～113°41′，北纬 35°57′～36°16′	AGI2011-01-00542
76	平遥长山药	山西	平遥晋伟中药材综合开发专业合作社	平遥县岳壁乡、东泉镇、宁固镇辖区内的 13 个行政村。地理坐标为东经 112°12′～112°31′，北纬 37°12′～37°21′	AGI2011-02-00590

续表

序号	产品名称	申请地区	申请人	划定的区域保护范围	技术规范编号
77	七里坡山楂	山西	闻喜县半山腰山楂种植专业合作社	闻喜县郭家庄镇稷王山前沿，包括七里坡、堆后、下七里坡、张樊、太平庄、蛇虎涧、石健、西川、王家庄等 9 个行政村。地理坐标为东经 111°30′19″～111°37′29″，北纬 35°09′38″～35°12′10″	AGI2013-01-1064
78	祈紫菀	河北	安国市中药材标准化生产协会	安国市祁州镇、郑章镇、大五女镇、西伏落镇、西城乡、明官店乡、北段村乡、祁州药市办事处等 8 个乡镇办事处的 149 个自然行政村。地理坐标为东经 115°10′～115°23′，北纬 38°18′～38°35′	AGI2013-01-1054
79	蕲山药	湖北	蕲春县农业技术推广中心	蕲春县青石镇、刘河镇、漕河镇等 3 个镇的 577 个行政村。地理坐标为东经 115°44′～115°55′，北纬 30°14′～30°28′	AGI2013-03-1325
80	青山龙眼	福建	福建省长乐市农业科学研究所	福建省长乐市境内。地理坐标为东经 119°24′～119°59′，北纬 25°40′～26°04′	AGI2009-01-00127

续表

序号	产品名称	申请地区	申请人	划定的区域保护范围	技术规范编号
81	荣成牡蛎	山东	荣成市渔业技术推广站	荣成市行政区内的沿海区域，包括虎山镇、人和镇、石岛管区、崖头经济开发区、俚岛镇、成山镇等。地理坐标为东经122°06′00″～122°42′05″，北纬36°27′00″～37°27′05″	AGI2013-02-1210
82	瑞昌山药	江西	瑞昌市山药产业协会	江西省瑞昌市辖区内的21个乡镇场，主要集中在南阳、高丰、桂林、横立山、白杨、洪下、夏畈等乡镇。地理坐标为东经115°19′44″～115°73′82″，北纬29°42′76″～29°81′56″	AGI2010-03-00280
83	山阳九眼莲	陕西	山阳县无公害农产品开发管理办公室	山阳县城关镇的张塬村、五里桥村等21个乡镇的68个村。地理坐标为东经109°32′～110°20′，北纬33°42′～39°09′	AGI2010-05-00321
84	石河子肉苁蓉	新疆兵团	新疆生产建设兵团第八师149团	新疆生产建设兵团第八师121团、133团、134团、136团、147团、148团、149团、150团。地理坐标为东经84°99′～86°43′，北纬44°37′～45°20′	AGI2013-03-1374

续表

序号	产品名称	申请地区	申请人	划定的区域保护范围	技术规范编号
85	石棉枇杷	四川	石棉县农业技术推广中心	石棉县境内的回隆乡、丰乐乡、迎政乡、先锋乡、新民乡、美罗乡、新棉镇、挖角乡、宰羊乡、永和乡、蟹螺乡、擦罗乡、安顺乡、田湾乡、草科乡、栗子坪乡等16个乡镇的85个村。地理坐标为东经101°56′～102°34′，北纬28°51′～29°31′	AGI2011-01-00572
86	苏岭山药	安徽	安徽泾县桃花潭原生态种植专业合作社	泾县桃花潭镇的新民、苏岭、龙潭等20个行政村；东到黄村镇、丁家桥镇，南到茂林镇，西到太平湖，北到云岭镇。地理坐标为东经117°58′50″～118°17′25″，北纬30°24′57″～30°40′29″	AGI2013-02-1201
87	塔里木垦区马鹿茸	新疆兵团	新疆生产建设兵团第二师畜牧兽医工作站	新疆生产建设兵团第二师21团、29团、30团、31团、33团、34团、36团。地理坐标为东经85°24′～88°30′，北纬39°30′～40°20′	AGI2013-03-1375
88	泰兴荞麦	江苏	泰兴市农业科学研究所	泰兴市分界镇、古溪镇、黄桥镇、元竹镇、新街镇、河失镇、姚王镇、宣堡镇、根思乡等8个镇、1个乡。地理坐标为东经119°69′～120°21′，北纬31°76′～32°23′	AGI2013-03-1287

续表

序号	产品名称	申请地区	申请人	划定的区域保护范围	技术规范编号
89	天峨大果山楂	广西	天峨县水果生产管理局	广西天峨县向阳镇、六排镇、岜暮乡、坡结乡、纳直乡、更新乡、八腊乡、三堡乡、下老乡等9个乡镇的46个村。地理坐标为东经106°34′～107°19′，北纬24°36′～25°28′	AGI2010-04-00297
90	天仙硐枇杷	四川	泸州市纳溪区果技站	泸州市纳溪区的大渡口、护国、打古、上马、合面、丰乐、白节、天仙、棉花坡、新乐、渠坝、龙车等12个镇的176个村。地理坐标为东经105°09′～105°37′，北纬28°02′14″～28°26′53″	AGI2012-02-957
91	渭源白条党参	甘肃	渭源县中药材产业办公室	渭源县新寨镇、北寨镇、秦祁乡、大安乡、庆坪乡、路园镇、清源镇、莲峰镇、锹峪乡、祁家庙乡等10个乡镇的106个村。地理坐标为东经103°52′～104°21′，北纬35°02′～35°25′	AGI2012-02-987
92	文登西洋参	山东	文登市绿色食品协会	文登市境内北起界石镇店子头村，东至大水泊镇孤石村，南至泽库镇前岛村，西至葛家镇西谭家口村，覆盖文登市境内15个镇（办）开发区的687个行政村。地理坐标为东经121°43′～122°19′，北纬36°52′～37°16′	AGI2011-05-00795

续表

序号	产品名称	申请地区	申请人	划定的区域保护范围	技术规范编号
93	文登银杏	山东	文登市绿色食品协会	文登市境内北起界石镇店子头村，东至大水泊镇孤石村，南至泽库镇前岛村，西至葛家镇西谭家口村，覆盖文登市境内15个镇（办）开发区的687个行政村。地理坐标为东经121°43′～122°19′，北纬36°52′～37°16′	AGI2013-02-1207
94	文宫枇杷	四川	仁寿县果树站	四川省眉山市仁寿县境内文宫镇、鳌陵乡、观寺乡、高家镇、古佛乡、板燕乡、龙马镇、大化镇、青岗乡、珠嘉乡、方加镇、元通乡、中岗乡、视高镇、富家镇、文林镇、向家乡、龙桥乡、曲江乡、玉龙乡等20个乡镇。地理坐标为东经104°05′～104°25′，北纬29°55′～30°20′	AGI2009-07-00173
95	梧桐山药	山西	孝义市梧桐玉龙山药专业合作社	孝义市梧桐镇中梧桐、南梧桐、北梧桐、东梧桐、仁顺、西王屯、东王屯等7个行政村。地理坐标为东经111°47′18″～111°49′15″，北纬37°03′43″～37°06′07″	AGI2011-01-00541
96	武都红芪	甘肃	陇南市武都区中药材技术服务中心	武都区安化镇、马街镇、隆兴乡、龙坝乡、鱼龙镇、甘泉镇、佛崖乡、汉王镇、柏林乡、汉林乡、角弓镇、石门乡、两水镇、三河镇、桔柑乡、外纳乡、玉皇乡、郭河乡、五库乡、月照乡、黄坪乡、磨坝乡、三仓乡、蒲池乡、龙凤乡等25个乡镇的376个村。地理坐标为东经104°34′30″～105°38′45″，北纬32°47′55″～33°42′30″	AGI2011-02-00640

续表

序号	产品名称	申请地区	申请人	划定的区域保护范围	技术规范编号
97	武平仙草	福建	福建省武平县绿露仙草专业合作社	武平县平川镇、万安乡、城厢乡、东留乡、中山镇、下坝乡、民主乡、中赤乡、岩前镇、象洞乡、十方镇、武东乡等12个乡镇的144个村。地理坐标为东经115°59′～116°23′，北纬24°52′～25°08′	AGI2013-03-1292
98	武穴佛手山药	湖北	武穴市农业技术推广中心	武穴市梅川镇、余川镇及其毗邻佛手山药生长区域。地理坐标为东经115°22′～115°49′，北纬29°50′～30°13′	AGI2009-04-00165
99	武义铁皮石斛	浙江	浙江寿仙谷珍稀植物药研究所	武义县王宅镇、白姆乡、泉溪镇、俞源乡、熟溪街道、坦洪乡、柳城镇、桃溪镇、新宅镇、西联乡、大田乡、三港乡、大溪口乡等13个乡镇街道的95个行政村。地理坐标为东经119°28′～119°55′，北纬28°32′～28°50′	AGI2011-05-00775
100	小相菊花	河南	巩义市稽含园菊花种植专业合作社	巩义市南村寨、四合、小相、东庄、赵城村。地理坐标为东经112°84′72″～112°90′67″，北纬34°55′64″～34°61′12″	AGI2012-03-1029

续表

序号	产品名称	申请地区	申请人	划定的区域保护范围	技术规范编号
101	新村银杏	山东	郯城县新村乡农业服务站	在山东省郯城县新村乡境内，位于山东省最南端，南与江苏邳州市接壤，北与郯城县马头镇衔接，东界京户高速公路，西傍沂河。地理坐标为东经 118°09′～118°12′，北纬 34 °33′～34 °36′	AGI2008-07-00065
102	盐边桑葚	四川	盐边县蚕桑丝绸协会	盐边县渔门镇、永兴镇、惠民乡、国胜乡、鳡鱼乡、箐河乡、温泉乡、红宝乡、格萨拉乡、共和乡、红果乡等 11 个乡镇。地理坐标为东经 101°06′17″～101°47′45″，北纬 26°47′46″～27°07′35″	AGI2013-01-1161
103	盐池甘草	宁夏	盐池县中药材站	盐池县惠安堡镇、大水坑镇、高沙窝镇、冯记沟乡、王乐井乡、青山乡、花马池镇等 7 个乡镇。地理坐标为东经 106°33′～107°47′，北纬 37°04′～38°10′	AGI2013-03-1367
104	盐池荞麦	宁夏	盐池县科技服务中心	盐池县位于宁夏回族自治区东部，属鄂尔多斯台地向黄土高原的过渡地带，地处东经 106°33′～107°47′，北纬 37°04′～38°10′之间，东邻陕西定边，南邻甘肃省环县，北接内蒙古自治区鄂托克前旗，西连本区灵武、同心两市（县），盐池荞麦生产区域遍及全县 8 个乡镇	AGI2008-07-00093

续表

序号	产品名称	申请地区	申请人	划定的区域保护范围	技术规范编号
105	阳城桑葚	山西	阳城县高优蚕茧农民专业合作社	阳城县东城办、凤城镇、北留镇、润城镇、西河乡、固隆乡、河北镇、驾岭乡、芹池镇、演礼乡、次营镇、横河镇、东冶镇、蟒河镇、董封乡、寺头乡、町店镇、白桑乡等18个乡镇。地理坐标为东经112°03′～112°37′，北纬35°12′～35°40′	AGI2013-03-1257
106	阳城山茱萸	山西	阳城县天然山茱萸农民专业合作社	阳城县的蟒河镇、东冶镇、河北镇、驾岭乡、横河镇、董封乡、次营镇等7个乡镇，涉及75个行政村。地理坐标为东经112°00′～112°37′，北纬35°12′～35°40′	AGI2011-05-00764
107	仪陇半夏	四川	仪陇县农业科学技术学会	仪陇县双胜镇、复兴镇、五福镇、赛金镇、凤仪乡等5个乡镇的87个行政村。地理坐标为东经106°21′～106°23′，北纬31°18′～31°25′	AGI2012-02-965
108	沂源全蝎	山东	沂源县畜牧兽医协会	山东省沂源县境内的南麻镇、土门镇、鲁村镇、徐家庄乡、大张庄镇、燕崖乡、中庄镇、西里镇、东里镇、张家坡镇、石桥乡、悦庄镇和三岔乡等13个乡镇。地理坐标为东经117°54′～118°31′，北纬35°55′～36°23′	AGI2009-02-00149

续表

序号	产品名称	申请地区	申请人	划定的区域保护范围	技术规范编号
109	荥经天麻	四川	荥经县农业科技指导服务中心	荥经县新建乡、三合乡、新庙乡、泗坪乡、烈士乡、荥河乡、民建乡、花滩镇、安靖乡、烈太乡、六合乡、新添乡、天凤乡、宝峰乡、大田坝乡、龙苍沟乡、烟竹乡、青龙乡、五宪乡、附城乡、严道镇等 21 个乡镇的所属行政村。地理坐标为东经 102°20′～102°56′，北纬 29°29′～29°56′	AGI2011-01-00573
110	于田沙漠玫瑰	新疆	于田县农业技术推广中心	于田县阿热勒乡的 10 个村；东临于田县奥依托格拉克乡，西临科克亚乡，南至于田县阿日希乡，北至英巴格乡。地理坐标为东经 81°09′～82°51′，北纬 35°14′～39°29′	AGI2013-01-1191
111	裕民无刺红花	新疆	裕民县红花协会	裕民县哈拉布拉乡、江格斯乡、新地乡、阿勒腾也木勒乡、国营牧场、吉也克乡等 5 乡 1 场，共 53 个行政村。地理坐标为东经 82°15′～83°30′，北纬 45°24′～46°30′	AGI2011-01-00578
112	泽州红山楂	山西	泽州县晋丰源种植专业合作社	泽州县的高都镇、巴公镇、下村镇、李寨乡、南岭乡等 14 个镇、3 个乡，涉及 632 个行政村。地理坐标为东经 112°31′～113°14′，北纬 35°12′～35°42′	AGI2013-01-1061

续表

序号	产品名称	申请地区	申请人	划定的区域保护范围	技术规范编号
113	漳浦穿心莲	福建	漳浦县经济作物站	深土镇、旧镇镇、赤湖镇、佛昙镇、前亭镇、马坪镇、赤岭乡、官浔镇、长桥镇、南浦乡、石榴镇、盘陀镇、大南坂镇、绥安镇、赤土乡、湖西乡、六鳌镇、霞美镇、杜浔镇、古雷镇、沙西镇等21个乡镇，遍及277个行政村。地理坐标为东经117°24′～118°01′，北纬23°43′～24°21′	AGI2011-02-00616
114	钟祥葛粉	湖北	钟祥市葛产业协会	钟祥市张集镇、客店镇两镇的罗家庄、云岭寨、天星畈、薛店、杨畈、建国、响水潭、包家畈、宗家湾、牌坊、长河、王家河、张家畈、泉水河、黑王寨、沙河、刘家畈、蔡家岭、双庙畈、万金淌、徐家湾、斋公岭、张林冲、月亮门、黄祠、卓家河、竹林岗、陈家湾、马湾、杨岭、南庄、明灯、邵集、马咀、元台、官湾、新屋湾、邵台、杨庙、朝阳店、赵泉河等41个村。地理坐标为东经112°07′～113°00′，北纬30°42′～31°36′	AGI2013-01-1147
115	庄河牡蛎	大连	庄河市水产技术推广站	辽宁省庄河市海域，石城岛、王家岛、黑岛、南尖海域为主要产地。地理坐标为东经122°43′～123°30′，北纬39°27′～39°45′	AGI2011-03-00654

九、道地药材申请植物新品种保护情况

经检索农业部植物新品种保护办公室的植物新品种数据库（自1999年9月1日至2014年1月1日），中草药植物新品种申请情况（中草药主要分布在菊属、石竹属、唐菖蒲属、酸模属、百合属、补血草属、苎麻属、桑属、花毛茛、秋海棠属、凤仙花、人参）如下。

植物新品种申请情况

申请号	植物种类	品种名称	申请日	公告类型	申请/品种权人	公告号
20130387.4	菊属 Chrysanthemum L.	特马	2013-05-13	申请公告	昆明虹之华园艺有限公司	CNA010552E
20130389.2	菊属 Chrysanthemum L.	寄之空	2013-05-13	申请公告	昆明虹之华园艺有限公司	CNA010553E
20130219.8	菊属 Chrysanthemum L.	粉佳人	2013-03-27	申请公告	荷兰菲德斯有限责任公司	CNA010551E
20130201.8	菊属 Chrysanthemum L.	斯维特	2013-03-19	申请公告	荷兰菲德斯有限责任公司	CNA010550E
20130202.7	菊属 Chrysanthemum L.	红霞	2013-03-19	申请公告	荷兰菲德斯有限责任公司	CNA010296E
20130203.6	菊属 Chrysanthemum L.	紫袍	2013-03-19	申请公告	荷兰菲德斯有限责任公司	CNA010297E
20130204.5	菊属 Chrysanthemum L.	金樽	2013-03-19	申请公告	荷兰菲德斯有限责任公司	CNA010298E

续表

申请号	植物种类	品种名称	申请日	公告类型	申请/品种权人	公告号
20130205.4	菊属 Chrysanthemum L.	金秋	2013-03-19	申请公告	荷兰菲德斯有限责任公司	CNA010299E
20130192.9	菊属 Chrysanthemum L.	南农粉葵	2013-03-11	申请公告	南京农业大学	CNA010291E
20130193.8	菊属 Chrysanthemum L.	南农粉蕊	2013-03-11	申请公告	南京农业大学	CNA010292E
20130194.7	菊属 Chrysanthemum L.	南农鬼脸	2013-03-11	申请公告	南京农业大学	CNA010293E
20130195.6	菊属 Chrysanthemum L.	南农黄珑玉	2013-03-11	申请公告	南京农业大学	CNA010294E
20130196.5	菊属 Chrysanthemum L.	南农靓柠檬	2013-03-11	申请公告	南京农业大学	CNA010295E

续表

申请号	植物种类	品种名称	申请日	公告类型	申请/品种权人	公告号
20130133.1	菊属 Chrysanthemum L.	赞布拉黄	2013-02-17	申请公告	荷兰德丽品种权公司	CNA010289E
20130135.9	菊属 Chrysanthemum L.	德丽腊朵黄	2013-02-17	申请公告	荷兰德丽品种权公司	CNA010290E
20130134.0	菊属 Chrysanthemum L.	德丽莫娜达	2013-02-17	申请公告	荷兰德丽品种权公司	CNA010545E
20130136.8	菊属 Chrysanthemum L.	德丽腊朵思	2013-02-17	申请公告	荷兰德丽品种权公司	CNA010546E
20130137.7	菊属 Chrysanthemum L.	德丽娜娃	2013-02-17	申请公告	荷兰德丽品种权公司	CNA010547E
20130138.6	菊属 Chrysanthemum L.	德丽丹特	2013-02-17	申请公告	荷兰德丽品种权公司	CNA010548E

续表

申请号	植物种类	品种名称	申请日	公告类型	申请/品种权人	公告号
20130139.5	菊属 Chrysanthemum L.	德丽欧丽芙	2013-02-17	申请公告	荷兰德丽品种权公司	CNA010549E
20130200.9	石竹属 Dianthus L.	希来步	2013-03-19	申请公告	荷兰希维达科易记花卉公司	CNA010559E
20130093.9	石竹属 Dianthus L.	维斯诺克	2013-01-31	申请公告	荷兰西选花卉育种公司	CNA010558E
20121103.6	石竹属 Dianthus L.	丽康	2012-11-30	申请公告	荷兰希维达科易记花卉公司	CNA009980E
20121017.1	石竹属 Dianthus L.	希罗萨斯	2012-11-16	申请公告	荷兰希维达科易记花卉公司	CNA009728E
20120677.4	石竹属 Dianthus L.	绿洲	2012-08-09	申请公告	昆明缤纷园艺有限公司	CNA009393E

续表

申请号	植物种类	品种名称	申请日	公告类型	申请/品种权人	公告号
20120678.3	石竹属 Dianthus L.	清风	2012-08-09	申请公告	昆明缤纷园艺有限公司	CNA009394E
20120679.2	石竹属 Dianthus L.	婉转	2012-08-09	申请公告	昆明缤纷园艺有限公司	CNA009395E
20120680.9	石竹属 Dianthus L.	后来	2012-08-09	申请公告	昆明缤纷园艺有限公司	CNA009396E
20120681.8	石竹属 Dianthus L.	千百度	2012-08-09	申请公告	昆明缤纷园艺有限公司	CNA009397E
20120682.7	石竹属 Dianthus L.	小富贵	2012-08-09	申请公告	昆明缤纷园艺有限公司	CNA009398E
20120664.9	石竹属 Dianthus L.	彩旗	2012-08-09	申请公告	李映菊	CNA009560E

续表

申请号	植物种类	品种名称	申请日	公告类型	申请/品种权人	公告号
20120665.8	石竹属 Dianthus L.	火云	2012-08-09	申请公告	李映菊	CNA009561E
20120666.7	石竹属 Dianthus L.	紫灵	2012-08-09	申请公告	李映菊	CNA009562E
20120667.6	石竹属 Dianthus L.	飘逸	2012-08-09	申请公告	李映菊	CNA009563E
20120668.5	石竹属 Dianthus L.	绿茵	2012-08-09	申请公告	李映菊	CNA009564E
20120669.4	石竹属 Dianthus L.	流星	2012-08-09	申请公告	李映菊	CNA009565E
20120670.1	石竹属 Dianthus L.	黄钻	2012-08-09	申请公告	李映菊	CNA009566E

续表

申请号	植物种类	品种名称	申请日	公告类型	申请/品种权人	公告号
20120671.0	石竹属 Dianthus L.	红领	2012-08-09	申请公告	李映菊	CNA009567E
20120672.9	石竹属 Dianthus L.	快乐	2012-08-09	申请公告	李映菊	CNA009568E
20120673.8	石竹属 Dianthus L.	风花夜	2012-08-09	申请公告	李映菊	CNA009569E
20100503.6	唐菖蒲属 Gladiolus L.	碧玉	2010-06-30	申请公告	昆明虹之华园艺有限公司	CNA006962E
20100504.5	唐菖蒲属 Gladiolus L.	黄蓉	2010-06-30	申请公告	昆明虹之华园艺有限公司	CNA006963E
20060818.5	唐菖蒲属 Gladiolus L.	卡门	2006-12-26	申请公告	大韩民国农村振兴厅	CNA003821E

续表

申请号	植物种类	品种名称	申请日	公告类型	申请/品种权人	公告号
20000033.0	酸模属 Rumex L.	鲁梅克斯 K—1 杂交酸模	2000-06-27	申请公告	中食产业集团鲁梅克斯有限公司	CNA000133E
20000033.0	酸模属 Rumex L.	鲁梅克斯 K—1 杂交酸模	2000-06-27	视为撤回	中食产业集团鲁梅克斯有限公司	
20120821.9	百合属 Lilium L.	蛟龙	2012-09-15	申请公告	云南省农业科学院花卉研究所	CNA009556E
20120822.8	百合属 Lilium L.	龙珠	2012-09-15	申请公告	云南省农业科学院花卉研究所	CNA009557E
20120823.7	百合属 Lilium L.	香槟	2012-09-15	申请公告	云南省农业科学院花卉研究所	CNA009558E
20120824.6	百合属 Lilium L.	黄金甲	2012-09-15	申请公告	云南省农业科学院花卉研究所	CNA009559E

续表

申请号	植物种类	品种名称	申请日	公告类型	申请/品种权人	公告号
20120421.3	百合属 Lilium L.	竞赛	2012-05-10	申请公告	荷兰观赏植物测试中心有限公司	CNA009274E
20120422.2	百合属 Lilium L.	冰立方	2012-05-10	申请公告	荷兰观赏植物测试中心有限公司	CNA009275E
20120423.1	百合属 Lilium L.	粉色宫殿	2012-05-10	申请公告	荷兰观赏植物测试中心有限公司	CNA009276E
20120424.0	百合属 Lilium L.	美艳	2012-05-10	申请公告	荷兰观赏植物测试中心有限公司	CNA009277E
20120243.9	百合属 Lilium L.	憧憬	2012-03-15	申请公告	北京海华文景农业科技有限公司	CNA009273E
20111059.1	百合属 Lilium L.	红磨坊	2011-12-10	申请公告	云南省农业科学院花卉研究所	CNA008950E

续表

申请号	植物种类	品种名称	申请日	公告类型	申请/品种权人	公告号
20110658.8	百合属 Lilium L.	巨星	2011-09-15	申请公告	北京海华文景农业科技有限公司	CNA008214E
20110181.4	百合属 Lilium L.	索乐	2011-03-15	申请公告	上海振东园艺有限公司	CNA007861E
20110181.4	百合属 Lilium L.	索乐	2011-03-15	视为撤回	上海振东园艺有限公司	
20110173.4	百合属 Lilium L.	玛龙	2011-03-11	申请公告	荷兰观赏植物测试中心有限公司	CNA007857E
20110174.3	百合属 Lilium L.	粉色秘密	2011-03-11	申请公告	荷兰观赏植物测试中心有限公司	CNA007858E
20110175.2	百合属 Lilium L.	罗宾娜	2011-03-11	申请公告	荷兰观赏植物测试中心有限公司	CNA007859E

续表

申请号	植物种类	品种名称	申请日	公告类型	申请/品种权人	公告号
20110176.1	百合属 Lilium L.	托莱多	2011-03-11	申请公告	荷兰观赏植物测试中心有限公司	CNA007860E
20101125.2	百合属 Lilium L.	信念	2010-12-17	申请公告	云南云科花卉有限公司	CNA007754E
20101126.1	百合属 Lilium L.	美宝莲	2010-12-17	申请公告	云南云科花卉有限公司	CNA007755E
20101117.2	百合属 Lilium L.	皖南 1 号	2010-12-14	申请公告	安徽大学	CNA007753E
20111236.7	补血草属 Limonium Mill.	紫蝴蝶	2011-12-30	申请公告	云南云科花卉有限公司	CNA008737E
20111237.6	补血草属 Limonium Mill.	黄鹂鸟	2011-12-30	申请公告	云南省农业科学院花卉研究所	CNA008738E

续表

申请号	植物种类	品种名称	申请日	公告类型	申请/品种权人	公告号
20110009.4	补血草属 Limonium Mill.	黄水晶	2011-01-11	申请人变更		
20110010.1	补血草属 Limonium Mill.	紫云	2011-01-11	申请人变更		
20110009.4	补血草属 Limonium Mill.	黄水晶	2011-01-11	申请公告	昆明芊卉种苗有限公司	CNA007491E
20110010.1	补血草属 Limonium Mill.	紫云	2011-01-11	申请公告	昆明芊卉种苗有限公司	CNA007492E
20070437.0	苎麻属 Boehmeria L.	C26	2007-09-10	申请公告	达州市农业科学研究所	CNA004212E
20070437.0	苎麻属 Boehmeria L.	C26	2007-09-10	授权公告	达州市农业科学研究所	CNA003135G
20050949.7	苎麻属 Boehmeria L.	川苎9号	2005-12-31	终止	达州市农业科学研究所	

续表

申请号	植物种类	品种名称	申请日	公告类型	申请/品种权人	公告号
20050949.7	苎麻属 Boehmeria L.	川苎9号	2005-12-31	授权公告	达州市农业科学研究所	CNA001262G
20050949.7	苎麻属 Boehmeria L.	川苎9号	2005-12-31	申请公告	达州市农业科学研究所	CNA002719E
20090510.0	桑属 Morus L.	鄂桑1号	2009-09-12	申请公告	湖北农业科学院经济作物研究所	CNA005954E
20090511.9	桑属 Morus L.	鄂桑2号	2009-09-12	申请公告	湖北农业科学院经济作物研究所	CNA005955E
20090337.1	桑属 Morus L.	粤椹28	2009-06-11	申请公告	广东省农业科学院蚕业与农产品加工研究所	CNA005725E
20090138.2	桑属 Morus L.	粤椹74	2009-03-20	申请公告	广东省农业科学院蚕业与农产品加工研究所	CNA005592E

续表

申请号	植物种类	品种名称	申请日	公告类型	申请/品种权人	公告号
20080201.1	花毛茛 Ranunculus asiaticus L.	粉面童子	2008-04-16	申请公告	云南省农业科学院	CNA004877E
20080201.1	花毛茛 Ranunculus asiaticus L.	粉面童子	2008-04-16	视为撤回	云南省农业科学院	
20080163.5	花毛茛 Ranunculus asiaticus L.	金瓯泛红	2008-03-26	申请公告	云南省农业科学瓷	CNA004752E
20080163.5	花毛茛 Ranunculus asiaticus L.	金甄泛红	2008-03-26	视为撤回	云南省农业科学院	
20110661.3	秋海棠属 Begonia L.	满堂红	2011-09-16	申请公告	昆明芊卉园艺有限公司	CNA008246E
20110661.3	秋海棠属 Begonia L.	满堂红	2011-09-16	申请人变更		
20110357.2	秋海棠属 Begonia L.	红绒	2011-05-18	申请公告	中国科学院华南植物园	CNA008245E

续表

申请号	植物种类	品种名称	申请日	公告类型	申请/品种权人	公告号
20110156.5	秋海棠属 Begonia L.	印加火焰	2011-03-03	申请公告	荷兰科比品种权公司	CNA007867E
20100476.9	秋海棠属 Begonia L.	丽蓓卡	2010-06-22	申请公告	荷兰科比品种权公司	CNA006970E
20100477.8	秋海棠属 Begonia L.	瑞娜	2010-06-22	申请公告	荷兰科比品种权公司	CNA006971E
20100478.7	秋海棠属 Begonia L.	贝拉-粉紫	2010-06-22	申请公告	荷兰科比品种权公司	CNA006972E
20100479.6	秋海棠属 Begonia L.	柏利斯-红白	2010-06-22	申请公告	荷兰科比品种权公司	CNA006973E
20110065.5	凤仙花 Impatiens balsamina L.	春霞	2011-01-25	申请公告	北京文萱花卉有限公司	CNA007756E

续表

申请号	植物种类	品种名称	申请日	公告类型	申请/品种权人	公告号
20110066.4	凤仙花 Impatiens balsamina L.	朝阳	2011-01-25	申请公告	北京文萱花卉有限公司	CNA007757E
20120972.6	人参 Panax ginseng C. A. Mey.	康美1号	2012-10-27	申请公告	集安大地参业有限公司	CNA009992E
20120608.8	人参 Panax ginseng C. A. Mey.	连丰	2012-07-17	申请公告	韩国人参公社	CNA009407E
20120609.7	人参 Panax ginseng C. A. Mey.	天丰	2012-07-17	申请公告	韩国人参公社	CNA009408E
20100965.7	人参 Panax ginseng C. A. Mey.	连丰	2010-11-22	申请公告	韩国人参公社	CNA007344E
20100966.6	人参 Panax ginseng C. A. Mey.	天丰	2010-11-22	申请公告	韩国人参公社	CNA007345E

十、欧盟对传统产品的保护方法和经验

欧盟成立于1993年11月，是由一些历史比较传统的国家组成，因而其优势产品除了汽车、化工（含制药业）等行业外，主要表现在基于传统知识和传统生产方法的产品（尤其是农产品）上，在这一点上与我国的基本国情比较相似。近年来，以德国为代表的欧盟国家围绕如何保证和提高传统产品的质量，保持和加强本国传统产品在全世界市场上的独占性和高附加值，采取了众多的措施，其中包括建立起了有利于提高产品质量、保持市场独占性的以地理标志为核心的知识产权等相关制度。

（一）欧盟保护传统产品的发展历史

1962年，为了在财政上有效地帮助农民，统一欧洲各国在农业方面的政策，欧洲成立了共同农业政策（Common Agricultural Policy，CAP）组织，专门从事帮助农业、农村、农民生产活动的工作。根据欧盟委员会2014年4月份发布的《欧盟解释：农业》（The EU explained：Agriculture）报道，CAP组织的早期工作主要是鼓励农民运用现代器械和新技术，包括化学肥料和植物保护产品，从而为人们提供更多的食物，当时的政策也确实非常有效，从1962年到2000年，农业产量持续增加，但之后停滞不前。近年来，CAP组织的工作重点有了转移，目前主要帮助农民减少温室气体的排放、使用生态友好型农业技术、满足公众健康、环境和动物福利的要求、生产和销售当地特色农产品、充分利用森林和林木、发展农产品的其他用途如化妆品、药品和手工艺品等。CAP组织的另一重要任务是发展农业现代化，以资金补助的形式鼓励农民对农场的建筑设施和农业器械进行升级改造，促进农民在经济上更富有竞争力，更乐于使用环境可持续发展技术。同时提供贷款服务和技术咨询服务来发展农业现代化。

根据《欧盟解释：农业》介绍，目前欧洲的农业发展开始以质量为主导。该报道称，欧洲以其拥有大量精美的食物、红酒和

啤酒著称，这反映了欧洲保有大量的厨艺传统。为了保证食品安全，提供高质量的食物，欧洲在漫长历史上发展了市场标准、鉴别产品质量的质量体系、品牌证明体系和卫生标准。目前，欧盟主要的品牌保护手段包括原产地保护（Protected Designation of Origin，PDO）、地理标志保护（Protected Geographical Indication，PGI）和传统特产保护（Traditional Speciality Guaranteed，TSG），而这三项保护方法主要的出发点是为了保护农产品与食品的注册名称，规范地方传统特产的注册，保证农产品和食品的品质和质量。

1992 年 7 月 14 日，欧洲理事会颁布第 2081/92 号法规《农产品与食品的地理标志保护和原产地保护条例》（Council Regulation（EEC）No 2081/92 of 14 July 1992 on the Protection of Geographical Indications and Designations of Origin for Agricultural Products and Foodstuffs），1993 年 7 月 27 日，欧盟委员会发布《农产品与食品的地理标志保护和原产地保护条例实施细则》（Commission Regulation（EEC）No 2037/93 of 27 July 1993 Laying down Detailed Rules of Application of Council Regulation（EEC）No 2081/92 on the Protection of Geographical Indications and Designations of Origin for Agricultural Products and Foodstuffs）。建立了相对完整的原产地保护和地理标志保护制度。但是，随着人们对食品质量的要求越来越高，产生了对特色产品和明晰原产地产品的需求。各国对农产品与食品的地理标志保护和原产地保护要求尚不统一，红酒和饮料也没有纳入保护范围，于是在 2006 年 3 月 20 日，欧洲理事会颁布了新的《农产品与食品的地理标志保护和原产地保护条例》（Council Regulation（EC）No 510/2006 of 20 March 2006 on the Protection of Geographical Indications and Designations of Origin for Agricultural Products and Foodstuffs），以替代原有的（EEC）No 2081/92。

由于许多人认为农产品的生产、制造、运输对于欧盟经济产生重大的影响，因而应重新定位农业政策，农产品的多样性应受到鼓励，传统特色产品的生产应当可以发展农村经济和保持农村人口，尤其是资源缺乏地区和边远地区。因而应采取措施让他们的特色产品价值在市场上得到显现，保护消费者的选择权和公平交易。但是，原来的政策只是从消费者的角度出发，提高消费者对产品原料、生产加工方法和产品特色的了解，然而市场多种多样的产品和大量的产品信息使得消费者难以判断和选择，所以为这些产品提供简明、清晰的标志是必需的。1992 年 7 月 14 日，欧洲理事会发布了《特色农产品和食品证书条例》（Council Regulation（EEC）No 2082/92 of 14 July 1992 on Certificates of Specific Character for Agricultural Products and Foodstuffs），1993 年 7 月 9 日，欧盟委员会颁布了《特色农产品和食品证书条例实施细则》（Commission Regulation（EEC）No 1848/93 of 9 July 1993 Laying down Detailed Rules for the Application of Council Regulation（EEC）No 2082/92 on Certificates of Specific Character for Agricultural Products and Foodstuffs）。建立起了富有特色的欧洲特色农产品保护制度。基于鼓励农产品的多样化可以发展农村经济的考虑，尤其是具有特色的传统产品，对于资源缺乏地区和边远地区的经济发展尤为重要。但原条例中使用特色农产品和食品（Specific Character for Agricultural Products and Foodstuffs）容易给生产者和消费者误解，没有突出传统（traditional）的意思，因而考虑改为传统特色产品（traditional speciality guaranteed）。一些生产者想把世代传承的、富有特色的农产品与相似的普通产品予以区分，既满足消费者的需求，也可以获得较好的市场回报。为了保护消费者的利益，对这种区分标志也应当予以严格监督，虽然欧盟已经有关于食品标签的规定（Directive 2000/13/EC），但是考虑到特色和让消费者更加便捷和快速地进行判断，有必要对“传统特色产品”和专业协会制定的符号（The Associated Community Symbol）予以专门规定。2006 年 3 月 20 日，欧洲理事会发布了新的《农产品和食品的传统特产保护条例》以替代（EEC）No 2082/92。

2012 年 11 月 21 日欧洲议会和理事会发布了《农产品和食品的质量方案》（Regulation（EU）No 1151/2012 of the European Parliament and of the Council of 21 November 2012 on Quality Schemes for Agricultural Products and Foodstuffs），自 2013 年 1 月 3 日起正式生效。该方案对原有的几部法律进行了整合与简化，对传统特色产品保护制度（TSG）进行了修订，对一些代表优质农产品的名词如“山区产品”“岛屿产品”“传统”等准备制定进一步规范与保护的发展规划。2013 年 12 月 18 日，欧盟发布《关于建立保护原产地名称、地理标志和传统特色产品的联盟符号和申请、程序、过渡期的补充规定》（Supplementing Regulation（EU）No 1151/2012 of the European Parliament and of the Council with Regard to the Establishment of the Union Symbols for Protected Designations of Origin, Protected Geographical Indications and Traditional Specialities Guaranteed and with Regard to Certain Rules on Sourcing, Certain Procedural Rules and Certain Additional Transitional Rules）。2014 年 6 月 13 日，欧盟颁布《农产品和食品的质量方案实施细则》（Commission Implementing Regulation（EU）No 668/2014 of 13 June 2014 Laying down Rules for the Application of Regulation（EU）No 1151/2012 of the European Parliament and of the Council on Quality Schemes for Agricultural Products and Foodstuffs），对申请注册的表格、内容、各种相关的标记符号的使用等作了具体规定。

（二）欧盟保护传统农产品和食品的具体规定

1. 关于欧盟《农产品和食品的质量方案》的立法目的

在欧洲议会和理事会发布的《农产品和食品的质量方案》的开篇中指出，欧盟农业、渔业和水产业的质量与多样化是欧盟的强项，是欧盟富有竞争力的优势，为欧盟的文化弘扬和美食传承做出了巨大的贡献，这归功于欧盟农民和生产者在新产品生产方法和新材料不断更新的形势下坚定地保存这些技能。

欧盟市民和消费者越来越关心产品的质量和传统的产品以及如何在欧盟维系着农产品的多样性，这使得人们对具有显著特色（尤其是与地理来源有关）的农产品和食品的需求越来越大。

但是，生产者只有在他们的付出得到合理回报时他们才会继续生产这些具有特色的、质量好的产品。他们需要在公平竞争的条件下，让购买者或消费者对他们产品的特色予以知情，也需要将自己的产品与市场上其他产品予以严格区别。

实行质量方案，让具有特色的、质量上乘的产品的生产者得到相应的回报有益于农村经济的发展，尤其对于自然条件欠佳地区、山区和许多边远地区，经济要取得大的发展，代价非常高。因而，实行质量方案可以落实农村发展政策和共同农村政策（CAP）中的市场和收入支持措施，尤其是对农业经济占主要地位的地区，如弱势地区[1]。

欧盟于2010年3月3日发布了《欧盟2020策略》，提出建立智慧（Smart）、可持续（Sustainable）和包容（Inclusive）发展的经济社会，要发展基于知识、创新为基础的，高竞争力、高就业率和高社会凝聚力的经济，农业产品质量政策要鼓励生产者生产传统特色产品，防止市场中的不正当行为。

制定《农产品和食品的质量方案》，就是确保生产优良品质农产品或食品的农民和生产者能够在市场中公平竞争，向消费者提供可靠的产品信息，尊重知识产权，规范国内市场；支持与高质量产品相关的农艺技术、加工技术和耕种系统，促进农业发展的实现。

建立《农产品和食品的质量方案》，为区别、适当保护特定名称和术语提供基础，尤其对于直接或间接描述为高品质特色、种植与加工方法及生产地或市场具有高品质属性的农产品。

---

[1] REGULATION（EU）No 1151/2012 of the European Parliament and of the Council of 21 November 2012 on Quality Schemes for Agricultural Products and Foodstuffs. 原载于 Official Journal of the European Union，14. 12. 2012，L 343/1.

2. 关于农产品原产地名称和地理标志保护制度

近些年来，食品质量已经成为广大消费者和食品生产者所共同关注的重要问题，由于农产品和食品的质量大多与植物的产地、传统的生产加工方法和历史沉积的声誉等有密切的关系，为了保护生产者在产品上标注特定产地、传统方法和产品声誉的权利，传承地方名优产品，欧盟着力加强农产品的原产地名称和地理标志保护。

对原产地名称和地理标志给予法律上的定义：

欧盟《农产品和食品的质量方案》中第5条第（1）款规定，“原产地名称”是指：（a）产自于特定的地方、地区，特殊的情况下可产自特定国家；（b）其质量或特性在本质上或完全取决于特定地理环境中固有的自然和人文因素；（c）其生产过程全部在特定的地域内进行。第5条第（2）款规定，“地理标志”是指：（a）产自于特定的地方、地区或国家；（b）其保有的质量、声誉或其他特征本质上决定于其地理来源；（c）至少有一个生产环节是在特定的地理区域内完成的。第5条第（3）款规定，产品原材料（指活禽、肉、牛奶）来源地大于或并非来自于指定的地理区域的，如提供下列证据，也可以视为来自于指定的原产地：（a）原材料的生产地是明确的；（b）有原材料的特定生产条件；（c）有保证（b）所说特定生产条件的管理措施；（d）所要求的原产地名称在2004年5月1日前已经被所在国认证为原产地名称。

规定原产地名称和地理标志不得与在先权利相抵触：

欧盟《农产品和食品的质量方案》中第6条规定，所申请的原产地或地理标志名称不得与动植物品种名、同义或同音名以及商标名相冲突。包括通用术语不得注册为原产地或地理标志名称；与动植物品种名称相冲突，或可能误导消费者判断产品真正产地的名称，不得注册为原产地或地理标志名称；与第11条中已注册的名称全部或部分同义或同音的，不得注册，除非在实际中本地的使用情况与传统使用有显著差别，与已经注册的意思也有显著区别，保障各有关生产者的利益和消费者不受误导；误导消费者认为其产品来自其他国度的同义或同音名称也不得注册，即使其标示的实际产品来源国、地域或地方的名称是真实的；基于某一商标长期使用而产生的声誉和信誉的名称不能注册为原产地或地理标志名称，因其可能误导消费者其真正的产品来源。

规定了原产地名称或地理标志产品的技术规范：

欧盟《农产品和食品的质量方案》中第7条规定，受保护的原产地名称或地理标志应当遵循产品的技术规范，至少包括：

（a）说明在特定的区域内，受保护的原产地名称或地理标志名称，在历史上或当前的贸易或公众语言中都被用于描述特色产品；

（b）说明产品原材料的情况，可能的话，提供产品物理、化学、微生物的主要指标或感官特征；

（c）明确限定的地理区域，且符合本款（f）（i）或（ii）的规定，于适当情况下，其具体的限定还应符合第5条（3）的要求；

（d）依照第5条（1）或（2）规定，提供产品来源于特定地理区域的证据；

（e）产品生产方法的说明，于适当情况下，还应提供正宗传承的地方性方法，如果申请者依据欧盟法律尤其是产品与服务不受流通限制的规定，非常确认并提供大量的理由说明产品包装纳入原产地域对保证产品质量、确认原产地和控制管理的必要性时，还可提供与产品包装有关的信息；

（f）具体材料要求如下：（i）依据第5条（1）规定，产品质量或特色与地理环境之间的联系；（ii）依据第5条（2）规定，于适当情况下，产品的特定质量、声誉或其他特色与地理来源之间的联系；

（g）官方管理机构的名称和地址，如果可能的话，依据第37

条规定和专业性要求，提供与本产品技术规范相关的检验机构名称和地址；

(h) 任何与本产品标签使用有关的规定。

规定了原产地名称或地理标志的名称、符号与标志：

欧盟《农产品和食品的质量方案》中第 12 条对原产地名称或地理标志的名称、符号与标志进行七个方面的规定。

第一，任何按照技术规范生产销售同一产品的市场经营者，都可以使用受保护的原产地名称和地理标志。

第二，应当建立用于弘扬受保护的原产地名称和地理标志的联盟符号。

第三，来源于同一联盟内的产品，如果按照本法规定受到原产地名称或地理标志保护的，应当在其标签上标注联盟符号。此外，已经注册的产品名称应当标注在联盟符号的同一视野。"受保护的原产地名称""受保护的地理标志"或相关缩写"PDO""PGI"等标志也可以使用在标签上。

第四，此外，标签上还可以有下列内容：按照第 5 条规定对地理来源地的描述以及地理来源地所在成员国和（或）地区的文字、图形或符号。

第五，在不违反 2000/13/EC 指令的情况下，可以在标签上同时使用受保护原产地名称或地理标志和 2008/95/EC 指令第 15 条涉及的集体地理标志。

第六，如果产品来自第三国并以注册的名称进入市场，上述第 3 款所述的标志和与本产品有关的联盟符号可以在其标签上标注。

第七，为确保消费者获得相对准确的产品信息，欧盟委员会可依照第 56 条规定授权有关部门设立联盟符号。

欧盟委员会可制定实施细则来定义联盟符号的技术特征和标志，以及在受保护原产地名称和地理标志产品上的使用规范、可以使用的语言形式。该实施细则应当符合第 57 条（2）的审查程序。

在欧盟颁布的《农产品和食品的质量方案实施细则》中，对原产地名称或地理标志的名称和联盟符号作了详细的规定。

Union symbols in pantone:

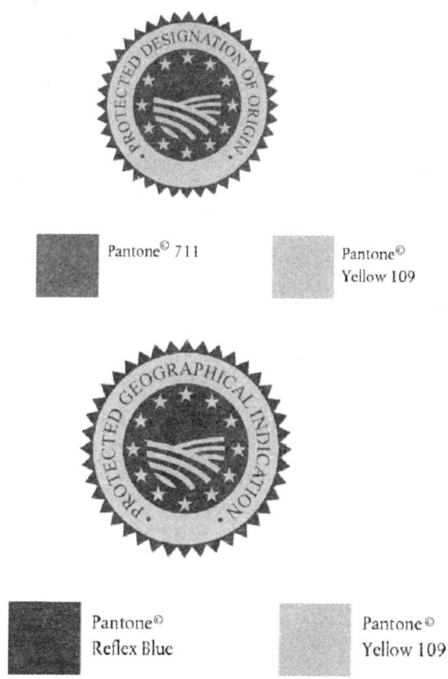

对原产地名称或地理标志的保护规定：

欧盟《农产品和食品的质量方案》第 13 条对有关误用、仿用、滥用等行为作了规定。具体为：

第一，已注册名称受到法律保护，防止下列行为发生：

（a）任何不在注册范围内的产品，直接或间接地商业使用注册名称。这些产品名称与注册名称相似或涉嫌利用注册产品的声誉，包括将注册名称作为其产品的一个成分来使用；

（b）任何错误使用、模仿使用或令人误解的使用注册名称，即使其产品标明的真实来源是明确的，或将受保护的名称翻译或与“风格”“类型”“方法”“产于”“仿制”等类似词语联用，以及将受保护产品作为其产品的一个成分来使用受保护的产品名称；

（c）任何其他形式对产品来源、产地、性质或固有品质做欺诈或误导的行为，无论是在其产品的内外包装、宣传资料和其他相关材料上，还是将其产品包装在容器内但仍易于导致来源地虚假表示的行为；

（d）其他易于导致消费者对产品的来源地产生误解的行为。

原产地保护或地理标志保护的产品名称中如果包含有被认为是通用名称的，则其他人对该通用名称的使用不视为违反第1款（a）或（b）规定。

第二，原产地名称和地理标志不得成为通用名称使用。

第三，各成员国应根据第1款规定采取适当的行政和司法措施，防止或禁止非法使用原产地名称和地理标志行为。为此，各成员国应当指定具体的官方机构来负责这些措施的实行，并与各成员国自我确定的程序相一致。被指定的官方机构必须充分保证客观、公正，并配备相应资质人员和必要的条件来开展工作。

规定了商标、原产地名称和地理标志之间的关系：

欧盟《农产品和食品的质量方案》中第14条对商标、原产地名称和地理标志之间的关系进行了原则性的规定。

第一，如果原产地名称和地理标志已经依照本法取得注册，同样名称的商标申请时间晚于原产地名称和地理标志的申请时间，则该商标注册申请将被视为违背第13条（1）规定，在同一类型产品上的使用将被拒绝。

第二，如果一个已经申请注册的或通过合法使用取得的商标，在联盟地域内具有良好的声誉，虽然不违反第6条（4）的规定，但在该商标使用时与第13条（1）相抵触时，该商标可以在该产品的原产地名称或者地理标志向委员会提交申请之前继续使用和续展。如果没有证据证明其存在欧盟理事会颁布的商标条例（Council Regulation（EC）No 207/2009 of 26 February 2009 on the Community Trade Mark）或2008/95/EC 指令（Directive 2008/95/EC）规定的无效或撤回的情形，该商标可以与原产地名称或者地理标志在同一产品上同时存在。

3. 关于传统特色产品保护制度

除了按照TRIPs协议的规定，设立原产地名称保护和地理标志保护制度外，欧盟还建立传统特产保护制度，该制度是为了保护传统的生产方法、生产成分和传统配方（食谱），促进传统特色产品生产者的市场销售，有利于传统特色产品生产者向消费者展示其具有高品质的传统配方和产品。其基本目的就是为了弘扬与保护传统特色产品的独特品质（独特的原料、独特的配方、独特的生产方法、独特的口味、独特的营养价值等），从而增强传统特色产品的市场竞争力，支持地方农业经济的发展。

对传统特色产品的定义：

欧盟《农产品和食品的质量方案》中第3条规定，所谓传统，是指世代传承的、在国内市场上生产销售至少30年。

欧盟《农产品和食品的质量方案》中第18条规定，传统特色产品，是指具有传统特色的产品和食品。必须符合：（a）采用与传统习惯相一致的生产、加工或配方生产出的产品或食品；（b）由传统使用的原材料或配料生产出的。另外，该传统特色产品名称，必须：（a）在传统上习惯于与特定产品相关联；（b）可以区分产品的传统特色和特征。

规定了传统特色产品的技术标准：

欧盟《农产品和食品的质量方案》中第19条规定：

第一，传统特色保护产品应当指定包含下列内容的技术规范：（a）以合适语言表述的、准备注册的产品名称；（b）包括物理特性、化学特性、微生物特性、感官特性在内的产品说明，以显示产品的特色；（c）生产者使用的生产方法应当包括所使用原材料和辅料的性质和特色，加工过程中所使用的方法；（d）形成传统特色产品的核心要素。

第二，为了保证产品技术规范所提供的信息具有相关性和简洁明了，避免长篇大论式的申请文件，委员会将依据第 56 条规定，委托有关部门指定具体办法来限制本条第一款要求的技术规范内容。

对传统特色产品名称、符号和标志的使用与限制：

欧盟《农产品和食品的质量方案》中第 23 条规定，任何在市场上经营与传统特色产品技术规范相一致的经营者都可以使用已注册为传统特色产品的名称。联盟符号应当有利于传统特色产品的弘扬。

一个产品依照本法注册为传统特色保护产品的，其在联盟内的其他同一产品都可以在标签上进行标注。此外，产品的名称应当标注在同一位置，术语“传统特色保护产品”或缩写“TSG”也可以标注在标签上。联盟外生产的传统特色产品，对于符号的使用由生产者自己决定。

依据欧盟《农产品和食品的质量方案》第 56 条规定，为了保证给消费者提供比较准确的信息，委员会将委托有关部门建立联盟符号。委员会可以制定实施办法来确定联盟符号和标志的技术特征，以及在传统特色保护产品上文字适用等方面的使用规则。

对已经完成注册的传统特色产品名称，法律也作出了相应的使用限制。欧盟《农产品和食品的质量方案》中第 24 条规定，禁止任何错误使用、模仿使用、令人误解使用已注册名称，以及其他容易误导消费者的行为。各成员国必须采取措施，确保在本国市场的销售中不得与已经注册的名称相混淆的市场宣传。

传统特色保护产品的注册规定：

欧盟《农产品和食品的质量方案》中第 21 条规定，按照第 49（2）或（5）条注册传统特色产品保护名称的申请内容应当包含：（a）申请人集体的名称和住址；（b）依照第19条规定提供的产品特色。申请材料中还应包括成员国的声明，表明该申请是由集体递交，符合本条例规定以及依照本条例制定的标准。

Pantone© Reflex Blue　　Pantone© Yellow 109

该法第22条同时规定，欧盟委员会将通过实施办法来建立和维护一个公众可以使用的传统特色产品保护注册系统，即使不采用第57（2）条的程序也视为符合本方案规定。欧盟委员会可以通过实施办法来具体规定申请的表格和内容，但应当符合第57（2）条中申请程序的规定。

欧盟《农产品和食品的质量方案》中第18条规定，如果在异议程序中，按照该法第51条规定，证明该名称已经在其他成员国或第三国使用过。为了与相比较产品或具有相同特色或名称的产品相区别，按照该法第52（3）条规定，可以要求传统特色产品保护的产品名称必须同时标注“按照某某国家或地区的传统生产”。

如果某一产品只是采用普通产品使用的常规方法生产或者申请人声称依据联盟的某一法律规定生产的，不得注册。

为了保障该方案的顺利实施，欧盟委员会将依据第56条规定，委托有关部门指定本条的具体实施标准。

传统特色保护产品注册的简易程序：

欧盟《农产品和食品的质量方案》中第26条规定，依集体组织的需求，各成员国可以在2016年1月4日之前，向委员会提交已经按照（EC）No509/2006条例的规定和相关标准申请注册的传统特色保护产品名单。

在向委员会提交名单之前，各成员国应当依照第49（3）和（4）条规定将名单进行异议公示。如果在异议公示期间有事实说明该名称在相关对比产品中也使用相同或相似的名称，则该异议名称所涉及的传统和特色将予以进一步审查。

第三国的集体组织可以直接或通过第三国的官方向委员会提交上述已经申请注册的产品名单。

委员会在受理后的两个月内在欧盟公报上公开申请的名称和相关技术规范。一旦异议程序结束，委员会将把提交的名称分类载入第22条规定的栏目，相关内容将视为符合第19条规定的内容。

与此同时，欧盟《农产品和食品的质量方案》还对“山区产品”“岛屿产品”作了相应的规定，将地方特色农产品以及农产品的市场直销所需贴加的专门标志等规定纳入农产品和食品的质量方案中。期望通过给予专门名称的法律规定来对这些特殊资源地区的经济带来正面影响。

欧盟的农产品原产地名称保护、地理标志保护和传统特产保护的申请入口位于欧盟官网的农业和农村发展栏目，名称为Database of Origin and Registration，简称DOOR，其网址为：http：//ec. europa. eu/agriculture/quality/door/list. html。

4. 欧盟的主要经验与对我国的启示

第一，充分运用地理标志制度来保护传统产品，并逐步扩大其保护范围。

欧盟认为，农产品的质量与原产地的地理环境、传统的生产制作方式之间有密切的关系。只有以特殊生产方式、独特成分或来源地才能生产出具有欧洲特色的产品。因而为了牢固占领欧洲市场，满足社会对高质量食品的需求，欧盟加强对传统农产品的地理标志保护，积极与各国在地理标志保护方面进行合作。早在

2007年7月，中国国家质量检验检疫总局与欧盟农业总司正式交换了申请在对方保护的10个地理标志产品的文件。我国提供的10个地理标志产品分别是：龙口粉丝、龙井茶、琯溪蜜柚、蠡县麻山药 、陕西苹果、金乡大蒜、镇江香醋、盐城龙虾、平谷大桃、东山白芦笋。欧盟所提供的产品清单包括：West Country farm cheddar（农舍奶酪）、White stilton cheese/blue stilton cheese（斯提尔顿奶酪）、Scottish farmed salmon（苏格兰农家三文鱼）、Prosciuttodi Parma（帕尔玛火腿）、Grana Padano（帕加诺奶酪）、Pruneaud " Agen-Pruneauxd " Agen mi-cuits（阿让李子干）、Roquefort（洛克福奶酪）、Comté（孔蒂奶酪）、Sierra Mágina（马吉娜橄榄油）、Priego de Córdoba（科多瓦橄榄油）。从清单中可以看出，奶酪是欧盟的主要优势产品之一。在瑞士，地理标志制度早在1962年对瑞士奶酪的名称进行规范时就已产生，当时为奶酪产品的原产地名称和地理标志名称等问题专门设立了注册簿规定。认为传统产品名称和标志是公有的权利，应当由集体享有。1992年，又对葡萄的种植、加工以及葡萄产品原产地名称等作出了规定。在此基础上，1998年联邦又出台了《农业法》对所有农产品的名称问题作了相应的规定。根据《农业法》，瑞士联邦制定了关于农产品和农业加工产品原产地名称和地理标志保护的法律规定，分别对葡萄酒和其他农产品的地理标志作了相应的规定。此外，针对瑞士传统的计时工具—— 手表行业，瑞士联邦委员会还制定了在手表上标示"Switzerland"或"Swiss"的使用管理规定，《联邦商标和货源标记保护法》对地理标志的商标保护及货源标记也作了规定。

近年来，以欧盟、瑞士为代表的传统的大陆国家充分认识到传统产品在本国国民经济中的重要作用，积极倡导国际地理标志保护范围的进一步扩大，特别是本国比较有优势的传统产品，如他们已经在各种国际谈判中提出将地理标志保护扩大到奶酪和巧克力以及一些非农业产品上。

第二，制定一系列与传统产品有关的标准，并以法律的形式固定下来。

欧盟十分注重对传统产品的市场管理，虽然是以自由市场经济为原则，但为了保护本国传统产品的市场占有率，对一些传统产品如酒和某些农产品的定价还是予以政府干预，对奶酪、葡萄酒和油脂等有可能影响本国产品的进口还征收一些特殊的关税。

此外，在欧盟，对每一个产品都注重制定一系列相应的标准，包括以联邦和州的法律形式。例如全瑞士的葡萄种植面积（葡萄庄园）大约为1.5万公顷，这个种植面积受到法律的严格规定，在多年来基本保持不变。再如各州在管理原产地名称的使用时，可以对葡萄酒生产区域的范围、葡萄种子的选择、种苗之间的株距、种植的时间、田间管理的方法、最低自然糖度、葡萄酒酿制方法、单位面积产葡萄酒的最高瓶数、颜色和味道等都作出非常具体的规定。而要从事葡萄酒贸易行业，必须经过州或者联邦的特殊批准，而且必须获得被认可的资格证书。军刀、手表和巧克力等传统产品也是一样，都被看作是地方特色的标志性产品。由于近年来市场的开放和信息的发达，同类产品的竞争对手也非常多，但瑞士等国通过法律的形式确定严格的产品标准，产品的全部或部分依然保持着手工制作，对合作生产或贴牌加工等也作出了具体的规定，如只有被认定为是瑞士本土生产的手表上才能打上“Made in Swiss”或“Swiss Made”的标志，同时必须符合相关的质量标准。

欧盟在颁布的《农产品和食品的质量方案》及其实施细则中，对原产地名称、地理标志和传统特色产品都作了详细的技术规范，以确保标注产品的质量符合要求。

第三，针对不同的产品运用商标和外观设计来体现产品的基本特征。

欧盟国家多是《马德里商标协定》和《马德里议定书》的成员国，在1992年瑞士还建立了《联邦商标和货源标记保护法》。

在欧洲考察中，我们深切地感受到，德国、瑞士等国对商标制度的重视程度绝不亚于专利制度。德国、瑞士的企业也表示了商标在维护国内市场秩序和增强国际市场竞争力上的战略作用和决定性作用。他们在对产品商标的设计和宣传方面，通常是根据不同的产品进行不同的保护策略，着力提高本国传统产品的基本特征。如请专业的商标设计人员进行设计，并在充分论证词语或标志的寓意和心理冲击力后才进行国内外的商标注册；所有的产品都有特定的外观设计并与商标融为一体，力求在整体上给特定的人提供一种美感，并以这种美感为基础来形成自己的产品特色。如瑞士军刀上十字标志的限制使用和其外观设计。商标和产品外观设计的作用既为了显示产品的独特，也为了形成一种屏障来阻止他人超越自己。在商标注册后更是进行严密的市场监控，防止他人的侵权和不断地改进自己的保护策略。

企业在运用《农产品和食品的质量方案》及其实施细则中，不但使用原产地名称、地理标志和传统特色产品来保护自己产品在市场中的优势，同时也设计了与产品的传统特色相关联的产品包装的外观设计。

第四，成立农业专业合作社，有效衔接农田与家庭之间的距离。

在德国生活的最大一个感受是其农产品（牛奶、鸡蛋、奶酪、蔬菜、肉制品、水果等）的物价始终处于一个相对较低的水平，当然也有一些高端产品的价格比较高。人们购买农产品一是到比较大的超市（如 Koufland、Rawa），也可以到一些由农民专业合作社开办的小型超市（如 EDEKA、Bio-company 等）。而中型的超市往往是农业专业合作社开设的。合作社旨在通过一个共同的经营，来促进合作社成员的经营活动，以及其他经济、社会、文化利益。根据德国的《合作社法 GenG》规定，合作社为法人，并以合作社财产对外承担责任；根据德国《商法典》，合作社的成员是自由的、不固定的，但应当在三人以上，属于“商人”，除了农业合作社外，还有银行合作社、住房建设合作社、消费者合作社、商业合作社以及手工业者合作社等。按照法律规定，每一类专业合作社必须属于特定合作社联盟（比如，DGRV）的成员，合作社联盟负责对专业合作社的成立以及它的经营情况进行监督，如成立于 1958 年的瑞士葡萄酒出口商协会，其任务就是规范管理本国的葡萄酒行业并负责向国外推广瑞士葡萄酒，保持瑞士葡萄园的传统风格，不断增加葡萄酒的出口。瑞士奶酪销售公司也是一个合作社形式的组织，它自 1998 年起，就负责瑞士奶酪产品的营销和文化宣传等工作，统一管理和保持瑞士奶酪产品的风格。

根据欧盟《农产品和食品的质量方案》第 3 条的规定，原产地、地理标志和传统特色产品的名称保护应当由集体（group）申请，任何生产与加工同一产品的生产者或加工者的协会，无论是何种法律形式，都可以成为适格的申请人。而实际上，这个组织形式多是各种各样的合作社。合作社利用特定的标记符号使农民成为一个有机的利益整体，弥补农民在市场预测和销售等问题上的不足和缺陷。

第五，积极申报世界非物质文化遗产，保护与产品有关的传统文化。

欧盟虽然是一些比较富裕的国家，但其极为重视对传统文化的维系，并把传统作为一个国家的主要特色和标志。欧盟的主要国家德国、法国、意大利等，其历史遗迹到处都是，传统建筑的宾馆、饭店、纪念点等都是游人争相预订、就餐和参观的地方，使得欧洲的旅游主要是以传统内容为主。

欧盟先后颁布的与文化保护有关的法律有：《关于对欧洲不可移动文化遗产的有效保护的法律框架草案》（1970）、《欧洲文物古迹保护宪章》（1975）、《有关与文化遗产相关的违法行为的欧洲协定》（1985）、《关于文化遗产出口的规章》（1992）、《关于归还从欧盟领地非法带走的文化遗产的纲领》（1993）、《关于社会文化遗产价值的框架公约》（2005）等[1]。

德国议会在2012年12月12日批准政府加入联合国教科文组织的《非物质文化遗产公约》，除了将许多历史遗迹申报世界物质遗产外，近年来又将德国剧场、德国科隆狂欢节、啤酒、特色混合面包等申请世界非物质文化遗产。瑞士也是这样，申报了一系列联合国教科文组织的世界遗产项目，如伯尔尼老城（1983年）、圣加仑修道院（1983年）、米施泰尔的圣约翰本尼迪克特派修道院（1983年）、贝林佐纳三座城堡（2000年）、少女峰—阿莱奇—比奇峰地区（2001年）和圣纳扎罗山（2003年）、日内瓦湖地区的拉沃葡萄园（2007年）等。拉沃葡萄园基本都是由每个家庭负责一块庄园的种植，其种植方式、加工工艺、储存包装等都是保持传统的方式。一年一度的葡萄酒节和其他各式各样的与葡萄酒有关的传统的庆祝活动精彩纷呈，也是宣传和推销的良好时机。

第六，中医药进入欧盟市场潜力巨大，但急需企业熟悉欧盟的相关政策。

欧盟是一些比较崇尚传统的国家，加上近几年我国经济的发展对欧盟的影响，使得欧洲人在思想理念上对中医药逐步有一些认同感，对中医药已经建立了一种良好的印象，普遍认为中药是一种天然的对健康有利的植物药。在欧盟各国，中医药与当地的国际合作也全面展开，如位于柏林的德国最大的夏洛特（Charite）医院已经与中国合作，开设了中医药门诊和病区，德国的许多药店也销售中成药制剂和部分草药，中药在癌症、减肥、美容等方面在欧盟具有极好的市场。

但同时，欧洲近年来对草药市场又作了进一步的规范，2004年3月31欧盟议会正式通过了《欧盟传统植物药（草药）注册程序指令》（Directive 2004/24/EC），将草药制品的注册予以统一

[1] 白瑞斯，王霄冰·德国文化遗产保护的政策、理念与法理［J］. 文化遗产，2013（3）：57.

化管理，提高了注册的门槛，规范草药市场的秩序。2010 年 6 月 11 日欧盟药品管理局又发布《2010～2011 草药行动计划》（Action Plan for Herbal Medicines 2010～2011），表明欧盟正在考虑扩大草药简单注册的范围，使得一些比较特殊的草药制品（包括欧盟内部和中国、韩国、泰国等国家）能够通过简单注册，使它们可以以传统草药制品的名义提供给市场选择[1]。2012 年欧盟颁布《农产品和食品的质量方案》，加强对传统产品的支持力度。欧盟对传统草药市场的管理，虽然在目前一段时间对中国企业不利，但长远来说，有利于我国企业提高草药制品质量，有利于草药制品进入欧洲的医疗体系。因而，我国应当抓住欧洲的草药市场，积极分析研究所在国的法律规定，以个别国家、个别产品的形式来逐步占领欧洲医药市场。同时，积极研究制定相应的配套知识产权策略来维护未来的市场垄断权，既规范我国企业在草药市场上的竞争行为，又维护我国企业在草药市场上的整体权益。

---

[1] European Medicines Agency, Action Plan for Herbal Medicines 2010 - 2011, http://www.ema.europa.eu/docs/en_GB/document_library/Other/2010/06/WC500093179.pdf, 2014 年 7 月 23 日访问。

后 记

历经四年的道地药材知识产权保护研究工作暂告一段落了，回顾历程，感慨万千。项目初期，国家中医药管理局苏刚强司长对我寄予厚望，希望我能在我国中医药知识产权工作方面开辟出一条路来。记得她在中医药知识产权战略制定后期严重感冒、失音，但仍旧在电话中与我仔细讨论方案的完善。在战略落实阶段，在我负责起草《关于加强中医药知识产权工作的指导意见》的过程中，陆建伟处长有求必应，多次召集有关部门与我共同推敲修改文稿。在道地药材项目实施阶段，他亲自带领我们课题组成员赴河南焦作地区进行实地调研、布置工作，要求地方中医药行政管理部门支持我们的工作，为我们项目的开展奠定了基础。我的同事刘春辉老师、汤然之老师、姚苗老师、胡慧平老师和学界好友肖小河教授、袁秀荣教授、冯秀云教授、陈朝辉博士、张雪梅律师等都先后参加了本项目的研究，对本项目都作出了不同的贡献。河南焦作市中医局的何银堂多次自己开私家车带我们走访农户、提供素材，河南省知识产权保护协会的李建伟也不予余力地给予本项目支持。我的博士研究生王艳翚副教授、硕士研究生陈东妮、宋海坡、孙明伟、李亦然，在项目完成过程中帮助收集整理资料、编辑调研小结，在此我一并予以感谢。

本项目完成后期，我在德国做高级访问学者，深切感受到欧洲作为一个传统型的国家与我国在许多方面比较相似。欧洲的土地面积虽然不是很大，但绿色植被很多，种植和养殖业比较发达，形成了德国的奶制品（包括牛奶、奶酪、酸奶等）、肉制品(包括各种肉肠)、酒类（包括啤酒和红酒）、巧克力等产品在当地的地位。政府也为此出台了许多相关的法律和政策来鼓励这些优势产品的发展，最典型的是形成各种合作社和产品的直销公司（如德国的BIO公司），各大型超市也直接委托农庄进行定牌产品制作。这使得市场上的相关产品质量好、价格相对便宜，把当地在养殖业和种植业方面的优势转变为市场上的产品优势，逐步确立了奶制品、肉制品、酒类、巧克力在欧洲乃至全世界的影响力。

我国在制造业还不发达的情况下，充分利用资源优势和传统优势来塑造具有优势地位的中国产品，在为本国人民和世界人民服务的基础上，实现可持续发展并获取巨大利益，这是我国依据自身实力和国情来发展的可行道路。而道地药材本身就是我国不可多得的优势资源和知识资源，运用知识产权来保护和发展道地药材不仅是为了实现道地药材的生物多样性，满足中国人民对传统医药的内在需要，也是积极稳妥地将中医药推向世界的关键举措。